C++/CLI & OpenCV
画像処理 GUI プログラミング
【第2版】

リッチなユーザーインターフェースを持つ画像処理プログラムの実現

北山洋幸●著

■ サンプルファイルのダウンロードについて

　本書掲載のサンプルファイルは、一部を除いてインターネット上のダウンロードサービスからダウンロードすることができます。詳しい手順については、本書の巻末にある袋とじの内容をご覧ください。

　なお、ダウンロードサービスのご利用にはユーザー登録と袋とじ内に記されている番号が必要です。そのため、本書を中古書店から購入されたり、他者から貸与、譲渡された場合にはサービスをご利用いただけないことがあります。あらかじめご承知おきください。

・本書の内容についてのご意見、ご質問は、お名前、ご連絡先を明記のうえ、小社出版部宛文書（郵送または E-mail）でお送りください。
・電話によるお問い合わせはお受けできません。
・本書の解説範囲を越える内容のご質問や、本書の内容と無関係なご質問にはお答えできません。
・匿名のフリーメールアドレスからのお問い合わせには返信しかねます。

本書で取り上げられているシステム名／製品名は、一般に開発各社の登録商標／商品名です。本書では、™ および ® マークは明記していません。本書に掲載されている団体／商品に対して、その商標権を侵害する意図は一切ありません。本書で紹介している URL や各サイトの内容は変更される場合があります。

はじめに

　OpenCV（Open Source Computer Vision Library）は、膨大な関数を用意した画像処理ライブラリ集です。一般的な二次元の画像処理、ヒストグラム処理、ポリゴン処理、テンプレートマッチング、オプティカルフロー、および顔認識など多様なアプリケーションを開発できる関数群を用意しています。これらの関数のリファレンス、ならびに大量のサンプルプログラムは、OpenCV のサイトに紹介されています。また、同サイトには、サンプルコードと共に、それに対する丁寧な説明文まで提供されています。このため、本書は、OpenCV 自体の説明は必要最低限に留めます。

　空間フィルタ処理やヒストグラムなど、およびアフィン変換などについては、.NET Framework などでも、十分なクラスが用意されているため、OpenCV を使用することなく比較的容易に開発できます。しかし、OpenCV を使用すると、もっと高度なテンプレートマッチング、オプティカルフロー、DFT 処理などのプログラムを開発できます。

　このように豊富な関数を揃えているため、OpenCV を用いると、20 行程度のコードを記述するだけで、簡単な画像処理プログラムを開発できます。ところが、良い話ばかりではなくOpenCV が用意したユーザーインターフェース用の関数は最低限のものしか備えていません。このため、せっかく高度な画像処理ができても、ユーザーインターフェースや見栄えは陳腐なものになりがちです。

　そこで、本書は C++/CLI を使用することによって、リッチな UI と高度な画像処理を融合させることに挑戦してみます。このような方法を採用すると、高度な画像処理と使いやすいユーザーインターフェース、そして素晴らしい GUI をもつアプリケーションを開発できます。

対象読者

- OpenCV の概略を知りたい人
- リッチなユーザーインターフェースを持った画像処理プログラムを開発したい人
- 画像処理プログラミング入門者

謝辞

　出版にあたり、お世話になった株式会社カットシステムの石塚勝敏氏に深く感謝いたします。

2019 年盛夏 玉川上水駅前のコーヒーショップにて　北山洋幸

参考文献、参考サイト、参考資料

1. OpenCV ドキュメントなどのサイト（http://docs.opencv.org/）
2. OpenCV 4.1.1-dev documentation サイト（https://docs.opencv.org/master/）
3. 北山洋幸 著、『C# と OpenCV の融合プログラミング』、株式会社カットシステム
4. 北山洋幸 著、『OpenCV4 基本プログラミング』、株式会社カットシステム

本書の使用にあたって

開発環境、および、実行環境の説明を行います。

■プラットフォーム

　OpenCV はマルチプラットフォームをサポートしています。今回は、C++/CLI を使用し、リッチなユーザーインターフェースを実現することを目的とするため、Windows を開発・実行環境とします。

■ Windows バージョン

　Windows のバージョンへ依存するとは思えませんが、開発・実行を確認したのは Windows 10 Home Edition（64 ビット）です。

■ Visual C++ のバージョンとエディション

　無償の Visual Studio Community 2019 を使用します。Visual Studio Community 2017 や Visual Studio Community 2015 などを使用しても問題ないと思われますが確認は行っていません。

■ OpenCV のバージョン

　OpenCV 4.1.1 を使用しました。本書の執筆時点では、OpenCV 4.1.1 には 32 ビットのバイナリは含まれていませんでしたので、x64 を使用します。もし、32 ビットの OpenCV を使用したい場合は付録 E を参照し、自身で 32 ビット用のバイナリを生成してください。なお、OpenCV 4.1.0 でも大部分の開発や実行を確認しています。OpenCV は頻繁にバージョンアップがなされますので、大幅な変更がない限り最新のバージョンを使用することを勧めます。

■ x64 か x86

本書では x64（64 ビット）を採用しました。理由は、OpenCV 4.1.1 には x86（Win32 / 32 ビット）のバイナリは含まれていないためです。32 ビットの OpenCV を使用したい場合は付録 E を参照してください。

■ 例外処理

OpenCV の関数に間違った引数を指定すると、プログラムが異常終了することがあります。ただ、本書は説明を簡単にするために、例外処理は組み込んでいません。プログラムの異常終了を避けたいなら、try ～ catch で例外を捕捉してください。

■ URL

URL の記載がありますが、執筆時点のものであり、変更される可能性もあります。リンク先が存在しない場合、キーワードなどから自分で検索してください。

ライセンス

OpenCV も、一般的なオープンソースに漏れず、下記に示すライセンスが示されています。下記の内容に同意できない場合、OpenCV をダウンロード、コピー、インストール、および使用しないでください。

他のオープンソースのライセンス同様、難しい使用条件は付帯されていません。本ライセンスが OpenCV 使用の制限になることは通常考えられませんが、必ず全文にご自身で目を通し、内容を確認して使用してください。OpenCV のライセンスについては、パッケージ内の opencv¥LICENSE.txt に記述されています。

By downloading, copying, installing or using the software you agree to this license.
If you do not agree to this license, do not download, install,
copy or use the software.

　　　　　　　　License Agreement
　　　　　For Open Source Computer Vision Library
　　　　　　　　(3-clause BSD License)

Copyright (C) 2000-2019, Intel Corporation, all rights reserved.
Copyright (C) 2009-2011, Willow Garage Inc., all rights reserved.
Copyright (C) 2009-2016, NVIDIA Corporation, all rights reserved.
Copyright (C) 2010-2013, Advanced Micro Devices, Inc., all rights reserved.
Copyright (C) 2015-2016, OpenCV Foundation, all rights reserved.
Copyright (C) 2015-2016, Itseez Inc., all rights reserved.
Third party copyrights are property of their respective owners.

Redistribution and use in source and binary forms, with or without modification, are permitted provided that the following conditions are met:

* Redistributions of source code must retain the above copyright notice, this list of conditions and the following disclaimer.

* Redistributions in binary form must reproduce the above copyright notice, this list of conditions and the following disclaimer in the documentation and/or other materials provided with the distribution.

* Neither the names of the copyright holders nor the names of the contributors may be used to endorse or promote products derived from this software without specific prior written permission.

This software is provided by the copyright holders and contributors "as is" and any express or implied warranties, including, but not limited to, the implied warranties of merchantability and fitness for a particular purpose are disclaimed. In no event shall copyright holders or contributors be liable for any direct, indirect, incidental, special, exemplary, or consequential damages (including, but not limited to, procurement of substitute goods or services; loss of use, data, or profits; or business interruption) however caused and on any theory of liability, whether in contract, strict liability, or tort (including negligence or otherwise) arising in any way out of the use of this software, even if advised of the possibility of such damage.

用語

用語の使用に関して説明を行います。

■カタカナ語の長音表記

「メモリー」や「フォルダー」など、最近は語尾の「ー」を付けるのが一般的になっていますので、なるべく「ー」を付けるようにします。ただ、開発環境やドキュメントなどに従来の用語を使用している場合も多いため、本書では、語尾の「ー」は統一していません。なるべく統一するよう心がけましたが、参考資料などでも混在して使用していることもあり、困難でした。このため、従来の表現と最近の表現が混在しています。

■クラスとオブジェクト

本来はインスタンス化しているためオブジェクトと表現した方がよい場所でも、クラスと表現する場合があります。これは文脈から読み取ってください。

■ InputArray と OutputArray

OpenCV 3.0 以降の関数プロトタイプ宣言は、画像（行列）を InputArray と OutputArray で記述している場合があります。そこで、これにならい Mat などと記述した方が適切な場合も、InputArray と OutputArray を使用します。

■ユーザーインターフェース

ユーザーインターフェースを UI や GUI と省略する場合があります。

■コントロール

フォームデザイン時などに使用するコントロール、例えば PictureBox コントロールを、PictureBox と表現し、コントロールを省く場合があります。

■フォームとウィンドウ

GUI をデザイン時にフォームと呼び、実行時にウィンドウと呼ぶことがあります、どちらも同じものを指します。

■「/」と「¥」
　ソースコードを記述する際に、「/」と「¥」のどちらでも構わない場合、「/」を採用しています。なお、本文中でも「¥」が適している場合でも、ソースコードが「/」を使用している場合、「/」で表現しています。

■ソースリストとソースコード
　基本的に同じものを指しますが、ソースリストと表現する場合はソース全体を、ソースコードと表現する場合はソースの一部を指す場合が多いです。

■オブジェクト
　インスタンスと表現した方が良い場合でも、オブジェクトと表現している場合があります。両方を、厳密に使い分けていませんので、文脈から判断してください。あるいは、物体を指す場合もあります。

■映像とフレーム
　カメラから取得した画像を映像と表現する場合とフレームと表現する場合が混在しますが、同じものを指します。これらは文脈から判断してください。

■関数とメソッド
　本来ならメソッドと表現した方が良さそうな場合でも、従来の名残か関数という表現がオリジナルドキュメントで採用されているときがあります。本書も、それに倣って関数という表現を多用します。

■動画、映像、画像、フレーム
　これらは混在して使用しています。動画は画像の集合です。ある瞬間では、動画も画像です。このため、動画を画像と表現した方が適切な場合があります。また、動画はフレームに分割できますので、フレームと表現する場合もあります。映像とフレームは、ほぼ同様の意味ですが、文章の流れからフレームと表現した方が良い場合、フレームを採用します。

目次

はじめに iii

第1章　はじめてのプログラム 1

1.1　C++ 言語で開発 2
C++ コンソールプロジェクト作成 3
実行例 9
関数の説明 11

1.2　C++/CLI でフォームアプリケーション開発 14
プロジェクト作成 14
ビルド 17

1.3　C++/CLI で Windows フォームアプリケーションと OpenCV 21
完成したフォーム 25
コンストラクター 29
mat2bmp メソッド 30
mat2bmp メソッドの拡張 32
readFile メソッド 34
FileMenuOpenItem_Click メソッド 35
FileMenuCloseItem_Click メソッド 35
実行例 35

1.4　テンプレートを使う 36

第2章　アフィン変換 47

2.1　フリップ 48
実行例 54
関数の説明 55
関数プロトタイプの InputArray や OutputArray について 57

2.2	リサイズ	58
	関数の説明	59
2.3	回転	60
	関数の説明	62
2.4	透視投影	64
	関数の説明	66

第3章　グラフィックス……69

3.1	画像の上に円を描く	70
	実行例	75
	関数の説明	77
3.2	画像の上に線を描く	78
	関数の説明	79
3.3	画像の上に四角形を描く	80
	関数の説明	81
3.4	画像の上に楕円や円弧を描く	82
	関数の説明	84
3.5	画像の上に文字を描く	85
	関数の説明	86

第4章　色の処理……89

4.1	グレイスケール	90
	実行例	95
	mat2bmp メソッドの変更	96
	関数の説明	98
4.2	輝度平滑化	99
	関数の説明	100
4.3	閾値処理（スレッショルド処理）	101
	関数の説明	102

第5章 フィルタ処理……105

5.1 フィルタ処理 106
    実行例 120
    関数の説明 122

第6章 オブジェクトの処理……131

6.1 コーナー検出とノイズ除去 132
    実行例 137
    関数の説明 139

6.2 オブジェクト除去 141
    実行例 141

6.3 複数個所のオブジェクト除去 151
    実行例 157

6.4 オブジェクト検出 159
    フォーム 159
    実行例 164
    関数の説明 166

6.5 透視投影 168
    実行例 178
    関数の説明 181

6.6 透視投影（マウスで頂点を指定）..186
    実行例 192

6.7 透視投影（ズームに対応）...194
    実行例 200

6.8 オブジェクトのサイズ変更（自動認識）...204
    フォーム 204
    実行例 211

6.9 マウスでオブジェクトを指定しサイズ変更 214
    フォーム 214
    実行例 219
    関数の説明 221

	6.10	オブジェクト交換 223
		フォーム 224
		実行例 232

第7章 応用 …… 235

	7.1	特徴点検出 236
		フォーム 236
		実行例 242
	7.2	パノラマ 245
		実行例 248
		関数などの説明 250
	7.3	DFT 251
		実行例 260
		関数の説明 261
	7.4	DFT と IDFT 265
		実行例 268
		関数の説明 269
	7.5	マウスで DFT の成分表示 270
		実行例 274
	7.6	マウスで指定した帯域を阻止 277
		実行例 278
	7.7	マウスで指定した帯域を通過 280
		実行例 286

第8章 動画処理 …… 289

	8.1	カメラ表示 290
		実行例 295
		関数の説明 295
	8.2	動画ファイル表示 297
		実行例 302

8.3	キャプチャー	304
	実行例	308
	関数の説明	309
8.4	動画にフィルタ処理	311
	実行例	317
8.5	動画のオブジェクト検出	319
	フォーム	319
	実行例	325
8.6	動画のオブジェクトサイズ変更	326
	フォーム	326
	実行例	332

付 録 ……335

付録 A Visual Studio のインストール 336
付録 B OpenCV のインストール 341
付録 C 環境の設定 345
付録 D CMake のインストール 351
付録 E OpenCV をビルド 355

索 引 363

はじめてのプログラム

　C++/CLI から OpenCV を使用する基本を説明します。OpenCV の画像を Bitmap オブジェクトへ変換する方法も示します。高機能なことは行いませんが、本章で C++/CLI から OpenCV を使用する基本を解説します。C++ 言語で開発したプログラムと比較するため、C++ と C++/CLI で同じ機能のプログラムを開発し、比較も行います。

第1章 はじめてのプログラム

1.1 C++言語で開発

　単に画像を表示するプログラムをC++で開発します。同じようなプログラムを、次節ではC++/CLIで開発します。本章の目的は、C++言語とC++/CLI言語で開発したときの違いを示すことです。特にC++/CLIとOpenCVとの相互運用を説明します。C++言語で開発したプログラムを示すのは、単にリファレンスとするためです。

　プログラムの機能を簡単に図で説明します。ファイルから読み込んだ画像を表示するだけの単純なプログラムです。

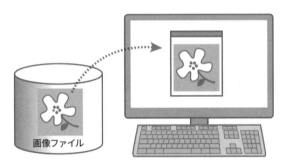

図1.1●プログラムの機能

　まず、C++言語で開発したソースリストを示します。

リスト1.1●dispImageCpp.cpp（01dispImageCpp）

```
#include <iostream>

#include <opencv2/opencv.hpp>                       // OpenCVヘッダ

#ifdef _DEBUG                                       // Debugモードの場合
#pragma comment(lib,"opencv_world411d.lib")
#else                                               // Releaseモードの場合
#pragma comment(lib,"opencv_world411.lib")
#endif

int main(int argc, char* argv[])
{
```

```
    //std::cout << "Hello World!\n";
    const std::string windowName = "画像";

    if (argc < 2)
    {
        std::cerr << "error: no input file!!!." << std::endl;
        return -1;
    }

    cv::Mat img = cv::imread(argv[1]);    // read image

    cv::imshow(windowName, img);          // show image

    cv::waitKey(0);                       // wait

    return 0;
}
```

　本プログラムは、コマンドラインに与えられた画像ファイルをウィンドウに表示するだけの単純なコンソールプログラムです。OpenCV は強力な画像処理ライブラリ群を用意していますが、ユーザーインターフェースに関する機能は貧弱です。強力な画像処理機能を持つ OpenCV ですが、使いやすいアプリケーションに仕上げるためのユーザーインターフェース機能は、豊富とは言い難いです。

　Visual C++ のインクルードファイルとライブラリのパスが設定されていれば、OpenCV に関係するインクルードファイルやライブラリを、標準のヘッダやライブラリのようにファイル名を記述するだけで指定できます。ライブラリはプロジェクトのプロパティでも設定できますが、忘れることが多いため #pragma で指定します。_DEBUG によって Release 用と Debug 用の DLL を切り替えて使用するように、ライブラリ名の指定を切り替えます。

　処理は、ごく普通ですのでソースリストを参照してください。特に説明が必要と思われる処理は行っていません。

C++ コンソールプロジェクト作成

　Visual C++ のコンソールプロジェクトの作成について簡単に説明します。ここでは Visual Studio 2019 Community で開発する例を示します。

① Visual Studio 2019 Community を起動します。Visual Studio 2019 の画面が現れますので「新しいプロジェクトの作成」を選びます。

図1.2●新しいプロジェクトの作成

「新しいプロジェクトの作成」を選ばず「コード無しで続行」を選び、あらためて Visual Studio の［ファイル▶新規作成▶プロジェクト］を選び、プロジェクトを新規に作成しても構いません。

②「新しいプロジェクトの作成」画面が現れますので「コンソール　アプリ」を選びます。

図1.3●「新しいプロジェクトの作成」画面

③「新しいプロジェクトを構成します」画面が現れますので「プロジェクト名」や「場所」などを指定します。

図1.4● 「新しいプロジェクトを構成します」画面

④これでプロジェクトが作成されます。このプロジェクトには、デフォルト状態のソースファイルが含まれます。

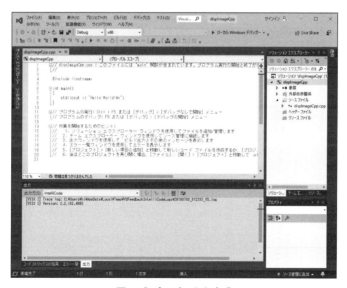

図1.5● プロジェクト完成

⑤ソースファイルを書き換えた様子を示します。プロジェクトのプロパティなどを変更していないため、ソースコードの下部に赤い線が引かれインクルードなどが正常に処理されていないのが分かります。

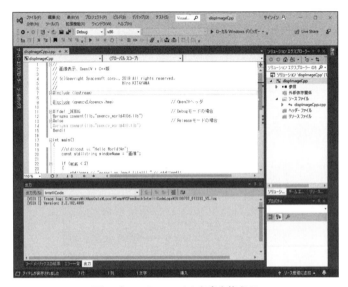

図1.6●ソースファイルを書き換える

　Visual Studio や OpenCV のインストール、そして環境の設定については、該当する付録を参照してください。その解説に従って Visual C++ のインクルードファイルとライブラリのパスが設定されていれば、OpenCV に関係するインクルードファイルやライブラリを、標準のヘッダやライブラリのように参照できます。ライブラリはプロジェクトのプロパティでも設定できますが、忘れないように #pragma で指定します。

　プログラムの先頭で、引数の数が適切かチェックし、正常なら cv::imread 関数で入力画像ファイルを cv::Mat に読み込みます。次に、cv::imshow 関数で画像表示します。

　cv::waitKey 関数でキー入力を監視し、何か入力があるまで表示を続けます。画像を表示しているウィンドウに対し、何かキー入力が行われるとプログラムは終了します。

⑥ソースコードの入力は完了しましたが、いくつかのオプションを設定する必要があります。OpenCV をインストールした場合、バージョン3あたりから 32 ビットのバイナリやライブラリは含まれなくなっています。CMake を使用すれば、各種バージョンの OpenCV をビルドできますが、ここでは標準で用意されているバイナリを使用することとします。そこで、まずプ

ロジェクトを 64 ビットへ変更します。

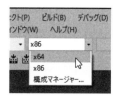

図1.7●64ビット（x64）へ変更

⑦次に、プロパティページを表示させ、インクルードファイルとライブラリファイルの存在場所を設定します。プロジェクトを選択した状態で［プロジェクト▶プロパティ］メニューを選択するか、ソリューションエクスプローラーでプロジェクトを選択し、マウスの右ボタンを押します。すると、メニューが現れますので、［プロパティ］メニューを選択します。最初に構成を「すべての構成」へ変更します。そして、「C/C++」→「全般」→「追加のインクルードディレクトリ」へ「C:¥opencv¥build¥include;」を、「リンカー」→「追加のライブラリディレクトリ」へ「C:¥opencv¥build¥x64¥vc15¥lib;」を入力します。これで、OpenCV のプログラムをビルドする設定が完了です。

図1.8●インクルードディレクトリ設定

第1章 はじめてのプログラム

図1.9●ライブラリディレクトリ設定

OpenCV のディレクトリ

インクルードディレクトリやライブラリディレクトリに指定するディレクトリは OpenCV のバージョンや、OpenCV をインストールしたときに変わります。これらのディレクトリは自身の環境に合わせて変更してください。

⑧構成を Debug から Release に変更します。これを行わなくても Debug バージョンの実行形式ができるだけで特に問題はなく、Debug のままビルドしても構いません。

図1.10●DebugからReleaseに変更

⑨この状態でビルドを行えば、プログラムができあがります。

図1.11●ビルド

このとき、OpenCV が対象のバイナリやライブラリを提供していないと、リンカーで「ファイルを開くことができない」旨のエラーメッセージが表示されます。この問題を解決するには、CMake を使用して対象環境のバイナリを生成する方法と、デフォルトで提供されている環境を使用する方法の2つがあります。はじめの方法を採用する場合は、付録D「CMake のインストール」および付録E「OpenCV のビルド」を参照してください。後の方法を採用する場合は、本例で示したように「64ビット」の環境を使用してください。

x86 が未サポート

ダウンロードした OpenCV に x86 のバイナリやライブラリファイルが含まれていない場合があります。そのような場合は CMake を使用して自身で生成するか、それが面倒なら x64 のみでプログラムを開発してください。

実行例

以降に、C 言語で開発したプログラムの実行例を示します。コンソールウィンドウからプログラム名を入力します。すると、画像が表示されます。ただし、OpenCV の DLL の場所を PATH に設定していないと、エラーとなる場合があります。そこで実行前に PATH の設定を行います。

```
set PATH=%PATH%;C:\opencv\build\x64\vc15\bin;
```

これを行わないと、実行時に OpenCV のファイルが見つからず、実行時エラーが発生します。以降に、プログラムの実行例を示します。プログラム名に続き、画像ファイル名を指定します。

```
C:¥Srcs>dispImageCpp lenna.bmp

C:¥Srcs>
```

プログラムが起動すると、画像が表示されます。当然ですが、カレントフォルダーに画像ファイルを用意しておいてください。別のフォルダーに画像ファイルが存在する場合、フルパスで指定してください。

図1.12●プログラムを起動した様子

プログラムを終了させたい場合、画像表示ウィンドウにフォーカスを移動し、何かキーを押してください。コンソールにフォーカスをおいたままでは、キー入力を行ってもプログラムへキーコードが渡りませんのでプログラムは終了しません。しっかり画像を表示しているウィンドウに対しキーを送ってください。

Visual Studio のバージョン

これまでの説明は Visual Studio 2019 用の OpenCV を使用することを前提としています。このため、フォルダー名に「¥vc15」を使用しています。もし Visual Studio 2015 を使用するなら、「¥vc15」を「¥vc14」へ変更してください。ただし、使用中の Visual Studio が OpenCV を生成した Visual Studio のバージョンと整合性が取れていれば、これらのバージョンに違いがあっても構いません。OpenCVのバージョンによって提供されるバイナリが Visual Studio のすべてをサポートしているとはかぎりません。これらは Visual Studio のバージョンによって変更され

ますので、自身が使用する Visual Studio 用のバイナリが提供されていない場合、CMake を使用して、自身のコンパイラバージョンに合致するオブジェクトとライブラリを生成してください。これらについては付録に詳しく解説していますので、そちらを参照してください。

関数の説明

■ cv::Mat

C++ インターフェースで使用される画像管理クラスです。cv::Mat クラスは、実際のデータへのポインタやいろいろなプロパティ（幅、高さ、ビット深度など）を保持します。ほとんどの関数において出力用の領域を確保しておく必要はありません。多くの関数は適切なサイズ、型、ビット深度の cv::Mat を確保します。cv::Mat オブジェクトは、そのデータ領域（= 画像領域）が参照されなくなると自動的にメモリーを解放します。cv::Mat オブジェクトは、参照を管理するカウントを保持しており、0 になった場合、データを解放します。これは参照カウンタ（Reference Count）で実現されます。しかし、使用者が自身でデータ領域を割り当てた場合、その領域の管理は使用者に委ねられます。

■ cv::imread

ファイルから画像を読み込みます。

```
Mat imread ( const String&  filename,
             int            flags = IMREAD_COLOR )
```

引数

filename
　読み込むファイル名です。

flags
　読み込む画像のカラー種類です。

　IMREAD_UNCHANGED
　　アルファチャンネルを含む、そのままの形式で読み込まれます。

IMREAD_GRAYSCALE
　画像は常に 1 チャンネルのグレイスケール画像として読み込まれます。

IMREAD_COLOR
　常に 3 チャンネルカラー画像として読み込まれます。

IMREAD_ANYDEPTH
　16 ビット／32 ビットの場合、対応したビット数の画像が返されます。そうでなければ 8 ビットへ変換されます。

IMREAD_ANYCOLOR
　すべての可能性のある色で読み込まれます。

IMREAD_LOAD_GDAL
　読み込むために gdal ドライバーを使用します。

説明

　指定したファイルから画像を読み込みます。読み込みを失敗したり、アクセス制限、あるいはサポートしていないファイルフォーマットが指定された場合、空の Mat(Mat.data==NULL) が返されます。

　サポートしているファイルは、プラットフォームや OpenCV のバージョンによる違いもあるため、詳細は使用中のプラットフォームならびにバージョンに適合した OpenCV のリファレンスを参照してください。

注意

　この関数は、画像の種類をファイルの拡張子からではなく、その内容から判別します。

■ cv::imshow

ウィンドウ内に、指定した画像を表示します。

```
void imshow ( const String&  winname,  InputArray    mat )
void imshow ( const String&  winname,  const Mat&    mat )
void imshow ( const String&  winname,  const UMat&   mat )
```

引数

winname
　ウィンドウの名前です。

mat

 表示する画像（行列）です。

> **説明**

　本関数は、指定したウィンドウ内に画像を表示します。ウィンドウは、画像のオリジナルサイズで表示されます。画像が8ビット符号なし整数の場合、そのまま表示します。画像が16ビット符号なし整数、または32ビット整数の場合、ピクセル値は0〜255にマップされます。画像が32ビット浮動小数点数の場合、ピクセル値は255倍されます。つまり、0〜1の範囲が0〜255に正規化されます。

■ cv::waitKey

キーが押されるまで待機します。

```
int waitKey ( int  delay = 0 )
```

> **引数**

delay

 遅延時間（ミリ秒）です。0は、無限を意味する特別な値です。

> **説明**

　本関数は、無限に（delay<=0）、あるいはdelayで指定した時間だけキーイベントを待ちます。キーが押された場合は、そのキーコードを、キーが押されないまま指定されたタイムアウトした場合は–1を返します。

1.2 C++/CLIでフォームアプリケーション開発

　同様のプログラムをC++/CLIで開発する前に、C++/CLIでフォームアプリケーションを開発する方法を解説します。C++/CLIでフォームアプリケーションを開発すると、OpenCVの高度な画像処理とC++/CLIのリッチなGUIを融合できます。

　ただし、最初ですので単にフォームを表示するだけの簡易なものとします。

プロジェクト作成

　ここではVisual Studio 2019 Communityで開発する例を示します。

①「v142 ビルドツール(14.21)のC++/CLIサポート」をインストールしておきたい場合は、Visual Studio Installerを起動しインストールします。まず、Visual Studio Installerを起動し、目的のバージョンの「変更」を選択します。

図1.13● ［変更］を選択

②「C++ によるデスクトップ開発」を選択し、「v142 ビルドツール (14.21) の C++/CLI サポート」にチェックを付けインストールします。

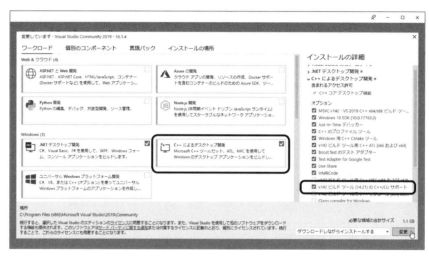

図1.14●C++/CLIサポート

最初から「v142 ビルドツール (14.21) の C++/CLI サポート」にチェックが付いている場合や、本書で紹介するプログラムのみを開発するだけであれば、本作業は必要ありません。

③先のプロジェクトのように「新しいプロジェクトの作成」画面から行っても構いませんが、ここでは Visual Studio のメニューからプロジェクトを作成します。[ファイル▶新規作成▶プロジェクト] を選びます。

図1.15●[ファイル▶新規作成▶プロジェクト] を選ぶ

④「新しいプロジェクトの作成」画面が現れますので「空のCLRプロジェクト」を選びます。

図1.16● 「空のCLRプロジェクト」を選ぶ

CLRとは、Common Language Runtimeのことで、CLI（Common Language Infrastructure）の実行環境であり、CLIは.NET Frameworkの仕様です。

⑤「新しいプロジェクトを構成します」画面が現れますので「プロジェクト名」や「場所」などを指定します。

図1.17● 「新しいプロジェクトを構成します」画面

⑥これでプロジェクトが作成されます。このプロジェクトは空の状態です。

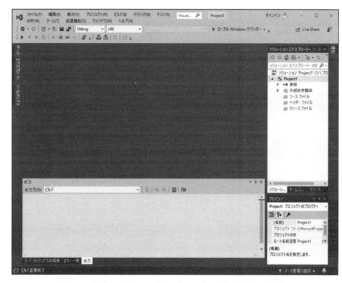

図1.18●空の状態のプロジェクトが作成された様子

ビルド

OpenCVへ対応させる前にC++/CLIでWindowsフォームアプリケーションを実行できるまで説明を行います。直前で作成したプロジェクトを実行できるまでの設定を解説します。

①プロジェクトをビルドしてみます。［ビルド▶ソリューションのビルド］を選択します。

図1.19●ソリューションのビルド

すると、LINKでエントリポイントが定義されていない旨のメッセージが表示されます。

図1.20●LINKでエラー発生

②そこで、MyForm.cppにmain関数を定義します。mainでMyFormのオブジェクトを生成し、ShowDialogメソッドでフォームへ制御が移るようにします。

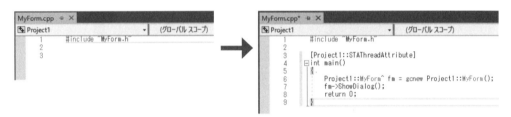

図1.21●main関数を定義する

単に、MyFormを生成し、インスタンスのShowDialogメソッドを呼び出すだけです。「Project1::」は名前空間です。usingステートメントを追加すると、これは不要です。「STAThreadAttribute」は、ShowDialogメソッドなどの呼び出しを行うときにはSTAモードでなければならないためですが、おまじない程度に考えておいてください。以降に、自動で生成されたMyForm.hと変更後のMyForm.hを示します。

リスト1.2●自動で生成されたMyForm.h

```
#include "MyForm.h"
```

リスト1.3●変更後のMyForm.h

```
#include "MyForm.h"
```

```
[Project1::STAThreadAttribute]
int main()
{
    Project1::MyForm^ fm = gcnew Project1::MyForm();
    fm->ShowDialog();
    return 0;
}
```

③この状態で、実行させてみます。フォームが現れますが、その前にコンソールが現れてしまいます。

図1.22●コンソールが現れてしまう

デバッグ実行すると警告メッセージが表示される場合がありますが、続行を選べばコンソールとフォームが表示されます。

④コンソールを気にしなければ、これでも構わないのですが、スマートさに欠けるのでコンソールが表示されないようにしましょう。プロジェクトのプロパティを表示し、「リンカー」→「詳細設定」の「エントリポイント」を参照します。空欄になっていますので、ここにmainを指定します。

図1.23●「エントリポイント」を指定

⑤次に「リンカー」→「システム」の「サブシステム」で「Windows(/SUNSYSTEM:WINDOWS)」を選択します。

図1.24●「Windows(/SUNSYSTEM:WINDOWS)」を選択

⑥この状態で再実行させてみます。すると直接フォームが現れ、通常のFormアプリケーションと同様なUIを使用者に提供できます。

図1.25●Formアプリケーションの実行

これ以降は、通常のFormアプリケーションと同様に開発を進めることが可能です。今回は、MyForm.cppに直接MyFormを表示するコードを記述しましたが、新たにソースファイルを追加し、そちらにmain関数を記述しても構いません。

エントリポイントさえ指定しておけば、どのソースファイルにmainが含まれていても構いません。複数のフォームを表示したい場合、新たにソースファイルを追加する方が適切な場合もあります。ただ、ここで紹介したようにMyFormをメインのフォームとして、このフォームから、ほかのフォームを表示するようにすると、これまでのWindows Formアプリケーションと同じような手順で記述できます。

1.3 C++/CLIでWindowsフォームアプリケーションとOpenCV

ここでは最初に解説したOpenCVで画像を表示するプログラムを、C++/CLIを使用したWindowsフォームアプリケーションで実現する方法を解説します。フォームを表示するプロジェクトを開発するまでは、直前の解説通りです。

①プロジェクトにフォームが配置された様子を示します。

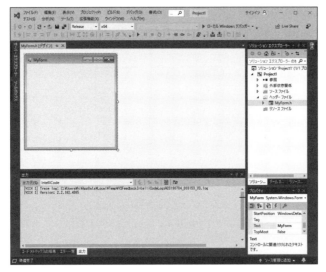

図1.26●フォームが配置された様子

②フォームにコントロールを配置しますが、標準でツールボックスが表示されない場合があります。そのような場合は、[表示▶ツールボックス]を選択してください。

③それではコントロールを配置します。まず、MenuStripコントロールを配置します。ツールボックスのMenuStripコントロールをフォームへドラッグ＆ドロップしてください。

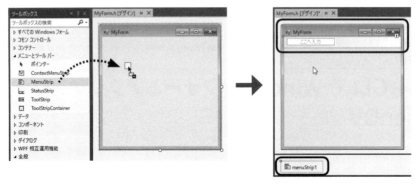

図1.27●MenuStripコントロールを配置

④配置したMenuStripコントロールを変更し、メニューを完成させます。

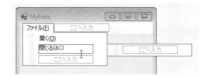

図1.28●メニューを完成させる

表示したメニューと、その名前（Name）の関係を示します。（Name）に指定した文字列はメソッド名の一部になりますので分かりやすい文字列にしておくと良いでしょう。

メニュー名（Textプロパティ）	(Name)
ファイル (&F)	FileMenu
開く (&O)	FileMenuOpenItem
閉じる (&C)	FileMenuCloseItem

⑤次にPanelコントロールを配置します。これは、フォームのサイズを画像サイズより小さくしたときに、スクロールバーが現れるようにするためです。

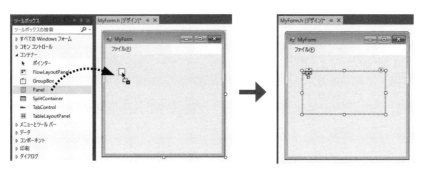

図1.29●Panelコントロールを配置

⑥画像表示用のPictureBoxコントロールをPanelコントロールの上に配置します。これでフォームは完成です。

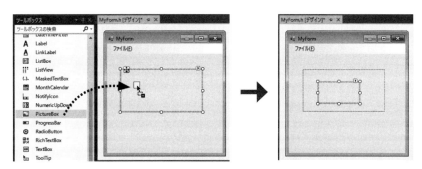

図1.30●PictureBoxコントロールを配置

⑦各メニューに対するコードを記述する前に、OpenCVのインクルードファイルやライブラリにアクセスできるようにしなければなりません。まず、プロパティページを表示させます。プロジェクトを選択した状態でメニューから［プロジェクト▶プロパティ］を選択するか、ソリューションエクスプローラーでプロジェクトを選択し、マウスの右ボタンを押します。すると、メニューが現れますので、［プロパティ］を選択します。まず、構成を［すべての構成］へ変更します。そして、「C/C++」→「全般」→「追加のインクルードディレクトリ」へ「C:¥opencv¥build¥include;」を、「リンカー」→「追加のライブラリディレクトリ」へ「C:¥opencv¥build¥x64¥vc15¥lib;」を入力します。これで、OpenCVのプログラムをビルドする設定が完了です。各ディレクトリはOpenCVのバージョン、ならびにインストールした環境で変化しますので、異なるディレクトリにOpenCVファイルを格納した場合や、異なるOpenCVのバージョンを使用した際は、適宜変更してください。

⑧メニュー選択時のコードを記述しましょう。まず、［開く］メニューに対するコードを記述します。メニューをダブルクリックしてください。ほかにもプロパティシートのイベント欄をダブルクリックする方法もあります。同様に、［閉じる］メニューもダブルクリックしてください。すると、これらに対するメソッドが自動的に作成されます。これでプログラムの大枠は、ほとんどできあがっています。ただ、中身は記述されていません。それについてはソースリストを示して解説します。なお、メソッドの名前はメニューの名前を引き継ぎますので日本語が含まれる場合や長いメソッド名になる可能性があります。ですので、メニュー設計時にメニューの命名規則を作り、分かりやすい名前を付けるとよいでしょう。以降に追加されたコー

ドを示します。中身の記述されていないメソッドが定義されます。メソッド名はMenuStripコントロールを配置する特に指定した名前の一部が使われます。

```
            ⋮
        this->ResumeLayout(false);
        this->PerformLayout();

    }
#pragma endregion
    private: System::Void FileMenuOpenItem_Click(System::Object^ sender,
                                                  System::EventArgs^ e) {

    }
    private: System::Void FileMenuCloseItem_Click(System::Object^ sender,
                                                   System::EventArgs^ e) {

    }
};
}
```

⑨インクルードファイルとライブラリファイルの存在場所を設定する方法は1.1節のプログラムと同じです。既に⑦で説明しましたが、プロパティページを表示させ、インクルードファイルとライブラリファイルの存在場所を設定します。プロジェクトを選択した状態で［プロジェクト］→［プロパティ］メニューを選択するか、ソリューションエクスプローラーでプロジェクトを選択し、マウスの右ボタンを押します。すると、メニューが現れますので、［プロパティ］メニューを選択します。最初に構成を「すべての構成」へ変更します。そして、「C/C++」→「全般」→「追加のインクルードディレクトリ」へ「C:¥opencv¥build¥include;」を、「リンカー」→「追加のライブラリディレクトリ」へ「C:¥opencv¥build¥x64¥vc15¥lib;」を入力します。これで、OpenCVのプログラムをビルドする設定が完了します。

完成したフォーム

　完成したフォームのコントロールの配置について解説します。メニューを表示するためにMenuStripコントロール、スクロールに対応するためにPanelコントロール、画像を表示するためにPanelコントロール上にPicureBoxコントロールを配置します。以降にコントロールの配置の様子を示します。

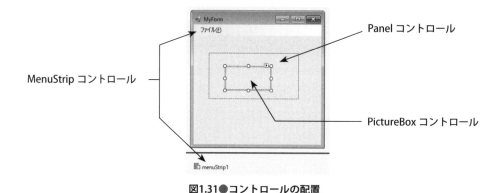

図1.31●コントロールの配置

　基本的にコントロールのプロパティはフォームのコンストラクターで設定し、デザイン時には最低限の設定しか行いません。このような方法を採用する方が、読者に分かりやすいと判断しました。ファイル選択にOpenFileDialogコントロールを使用しますが、コントロールとして配置せずプログラム内でオブジェクトを生成して使用します。

　以降にソースリストを示します。

リスト1.4●C++/CLIで開発したプログラムのソースリスト（Project1のMyForm.h）

```
#pragma once

#pragma unmanaged                                        // 追加
#include <opencv2/opencv.hpp>                            // OpenCVヘッダ
#pragma managed                                          // 追加


#ifdef _DEBUG                                            // Debugモードの場合
#pragma comment(lib,"opencv_world411d.lib")
#else                                                    // Releaseモードの場合
#pragma comment(lib,"opencv_world411.lib")
#endif

namespace Project1 {

    using namespace System;
    using namespace System::Windows::Forms;
    using namespace System::Drawing;
    using namespace System::Runtime::InteropServices;    // 追加
```

1.3 C++/CLI で Windows フォームアプリケーションと OpenCV

```cpp
    cv::Mat mSrc;                                           // 追加

    /// <summary>
    /// MyForm の概要
    /// </summary>
    public ref class MyForm : public System::Windows::Forms::Form
    {
    public:
        MyForm(void)
        {
            InitializeComponent();
            //
            //TODO: ここにコンストラクター コードを追加します
            //
            this->Text = "OpenCV";

            panel1->Dock = DockStyle::Fill;
            panel1->AutoScroll = true;

            pictureBox1->Location = Point(0, 0);
            pictureBox1->SizeMode = PictureBoxSizeMode::AutoSize;
        }

    protected:
        /// <summary>
        /// 使用中のリソースをすべてクリーンアップします。
        /// </summary>
        ~MyForm()
        {
            if (components)
            {
                delete components;
            }
        }
            :
        [自動生成されたコード]
            :
        }
#pragma endregion
```

```cpp
//------------------------------------------------------------------
// cv::Mat to Bitmap
private: Bitmap^ mat2bmp(cv::Mat img)
{
    const int alignedCols = static_cast<int>(cv::alignSize(img.cols, 4));
    cv::Mat alignedMat = cv::Mat(img.rows, alignedCols, img.type());

    mSrc = cv::Mat(alignedMat, cv::Rect(0, 0, img.cols, img.rows));
    img.copyTo(mSrc);

    Bitmap^ bmp = gcnew Bitmap(mSrc.cols, mSrc.rows,
        static_cast<int>(mSrc.step),
        System::Drawing::Imaging::PixelFormat::Format24bppRgb,
                                            IntPtr(mSrc.ptr()));

    return bmp;
}


//------------------------------------------------------------------
// read
private: cv::Mat readFile(String^ fname)
{
    //System::String^からchar*へ変換
    char* pStr = (char*)Marshal::StringToHGlobalAnsi(fname).ToPointer();

    //アンマネージ関数へchar*を渡す
    cv::Mat mat = cv::imread(pStr);

    //メモリの解放
    //System::Runtime::InteropServices::Marshal::FreeHGlobal(IntPtr(pStr));
    Marshal::FreeHGlobal(IntPtr(pStr));

    return mat;
}

//------------------------------------------------------------------
// Open
private: System::Void FileMenuOpenItem_Click(System::Object^ sender,
                                            System::EventArgs^ e) {
    OpenFileDialog^ dlg = gcnew OpenFileDialog;
    dlg->Filter = "画像ファイル(*.bmp,*.jpg,*.png)|*.bmp;*.jpg;*.png";
    if (dlg->ShowDialog() == Windows::Forms::DialogResult::Cancel)
```

```
                    return;

            String^ fname = dlg->FileName;

            cv::Mat mat = readFile(fname);
            if (mat.empty())
                return;

            pictureBox1->Image = mat2bmp(mat);
        }

        //-------------------------------------------------------------------
        // Close
        private: System::Void FileMenuCloseItem_Click(System::Object^ sender,
                                                     System::EventArgs^ e) {
            this->Close();
        }
    };
}
```

　ヘッダとライブラリに関しては、C++ で開発したときと同じ方法で指定します。本プログラムでは、C++ Native なデータを .NET（アンマネージとマネージ）間でやり取りを行うため、System::Runtime::InteropServices の using も追加しておき、System::Runtime::InteropServices に含まれるクラスなどの記述を簡略化します。

　cv::Mat である mSrc はプログラム全体で利用するためクラスの外部で定義し、プログラムに対しグローバルとします。cv::Mat は OpenCV のコード（アンマネージ）なので C++/CLI のクラスの外で宣言します。クラスのメンバーとしたければ、cv::Mat* を private メンバーで宣言し、コンストラクターで new し、デストラクターで delete した方がよいでしょうが、いくつものインスタンスを持つわけでもないので、このような手法を採用します。

コンストラクター

　コンストラクター（MyForm）内で、いくつかの初期化を行います。まず、フォームのタイトルを設定します。次に、スクロールバーを表示するために配置した Panel コントロール panel1 の Dock プロパティへ DockStyle::Fill を指定し、Panel コントロールがクライアント領

域全体を覆うようにします。また、AutoScroll プロパティを true に指定します。画像を表示するために配置した PictureBox コントロール pictureBox1 の Location プロパティに Point(0, 0) を指定し、PictureBox コントロールを Panel コントロールの左上隅に移動します。さらに、SizeMode プロパティに PictureBoxSizeMode::AutoSize を指定します。これらによって、クライアントサイズが、画像サイズより小さくリサイズされたとき（Panel コントロール上のPictureBox コントロールのサイズが Panel コントロールより大きくなったとき）は、自動でスクロールバーが現れます。

　各コントロールのプロパティ変更は、フォームデザイン時に直接プロパティを変更しても構いません。ただ、デザイン時にプロパティ変更を行うとプログラム作成のたびに、プロパティを設定する必要があります。

mat2bmp メソッド

　mat2bmp メソッドは、OpenCV で画像を保持するのに使用する cv::Mat オブジェクトを、C++/CLI（.NET Framework）の Bitmap オブジェクトへ変換します。Bitmap クラスと cv::Mat クラスのデータ保持方法が同じなら、Bitmap オブジェクトのコンストラクターにcv::Mat オブジェクトの ptr を指定するだけで構わないのですが、Bitmap クラスと cv::Mat クラスでデータ保持方法が異なるため若干の操作が必要です。cv::Mat オブジェクトの ptr は、ピクセルデータを格納するバイト配列へのポインタです。Bitmap オブジェクトの画像フォーマットは、行のバイト数が 4 バイトバウンダリに整列されていなければなりません。ところが cv::Mat オブジェクトは正確に行に対するメモリーを割り付け、4 バイトバウンダリに整列しません。つまり OpenCV の cv::Mat クラスは、純粋にマトリックスを保持するために設計されており、ビットマップを意識していないと思われます。

　このため、行のバイト数が 4 バイトバウンダリに整列されていない画像を読み込んだcv::Mat オブジェクトの ptr を Bitmap オブジェクトのコンストラクターに指定すると正常に処理されません。このため、cv::Mat オブジェクトの行ピクセル数を 4 の整数倍に調整した値を aligneCol に求めます。そして、そのサイズで cv::Mat オブジェクト alignedMat を生成します。この alignedMat オブジェクトは必ず行のサイズを 4 の整数倍（= メモリーサイズが 4 バイトバウンダリ）に整列されます。生成した alignedMat オブジェクトには画像データが格納されていませんので、引数の cv::Mat オブジェクトである img の copyTo メソッドで画像データをコピーします。copyTo メソッドでコピーする対象の mSrc は、オブジェクト生成時に ROI を設定しておきます。ROI の範囲は引数 img のサイズです。これによって、mSrc オブ

ジェクトは画像データを保持し、かつ行のバイト数が4バイトバウンダリに整列されます。これで行のバイト数が4バイトバウンダリに整列されたcv::Matオブジェクトを生成できました。

今度はC++/CLIで使用するBitmapオブジェクトを生成します。Bitmapオブジェクトを生成するときに、ピクセルデータが格納されている引数にcv::Matオブジェクトの画像イメージが格納されている位置をptrメソッドで指定することで画像を保持したBitmapオブジェクトができあがります。若干分かりにくいため、図を使用して概要を示します。

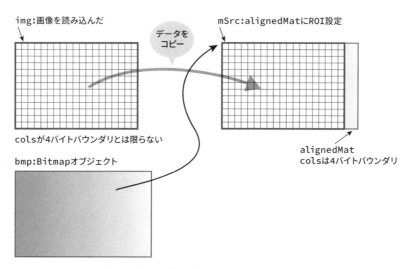

図1.32●4バイトバウンダリに整列されたBitmapオブジェクトの生成

なお、実際の画像データはcv::Matオブジェクトが保持しているためmSrcをグローバルとし、メモリーが破棄されるのを避けています。もし、mSrcをメソッド内で宣言すると、メソッドを抜けたあと画像データが解放されてしまいます。cv::MatオブジェクトもBitmapオブジェクト同様、実際の画像データがどこに存在するか常に意識しないと、変更してはならない画像を変更あるいは解放してしまいます。cv::Matオブジェクトでデータを管理するのを避けたかったらBitmapオブジェクトでデータまで管理すると良いでしょう。プログラムコードを観察すると分かりますが、本メソッドは必ず24bpp形式として扱います。

渡されたcv::Matオブジェクトの行のバイト数が4バイトバウンダリに整列されている場合、以降に示すようにコードを簡略化できます。行ピクセル数を4の整数倍に調整したcv::Matオブジェクトを生成する必要もなければROIの設定も不要です。

```
private: Bitmap^ mat2bmp(cv::Mat img)
{
    img.copyTo(mSrc);
    Bitmap^ bmp = gcnew Bitmap(mSrc.cols, mSrc.rows,
        static_cast<int>(mSrc.step),
        System::Drawing::Imaging::PixelFormat::Format24bppRgb, IntPtr(mSrc.ptr()));

    return bmp;
}
```

　実際に採用したプログラムのコードを示します。両者を比較すると分かりますが、4バイトバウンダリに整列するための、斜体文字で示したコードが必要になります。当然ですが上に示したプログラムに4バイトバウンダリに整列されていない画像が与えられるとプログラムはエラーを発生します。

```
private: Bitmap^ mat2bmp(cv::Mat img)
{
    const int alignedCols = static_cast<int>(cv::alignSize(img.cols, 4));
    cv::Mat alignedMat = cv::Mat(img.rows, alignedCols, img.type());

    mSrc = cv::Mat(alignedMat, cv::Rect(0, 0, img.cols, img.rows));
    img.copyTo(mSrc);

    Bitmap^ bmp = gcnew Bitmap(mSrc.cols, mSrc.rows,
        static_cast<int>(mSrc.step),
        System::Drawing::Imaging::PixelFormat::Format24bppRgb, IntPtr(mSrc.ptr()));

    return bmp;
}
```

mat2bmp メソッドの拡張

　なお、4バイトバウンダリに整列する方法として別の方法も示します。こちらはBitmapオブジェクトを生成し、cv::Matオブジェクトの各行を必要バイト数だけBitmapオブジェクトへコピーします。この方法の欠点は、行単位でコピーを行うため性能低下が懸念されます。さらに、memcpyでコピーを行うためBitmapオブジェクトのデータをLockBits/UnlockBitsメソッドで一時的に固定する必要があります。利点としては、画像データをBitmapオブジェクトが保持するため、画像データを保持するためのcv::Matオブジェクトの寿命をプログラム終

了まで維持する必要はなくなります。オブジェクト指向から判断すると、この方法は良い方法でしょう。以降に、ソースコードを示します。

リスト1.5●MyForm.h（02Project1 - draw）のmat2bmpメソッド

```
private: Bitmap^ mat2bmp(cv::Mat img)
{
    Bitmap^ bmp = gcnew Bitmap(img.cols, img.rows,
        System::Drawing::Imaging::PixelFormat::Format24bppRgb);

    Drawing::Imaging::BitmapData^ bd = bmp->LockBits(Rectangle(0, 0,
                                                    img.cols, img.rows),
        Drawing::Imaging::ImageLockMode::WriteOnly,
        System::Drawing::Imaging::PixelFormat::Format24bppRgb);

    for (int i = 0; i < img.rows; i++)
    {
        uchar* p = (uchar*)bd->Scan0.ToPointer() + i * bd->Stride;
        memcpy(p, img.ptr() + img.step * i, img.step);
    }

    bmp->UnlockBits(bd);

    return bmp;
}
```

　本書のように画像処理をOpenCVへ任せる場合、入力画像も出力画像もグローバルなcv::Matオブジェクトで保持するため、先の方法でも支障はないでしょう。ただ、本書では、よりオブジェクト指向に近いと思われる上記のコードを採用することとします。

画像の相互運用

C++/CLIとOpenCVの連携で手間の掛かることは、OpenCVの画像（cv::Matオブジェクト）とC++/CLIで使用する画像（Bitmapオブジェクト）を相互変換することだけです。つまり、OpenCVで加工した画像をBitmapオブジェクトへ変換し、C++/CLIで保持する画像をOpenCVで管理するcv::Matへ変換します。これによって、単にOpenCVの機能をC++/CLIから利用するのに留まらず、C++で処理した画像をOpenCVへ渡し、更にOpenCVで画像処理することも可能です。

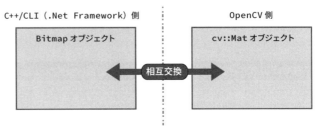

図1.33●画像の管理

readFile メソッド

　readFile メソッドは、cv::imread メソッドで画像を読み込みます。.NET では、ファイル名を System::String^ で保持していますが、これを純粋な C++ 言語などで作成された関数（ライブラリ）へ渡すには char* へ変換する必要があります。このため、引数で渡された System::String^ を char* へ変換します。System::String^ から char* への変換は、System::Runtime::InteropServices::Marshal::StringToHGlobalAnsi メソッドを使用します。本メソッドは、マネージ String^ の内容をアンマネージメモリーにコピーし、コピー時に ANSI 形式に変換します。このメソッドは、コピー先となったアンマネージメモリー内のアドレスを返します。このメソッドで確保したメモリーは、不要になった時点で必ず System::Runtime::InteropServices::Marshal::FreeHGlobal メソッドで解放しなければなりません。

　char* に変換された文字列を cv::imread メソッドに指定し、mSrc へ画像を読み込みます。読み込みが正常に終了したかは、呼び出し元で mSrc を検査します。cv::imread メソッドから制御が返ってきたら、System::Runtime::InteropServices::Marshal::StringToHGlobalAnsi メソッドで変換した文字列を、System::Runtime::InteropServices::Marshal::FreeHGlobal メソッドで解放します。最後に、呼び出し元に画像を読み込んだ cv::Mat オブジェクトを返します。

FileMenuOpenItem_Click メソッド

［ファイル▶開く］メニュー項目が選択されたときに制御が渡ってくるのがFileMenuOpenItem_Click メソッドです。OpenFileDialog オブジェクトを生成し、対象となるファイルタイプを Filter プロパティに設定します。ShowDialog メソッドでダイアログを表示させ、使用者にファイルを選択させます。もし、使用者が［キャンセル］ボタンを押した場合、すぐに本メソッドを抜けます。

ファイルが選択されたら、先ほど解説した readFile メソッドを呼び出し、画像を読み込みます。正常に読み込めていたら、mat2bmp メソッドで OpenCV の画像を Bitmap オブジェクトへ変換し、PictureBox コントロールの Image プロパティへ設定し、読み込んだ画像を表示します。

FileMenuCloseItem_Click メソッド

［ファイル▶閉じる］メニュー項目が選択されたときに制御が渡ってくるのがFileMenuCloseItem_Click メソッドです。フォームの Close メソッドを呼び出し、プログラムを終了に向かわせます。

実行例

以降に、C++/CLI 言語で開発したプログラムの実行例を示します。プログラムを起動し、［ファイル▶開く］メニュー項目を選択します。［開く］ダイアログが現れますので、目的の画像ファイルを選び［OK］を押します。

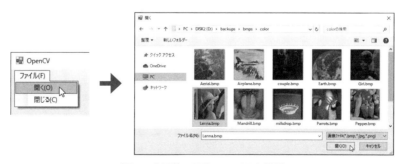

図1.34●目的の画像ファイルを選ぶ

選択した画像がウィンドウに表示されます。画像の一部しか表示されなくなるとスクロールバーが現れます。スクロールバーを操作して、所望の位置を表示することができます。

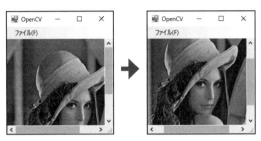

図1.35●スクロールバー

画像全体を観察したければ、ウィンドウサイズを広げてください。全体が表示されると自動でスクロールバーは消えます。

図1.36●ウィンドウサイズを広げる

プログラムを終了させたい場合、[ファイル▶閉じる] メニュー項目を選択します。

1.4
テンプレートを使う

Visual Studio 2012 以降、C++/CLI を利用した Windows フォームアプリケーションのテンプレートは削除され非推奨になっています。このため、C++/CLI で Windows フォームアプリケーションを開発する場合、これまで説明した方法を採用します。ところが、「拡張機能の管理」を使用すると「C++/CLR Windows Forms for Visual Studio 2019」を追加することがで

きます。

図1.37●拡張機能の管理

「拡張機能の管理」を選ぶと、Manage Extensions が現れます。左側で「オンライン」→「Visual Studio marketplace」→「Visual C++」を選択すると、「C++/CLR Windows Forms for Visual Studio 2019」が現れますので、それをダウンロードします。

図1.38●「C++/CLR Windows Form for Visual Studio 2019」をダウンロード

このままではインストールされませんので、一旦 Visual Studio を閉じます。すると、VSIX Installer が開始しますので、[Modify]を押します。

図1.39●VSIX Installer

Microsoft Visual Studio Community 2019 の更新が始まるので待ちましょう。しばらくす

ると完了画面が現れますので、「Close」を押します。

図1.40●インストール

再度、Visual Studio を起動してください。そして、「新しいプロジェクトの作成」を選択します。

図1.41●「新しいプロジェクトの作成」を選択

「新しいプロジェクトの作成」にたくさんのプロジェクトが現れますので、検索欄に「CppCLR」と入力してください。すると、先ほどインストールした「CppCLR WinForms Projekt」が表示されます。このテンプレートを使用してプロジェクトを生成します。本テンプレートはドイツで開発されたらしく、綴りや生成されるプロジェクトのコメントなどにドイツ語らしきものが使われています。ここでも Project ではなく Projekt が使われています。

1.4 テンプレートを使う

図1.42●テンプレート選択

　これ以降の操作は、これまでと同様です。「新しいプロジェクトの作成」画面の［次へ］を押すと、「新しいプロジェクトを構成します」画面が現れます。「プロジェクト名」や「場所」などを指定できますが、ここでは、デフォルトの値を使用します。このため、何も変更せず［作成］を押します。

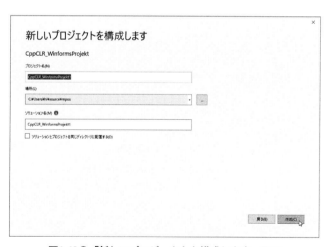

図1.43●「新しいプロジェクトを構成します」画面

　これでプロジェクトが作成されます。これで、C++/CLIを利用したWindowsフォームアプリケーションのプロジェクトが生成されます。

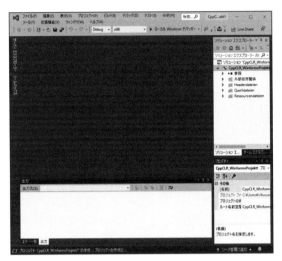

図1.44●作成されたプロジェクト

　この状態で、実行させてみましょう。正常にコンパイルされ C++/CLI で作成したフォームが現れます。

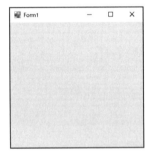

図1.45●フォームが現れる

　このようにテンプレートを使用すると、先に説明した面倒な変更を行うことなく、C++/CLIを利用した Windows フォームアプリケーションを開発できます。ただし、コメントなどにドイツ語が含まれるためか、フォームやソースファイルを開こうとすると、文字コードに問題があるという警告が表示されます。

図1.46●文字コードに警告表示

　問題のある文字コードはコメントに使われているだけですので、書き直すか削除してしまえばよいでしょう。このフォームに、先に紹介した方法でメニューやPictureBoxコントロールを配置します。

　OpenCVのインクルードファイルやライブラリにアクセスできるようにするのも忘れないでください。プロジェクトのプロパティページを表示させます。「C/C++」→「全般」→「追加のインクルードディレクトリ」へ「C:¥opencv¥build¥include;」を、「リンカー」→「追加のライブラリディレクトリ」へ「C:¥opencv¥build¥x64¥vc15¥lib;」を入力します。これで、OpenCVのプログラムをビルドする設定が完了です。

図1.47●プロジェクトのプロパティ設定

　この状態で実行すると、前節のプログラムと同様の動作を行います。参考のため、以降に自動生成されたForm1.hに変更を加えたソースリストを示します。

リスト1.6●C++/CLIで開発したプログラムのソースリスト

```
#pragma once

#pragma unmanaged                                              // 追加
```

```cpp
#include <opencv2/opencv.hpp>                              // OpenCVヘッダ
#pragma managed                                            // 追加

#ifdef _DEBUG                                              // Debugモードの場合
#pragma comment(lib,"opencv_world411d.lib")
#else                                                      // Releaseモードの場合
#pragma comment(lib,"opencv_world411.lib")
#endif

namespace CppCLRWinformsProjekt {

    using namespace System;
    using namespace System::Windows::Forms;
    using namespace System::Drawing;
    using namespace System::Runtime::InteropServices;   // 追加

    /// <summary>
    /// Zusammenfassung f・Form1
    /// </summary>
    public ref class Form1 : public System::Windows::Forms::Form
    {
    public:
        Form1(void)
        {
            InitializeComponent();
            //
            //TODO: Konstruktorcode hier hinzuf・en.
            //
            this->Text = "OpenCV";

            panel1->Dock = DockStyle::Fill;
            panel1->AutoScroll = true;

            pictureBox1->Location = Point(0, 0);
            pictureBox1->SizeMode = PictureBoxSizeMode::AutoSize;
        }

    protected:
        /// <summary>
        /// Verwendete Ressourcen bereinigen.
        /// </summary>
        ~Form1()
```

```
                {
                    if (components)
                    {
                        delete components;
                    }
                }
        private: System::Windows::Forms::PictureBox^ pictureBox1;
        protected:
        private: System::Windows::Forms::Panel^ panel1;
        private: System::Windows::Forms::MenuStrip^ menuStrip1;
        private: System::Windows::Forms::ToolStripMenuItem^ FileMenu;
        private: System::Windows::Forms::ToolStripMenuItem^ FileMenuOpenItem;
        private: System::Windows::Forms::ToolStripMenuItem^ FileMenuCloseItem;

        private:
            /// <summary>
            /// Erforderliche Designervariable.
            /// </summary>
            System::ComponentModel::Container ^components;

#pragma region Windows Form Designer generated code
                ⋮
            ［自動生成されたコード］
                ⋮
#pragma endregion
        //--------------------------------------------------------------------
        // cv::Mat to Bitmap
        private: Bitmap^ mat2bmp(cv::Mat img)
        {
            Bitmap^ bmp = gcnew Bitmap(img.cols, img.rows,
                System::Drawing::Imaging::PixelFormat::Format24bppRgb);

            Drawing::Imaging::BitmapData^ bd = bmp->LockBits(Rectangle(0, 0,
                                                       ↳ img.cols, img.rows),
                Drawing::Imaging::ImageLockMode::WriteOnly,
                System::Drawing::Imaging::PixelFormat::Format24bppRgb);

            for (int i = 0; i < img.rows; i++)
            {
                uchar* p = (uchar*)bd->Scan0.ToPointer() + i * bd->Stride;
                memcpy(p, img.ptr() + img.step * i, img.step);
            }
```

```cpp
        bmp->UnlockBits(bd);

        return bmp;
    }

    //-----------------------------------------------------------------
    // read
    private: cv::Mat readFile(String^ fname)
    {
        //System::String^からchar*へ変換
        char* pStr = (char*)Marshal::StringToHGlobalAnsi(fname).ToPointer();

        //アンマネージ関数へchar*を渡す
        cv::Mat mat = cv::imread(pStr);

        //メモリの解放
        Marshal::FreeHGlobal(IntPtr(pStr));

        return mat;
    }

    //-----------------------------------------------------------------
    // Open
    private: System::Void FileMenuOpenItem_Click(System::Object^ sender,
                                                 System::EventArgs^ e) {
        OpenFileDialog^ dlg = gcnew OpenFileDialog;
        dlg->Filter = "画像ファイル(*.bmp,*.jpg,*.png)|*.bmp;*.jpg;*.png";
        if (dlg->ShowDialog() == Windows::Forms::DialogResult::Cancel)
            return;

        String^ fname = dlg->FileName;

        cv::Mat mat = readFile(fname);
        if (mat.empty())
            return;

        pictureBox1->Image = mat2bmp(mat);
    }

    //-----------------------------------------------------------------
    // Close
```

```
       private: System::Void FileMenuCloseItem_Click(System::Object^ sender,
                                                    System::EventArgs^ e) {
           this->Close();
       }
   };
}
```

ほぼ直前のプログラムと同様ですので、内容や実行についての説明は省略します。

このようにテンプレートを使用すると、Visual Studio 2012 より古いバージョンで採用されていた方法で、C++/CLI で Windows Form アプリケーションを簡単に開発できます。

アフィン変換

単純な座標変換プログラムを紹介します。OpenCV に慣れるために用意した簡単な例をいくつか紹介します。

2.1 フリップ

画像をフリップするプログラムを開発します。プログラムの機能を簡単に図で説明します。

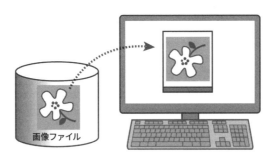

図2.1●プログラムの概要

以降にフォームを示します。MenuStrip コントロール、Panel コントロール、および PictureBox コントロールを配置するのは、これまでと同様です。本プログラムでは、さらに StatusStrip コントロールを配置します。

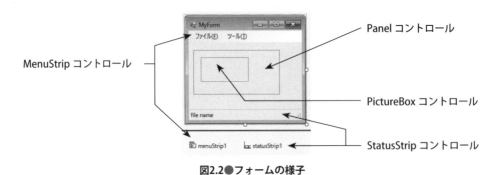

図2.2●フォームの様子

メニューも拡張し、画像処理の結果を保存する機能を追加します。[ファイル] メニューに、[名前を付けて保存] メニュー項目を追加します。そして [ツール] メニューと [効果] メニュー項目を追加します。この [効果] メニュー項目を選択すると OpenCV の機能を使用して画像処理を行います。

図2.3●メニューの様子

前章のプログラムは、単に画像ファイルを表示するだけでしたが、本プログラムは［効果］メニュー項目を選択すると画像をフリップします。以降に、ソースリストを示します。

リスト2.1●MyForm.h（01flip）

```
#pragma once

#include "../../../ocvlib.h"

namespace test {

    using namespace System;
    using namespace System::Windows::Forms;
    using namespace System::Drawing;
    using namespace System::Runtime::InteropServices;    // 追加

    cv::Mat mSrc, mDst;                                   // 追加

    /// <summary>
    /// MyForm の概要
    /// </summary>
    public ref class MyForm : public System::Windows::Forms::Form
    {
    public:
        MyForm(void)
        {
            InitializeComponent();
            //
            //TODO: ここにコンストラクター コードを追加します
            //
            this->Text = "OpenCV";

            panel1->Dock = DockStyle::Fill;
            panel1->AutoScroll = true;
```

```
            pictureBox1->Location = Point(0, 0);
            pictureBox1->SizeMode = PictureBoxSizeMode::AutoSize;
        }

    protected:
        /// <summary>
        /// 使用中のリソースをすべてクリーンアップします。
        /// </summary>
             ⋮
            ［自動生成されたコード］
             ⋮
#pragma endregion

    //-------------------------------------------------------------------
    // cv::Mat to Bitmap
    private: Bitmap^ mat2bmp(cv::Mat img) {
        Bitmap^ bmp = gcnew Bitmap(img.cols, img.rows,
            System::Drawing::Imaging::PixelFormat::Format24bppRgb);

        Drawing::Imaging::BitmapData^ bd = bmp->LockBits(Rectangle(0, 0, img.cols,
                                                                  img.rows),
            Drawing::Imaging::ImageLockMode::WriteOnly,
            System::Drawing::Imaging::PixelFormat::Format24bppRgb);

        for (int i = 0; i < img.rows; i++)
        {
            uchar* p = (uchar*)bd->Scan0.ToPointer() + i * bd->Stride;
            memcpy(p, img.ptr() + img.step * i, img.step);
        }

        bmp->UnlockBits(bd);

        return bmp;
    }

    //-------------------------------------------------------------------
    // read
    private: cv::Mat readFile(String^ fname) {
        char* pStr = (char*)Marshal::StringToHGlobalAnsi(fname).ToPointer();
        cv::Mat img = cv::imread(pStr);
        Marshal::FreeHGlobal(IntPtr(pStr));
```

```
        return img;
}

//------------------------------------------------------------------
// write
private:Void writeFile(String^ fname, cv::Mat img) {
    char* pStr = (char*)Marshal::StringToHGlobalAnsi(fname).ToPointer();
    cv::imwrite(pStr, img);
    Marshal::FreeHGlobal(IntPtr(pStr));
}

//------------------------------------------------------------------
// set window size
private: System::Void windowSize(PictureBox^ pbox) {
    this->ClientSize = Drawing::Size(pbox->Width,
        pbox->Height + menuStrip1->Height + statusStrip1->Height);
}

//------------------------------------------------------------------
// Open
private: System::Void FileMenuOpenItem_Click(System::Object^ sender,
                                           ↳ System::EventArgs^ e) {
    OpenFileDialog^ dlg = gcnew OpenFileDialog;
    dlg->Filter = "画像ファイル(*.bmp,*.jpg,*.png)|*.bmp;*.jpg;*.png";
    if (dlg->ShowDialog() == Windows::Forms::DialogResult::Cancel)
        return;

    String^ fname = dlg->FileName;

    mSrc = readFile(fname);
    if (mSrc.empty())
        return;
    mDst.release();

    toolStripStatusLabel1->Text = IO::Path::GetFileName(dlg->FileName);

    pictureBox1->Image = mat2bmp(mSrc);
    windowSize(pictureBox1);
}

//------------------------------------------------------------------
```

```
    // Save File
    private: System::Void FileMenuSaveAsItem_Click(System::Object^ sender,
                                                   System::EventArgs^ e) {
        if (mDst.empty())
            return;

        SaveFileDialog^ dlg = gcnew SaveFileDialog;
        dlg->Filter = "画像ファイル(*.bmp,*.jpg,*.png)|*.bmp;*.jpg;*.png";
        if (dlg->ShowDialog() == Windows::Forms::DialogResult::Cancel)
            return;

        writeFile(dlg->FileName, mDst);
    }

    //------------------------------------------------------------------
    // Close
    private: System::Void FileMenuCloseItem_Click(System::Object^ sender,
                                                  System::EventArgs^ e) {
        this->Close();
    }

    //------------------------------------------------------------------
    // effect
    private: System::Void ToolMenuEffectItem_Click(System::Object^ sender,
                                                   System::EventArgs^ e) {
        if (mSrc.empty())
            return;

        cv::flip(mSrc, mDst, 0);       // 0:垂直反転

        pictureBox1->Image = mat2bmp(mDst);
    }

    };
}
```

　先のプロジェクトはOpenCVのライブラリを#pragmaで指定していましたが、毎回指定するのは面倒なのでocvlib.hへまとめ、これをインクルードするように変更しました。ライブラリのバージョンなどが変わったら、このファイルを変更してしまえば良いため、バージョンの

追随も容易になります。以降に ocvlib.h を示します。

```
#pragma unmanaged                                    // 追加
#include <opencv2/opencv.hpp>                        // OpenCVヘッダ
#pragma managed                                      // 追加

#ifdef _DEBUG                                        // Debugモードの場合
#pragma comment(lib,"opencv_world411d.lib")
#else                                                // Releaseモードの場合
#pragma comment(lib,"opencv_world411.lib")
#endif
```

　本プログラムは、読み込んだ画像と処理した画像、そして表示に使用するため、2つの cv::Mat を宣言します。mSrc は読み込んだ画像の保持、mDst は処理結果の画像を保持します。

　mat2bmp メソッド、readFile メソッド、そして FileMenuCloseItem_Click メソッドは前章と同様です。

　FileMenuOpenItem_Click メソッドも前章に近いですが、少し拡張します。FileMenuOpenItem_Click メソッドは、［ファイル▶開く］を選択したときに制御が渡ってきます。OpenFileDialog のオブジェクトを生成し、「開く」ダイアログを表示させます。ダイアログでキャンセルが押されたか読み込みに失敗したら、すぐにメソッドを抜けます。「開く」ダイアログでファイル名が選択されていたら、取得した画像ファイル名を引数に readFile メソッドを呼び出し、mSrc に画像を読み込みます。既に以前にファイルを読み込み、mDst が画像を保持している可能性がありますので、mDst の release メソッドでリソースを解放します。そして、ステータスバーに読み込んだファイル名を表示します。正常に読み込めたら、mat2bmp メソッドを使用し OpenCV の画像を Bitmap オブジェクトへ変換すると共に PictureBox コントロールの Image プロパティに設定します。これで処理前の画像が表示されます。ただ、このままでは読み込んだ画像の一部しか表示されない、あるいは読み込んだ画像よりフォームサイズが大きい場合があります。そこで、windowSize メソッドを呼び出し、クライアント領域の大きさを、画像ファイルの大きさに合わせます。

　writeFile メソッドは、新規に追加したメソッドです。引数で渡されたファイル名と cv::Mat オブジェクトを OpenCV の機能を使用して保存します。String^ を char* へ変換する方法は先に説明した通りです。画像の保存は、cv::imwrite 関数を使用します。

　windowSize メソッド、新規に追加したメソッドです。このメソッドは読み込んだ画像をちょうど表示できるようにフォームのサイズを調整します。まず、クライアントエリアの横

幅を、引数のPictureBoxコントロールの横幅と同一にします。次に、クライアントエリアの高さを、引数のPictureBoxコントロールの高さとMenuStripコントロールの高さ、そしてStatusStripコントロールの高さを足した値に設定します。

　FileMenuSaveAsItem_Clickメソッドは、［ファイル▶名前を付けて保存］を選択したときに制御が渡ってきます。まず、処理結果が格納されているmDstが空でないか調べ、画像変換が行われていなかったら、すぐにメソッドを抜けます。画像変換が行われていたら、SaveFileDialogオブジェクトを生成し、「名前を付けて保存」ダイアログを表示させます。ダイアログでキャンセルが押されたかチェックし、もしキャンセルが押されていたら、すぐにメソッドを抜けます。「名前を付けて保存」ダイアログでファイル名が指定されていたら、取得したファイル名とmDstを引数に、writeFileメソッドで画像を保存します。

　ToolMenuEffectItem_Clickメソッドは、［ツール▶効果］を選択したときに制御が渡ってきます。画像を読み込んでいるかmSrcオブジェクトのemptyメソッドで調べます。もし画像が読み込まれていない場合、すぐにメソッドを抜けます。そうでなかったらcv::flip関数を使用し、画像の上下を反転します。cv::flip関数で画像の上下を反転した結果はmDstオブジェクトに格納されます。これを引数にmat2bmpメソッドを呼び出し、反転した画像をBitmapオブジェクトへ変更し、それを表示します。

実行例

　以降に実行例を示します。プログラムを起動して［ファイル▶開く］を選択し、読み込む画像を指定します。画像を読み込むと、自動でウィンドウが画像を表示できるサイズに変更されます。

 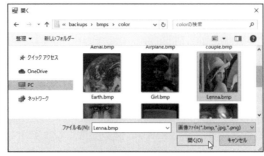 

図2.4●画像を読み込む

［ツール▶効果］を選択し、画像をフリップします。

図2.5●画像をフリップ

以降に処理結果を保存する様子を示します。［ファイル▶名前を付けて保存］を選択し、ファイル名を与えてください。ファイル名の拡張子で画像フォーマットを判断し、そのフォーマットでファイルが保存されます。保存された画像も示します。

図2.6●画像を保存

関数の説明

■ cv::flip

2次元行列を垂直、水平、または両軸で反転します。

```
void flip ( InputArray    src,
            OutputArray   dst,
            int           flipCode )
```

引数

src
　入力画像（行列）です。

dst
　出力画像（行列）です。src と同じサイズ、同じ型です。

flipCode
　画像（行列）のフリップ方向です。

flipCode	フリップ方向
0	x 軸周りでの反転（上下反転）
> 0	y 軸周りでの反転（左右反転）
< 0	両軸周りでの反転

説明

　上下反転（flipCode = 0）を使用すると、y 軸の座標を反転できるため、グラフなどを表示するときに便利な場合があります。左右反転（flipCode > 0）を使用すると、垂直軸に対する線対称性を調べることができます。反転後に差の絶対値を計算すると良いでしょう。左右の同時反転（flipCode < 0）を使用すると、中心点に対する点対称性を調べることができます。

■ cv:: imwrite

　画像をファイルに保存します。画像フォーマットは指定したファイル名の拡張子で決定されます。

```
bool imwrite ( const String&      filename,
               InputArray         img,
               const vector<int>& params=vector<int>() )
```

引数

filename
　画像ファイルの名前です。

img
　保存する画像（行列）です。

params
　フォーマット依存の引数を指定します。以降に例を示します。

　JPEG の場合
　　画像品質（IMWRITE_JPEG_QUALITY）を表します。0 から 100 までの値（高い値になるほど品質が良くなります）です。デフォルトは 95 です。

　WEBP の場合
　　画像品質（IMWRITE_WEBP_QUALITY）を表します。1 から 100 までの値（高い値になるほど品質が良くなります）です。デフォルトは 100 です。

　PNG の場合
　　圧縮レベル（IMWRITE_PNG_COMPRESSION）を表します。0 から 9 までの値（高い値になるほどファイルサイズは小さくなるが、処理時間が長くなる）です。デフォルトは 3 です。

　PPM、PGM または PBM の場合
　　バイナリフォーマットフラグ（IMWRITE_PXM_BINARY）を表します。0 または 1 の値です。デフォルトは 1 です。

> **説明**

　この関数は、画像を指定したファイルに保存します。画像フォーマットは、引数 filename の拡張子によって決まります。この関数によって保存できる画像は、8 ビット 1 チャンネル、あるいは 8 ビット 3 チャンネル（BGR の順）の画像と 16 ビット符号なしなどを保存できますが、細かな制限があります。詳細は OpenCV のドキュメントを参照してください。保存できないフォーマットの場合、Mat::convertTo メソッドや cvtColor 関数でフォーマット変換を行ってから保存してください。

▌関数プロトタイプの InputArray や OutputArray について▐

　画像（行列）には、Mat、UMat、Mat_<T>、Matx<T, m, n>、std::vector<T>、std::vector<std::vector<T>>、std::vector<Mat>、InputArray や OutputArray などを指定できます。これは主に実装レベルのクラスであり、そのインターフェースは将来のバージョンでは変更される場合があります。本書で、これ以降、関数プロトタイプ宣言の画像（行列）に InputArray や OutputArray を使用します。これらが使用された場合、以下のように解釈してください。

InputArray	const Mat&
OutputArray	Mat&

すでに説明したように、InputArray や OutputArray と Mat や UMat は別物ですが、多数のプロトタイプ宣言を記載するのが面倒なため簡略化します。

2.2 リサイズ

　画像をリサイズするプログラムを紹介します。先のプログラムと異なるのは ToolMenuEffectItem_Click メソッドのみですので、その部分だけ示します。

リスト2.2●MyForm.h（02resize）のToolMenuEffectItem_Clickメソッド

```cpp
private: System::Void ToolMenuEffectItem_Click(System::Object^ sender,
                                               System::EventArgs^ e) {
    if (mSrc.empty())
        return;

    cv::resize(mSrc, mDst, cv::Size(), 0.5, 0.5);

    pictureBox1->Image = mat2bmp(mDst);
    windowSize(pictureBox1);
}
```

　本プログラムは、画像のリサイズを行います。画像の拡大縮小は、cv::resize メソッドを使用します。拡大縮小は、第4引数、第5引数に倍率を与えることによって行います。サイズ変更時の補間は、デフォルトのバイリニア補間が使われます。この例では、縦横ともに元の画像を 0.5 倍、つまり、元の画像の半分の大きさに縮小します。画像変換後は、画像サイズが変わるため windowSize メソッドを呼び出し、ウィンドウサイズを変更します。

　以降に、実行結果を示します。

図2.7●処理結果

関数の説明

■ cv::resize

画像（行列）をリサイズします。

```
void resize( InputArray    src,
             OutputArray   dst,
             Size          dsize,
             double        fx = 0,
             double        fy = 0,
             int           interpolation = INTER_LINEAR )
```

引数

src

入力画像（行列）です。

dst

出力画像（行列）です。このサイズは、dsize（0 以外の場合）、または src.size()、fx および fy から算出される値になります。また、dst の型は、src と同じになります。

dsize

出力画像（行列）のサイズです。もし、0 の場合、以下の計算式で算出します。

dsize = Size(round(fx*src.cols), round(fy*src.rows))

fx
 水平軸方向のスケールファクタです。0 の場合、次の様に計算されます。
 (double)dsize.width/src.cols

fy
 垂直軸方向のスケールファクタです。0 の場合、次の様に計算されます。
 (double)dsize.height/src.rows

interpolation
 補間手法です。

説明
画像（行列）を縮小・拡大します。

2.3 回転

画像を回転するプログラムを紹介します。以降に、ソースリストの一部を示します。

リスト2.3●MyForm.h（03rotate）のToolMenuEffectItem_Clickメソッド

```cpp
private: System::Void ToolMenuEffectItem_Click(System::Object^ sender,
                                               System::EventArgs^ e) {
    if (mSrc.empty())
        return;

    cv::Point2f center = cv::Point2f(static_cast<float>(mSrc.cols / 2),
        static_cast<float>(mSrc.rows / 2));

    float angle = 33.3f;
    cv::Mat affineTrans = getRotationMatrix2D(center, angle, 1.0);
    cv::warpAffine(mSrc, mDst, affineTrans, mSrc.size(), cv::INTER_CUBIC);

    pictureBox1->Image = mat2bmp(mDst);
}
```

ToolMenuEffectItem_Click メソッドは、画像の回転を行います。本メソッドは、単に cv::getRotationMatrix2D メソッドに、回転の原点、回転角度、そしてスケーリング値を指定し、得られた行列を cv::warpAffine メソッドへ与えるだけです。

まず、画像が正常に読み込まれているか、Mat オブジェクトの empty メソッドでチェックします。画像が読み込まれていない場合、直ぐにメソッドを抜けます。次に、cv::Point2f オブジェクト center を生成し、画像の中心座標を設定します。次に、float の angle へ回転角度を格納します。

回転そのものは、cv::warpAffine 関数で行います。cv::warpAffine 関数は引数に、2×3の行列を渡すことによって回転処理を行います。この2×3の行列を得るために、cv::getRotationMatrix2D 関数に、回転の原点、回転角度、そしてスケーリング値を指定します。すると、画像回転に使用する2×3の2次元回転のアフィン変換行列を設定します。cv::affineTrans オブジェクトは、スケーリング値が 1.0、回転角度が θ、そして原点が (X_a, Y_a) の場合、以下のような値を保持します。

$$\text{affineTrans} = \left| \begin{array}{ccc} \cos\theta & -\sin\theta & X_a \\ \sin\theta & \cos\theta & Y_a \end{array} \right|$$

θ は反時計方向への回転角度です。warpAffine 関数で実際の回転を行います。上記の行列式から、任意の点 (X_a, Y_a) を中心に、(x, y) を θ だけ反時計方向に回転したときの新しい座標 (X, Y) は、次の式で表すことができます。これは順方向です。

$$\begin{aligned} X &= (x - X_a)\cos\theta + (y - Y_a)\sin\theta + X_a \\ Y &= -(x - X_a)\sin\theta + (y - Y_a)\cos\theta + Y_a \end{aligned}$$

逆変換は次の式で表すことができます。画像を回転させるということは、出力画像の各ピクセル値を入力画像中のピクセルから以下の式に従ってサンプリングすることと等価です。

$$\begin{aligned} x &= (X - X_a)\cos\theta - (Y - Y_a)\sin\theta + X_a \\ y &= (X - X_a)\sin\theta + (Y - Y_a)\cos\theta + Y_a \end{aligned}$$

実際には、cv::warpAffine 関数にはスケーリングや補間方法も指定できるため、もっと複雑な処理を行っています。本関数の使用者は、単に cv::getRotationMatrix2D 関数に、回転の原点、回転角度、そしてスケーリング値を指定し、得られた行列を warpAffine 関数へ与えるだけで画像を回転できます。回転するときに画素の補間には cv::INTER_CUBIC を使用します。

以降に、実行結果を示します。

図2.8●処理結果

関数の説明

■ cv::getRotationMatrix2D

2次元回転のアフィン変換行列を計算します。

```
Mat getRotationMatrix2D ( Point2f  center,
                          double   angle,
                          double   scale )
```

引数

center

　入力画像（行列）における回転中心座標です。

angle

　度単位で表される回転角度です。回転は反時計回り方向です。

scale

　スケーリング係数です。

返却値

　2×3のMatオブジェクトを返します。

説明

画像（行列）を回転するための、2次元回転のアフィン変換行列を計算します。自分で、それぞれの値を計算しても構いませんが、この関数を用いると自動で計算します。

■ cv::warpAffine

画像（行列）のアフィン変換を行います。

```
void warpAffine( InputArray    src,
                 OutputArray   dst,
                 InputArray    M,
                 Size          dsize,
                 int           flags = INTER_LINEAR,
                 int           borderMode = BORDER_CONSTANT,
                 const Scalar & borderValue = Scalar() )
```

引数

src
　　入力画像（行列）です。

dst
　　出力画像（行列）です。サイズは dsize で型は src と同じです。

M
　　2 × 3 の変換行列です。

dsize
　　出力画像（行列）のサイズです。

flags
　　補間手法などを示すオプションフラグです。オプションフラグ WARP_INVERSE_MAP を指定すると、M を逆変換（dst → src）と見なします。補間手法としては、INTER_NEAREST、INTER_LINEAR および INTER_CUBIC がサポートされます。

borderMode
　　ピクセル外挿法です（cv::BorderTypes を参照）。BORDER_TRANSPARENT は、対応する画素がハズレ値の場合、変更されません。どのような外挿法があるかは OpenCV の仕様を参照してください。

borderValue
　ボーダーに使用される値です。デフォルトは 0 です。

> 説明

2×3 の変換行列を使用し、画像のアフィン変換を行います。

2.4 透視投影

　画像へ透視投影を行うプログラムを紹介します。OpenCV を使用すると、容易に透視投影を処理できます。以降に、ソースリストの一部を示します。

リスト2.4●MyForm.h（04perspective）のToolMenuEffectItem_Clickメソッド

```cpp
    private: System::Void ToolMenuEffectItem_Click(System::Object^ sender,
                                                   System::EventArgs^ e) {
        // OpenCV4 のパターン0相当
        float x0 = (float)(mSrc.cols / 4);
        float x1 = (float)((mSrc.cols / 4) * 3);
        float y0 = (float)(mSrc.rows / 4);
        float y1 = (float)((mSrc.rows / 4) * 3);
        cv::Point2f srcPoint[] = {
            cv::Point2f(x0, y0),
            cv::Point2f(x0, y1),
            cv::Point2f(x1, y1),
            cv::Point2f(x1, y0)
        };
        cv::Point2f dstPoint[4];

        int xMergin = mSrc.cols / 10;
        int yMergin = mSrc.rows / 10;
        dstPoint[0] = cv::Point2f(x0 + xMergin, y0 + yMergin);
        dstPoint[1] = srcPoint[1];
        dstPoint[2] = srcPoint[2];
        dstPoint[3] = cv::Point2f(x1 - xMergin, y0 + yMergin);

        cv::Mat perspectiveMmat = getPerspectiveTransform(srcPoint, dstPoint);
        warpPerspective(mSrc, mDst, perspectiveMmat, mSrc.size(), cv::INTER_CUBIC);
```

```
        pictureBox1->Image = mat2bmp(mDst);
    }
```

　ToolMenuEffectItem_Click メソッドで透視投影を行います。本メソッドは、固定の透視投影を行いますので、その様子を図に示します。

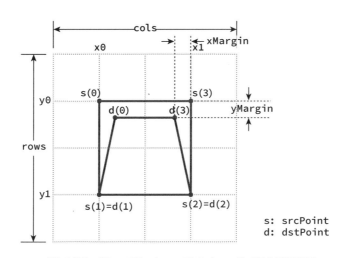

図2.9●ToolMenuEffectItem_Clickメソッドで行う透視投影

　座標を getPerspectiveTransform へ与え Mat オブジェクトを求め、それを warpPerspective の引数に使用し、透視投影変換を行います。

　以降に、実行結果を示します。

図●処理結果

関数の説明

■ cv::getPerspectiveTransform

透視変換を求めます。

```
Mat getPerspectiveTransform (
        const Point2f  src[],
        const Point2f  dst[] )
```

引数

src
　　入力画像上の四角形の頂点の座標です。

dst
　　出力画像上の対応する四角形の頂点の座標です。

返却値

透視変換を表す3×3の行列を返します。

説明

4つの対応座標から透視変換を表す3×3の行列を求めます。

■ cv::warpPerspective

画像に透視変換を適用します。

```
void warpPerspective (
        InputArray     src,
        OutputArray    dst,
        InputArray     M,
        Size           dsize,
        int            flags = INTER_LINEAR,
        int            borderMode = BORDER_CONSTANT,
        const Scalar&  borderValue = Scalar() )
```

引数

src

入力画像（行列）です。

dst

出力画像（行列）です。サイズは dsize で型は src と同じです。

M

3 × 3 の変換行列です。

dsize

出力画像のサイズです。

flags

補間法を指定する INTER_LINEAR か INTER_NEAREST を指定します。また、WARP_INVERSE_MAP を追加で指定すると、M は逆変換（dst → src）となります。

borderMode

ピクセル外挿法を指定します。指定できるのは、BORDER_CONSTANT または BORDER_REPLICATE です。

borderValue

対応のとれない画素に設定する値です。デフォルトは 0 です。

説明

4つの対応座標から、画像に透視変換を行います。この関数はインプレースはサポートしません。

グラフィックス

　画像の上に円などを描くプログラムを紹介します。これまでのプログラムは画像処理後の画像しか表示されません。本章のプログラムは、処理前と処理後の両方の画像を表示します。

3.1 画像の上に円を描く

画像の上に円を描くプログラムを紹介します。先の GUI を拡張し、処理前と処理後の画像を表示します。このため、PictureBox コントロールを 2 つ使用します。以降にフォームを示します。

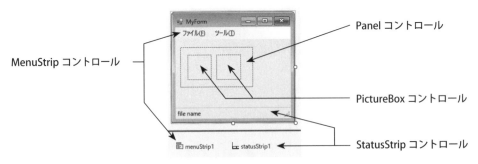

図3.1●フォームの様子

MenuStrip コントロール、Panel コントロール、PictureBox コントロール、および StatusStrip コントロールを配置するのは前節と同様です。先のプログラムと異なるのは、PictureBox コントロールが 2 つになることです。片方に処理前の画像、片方に処理後の画像を表示します。メニューは変更しません。

以降に、ソースリストの一部を示します。前章のプログラムと共通点が多いため、異なる部分のみを網掛します。

リスト3.1●MyForm.h（01circles）より抜粋

```
#pragma once

#include "../../../ocvlib.h"

namespace test {
    ⋮
    public ref class MyForm : public System::Windows::Forms::Form
    {
    public:
        MyForm(void)
```

```
        {
            InitializeComponent();
            //
            //TODO: ここにコンストラクター コードを追加します
            //
            this->Text = "OpenCV";

            panel1->Dock = DockStyle::Fill;
            panel1->AutoScroll = true;

            pictureBox1->Location = Point(0, 0);
            pictureBox1->SizeMode = PictureBoxSizeMode::AutoSize;
            pictureBox2->Location = Point(0, 0);                    // 追加
            pictureBox2->SizeMode = PictureBoxSizeMode::AutoSize;   // 追加
        }

    protected:
        ⋮
#pragma endregion

    private: Bitmap^ mat2bmp(cv::Mat img) {
            ⋮
    }

    private: cv::Mat readFile(String^ fname) {
            ⋮
    }

    private:Void writeFile(String^ fname, cv::Mat img) {
            ⋮
    }

    //---------------------------------------------------------------
    // set window size
    private: System::Void windowSize(PictureBox^ pbox) {
        pbox->Left = pbox->Width;
        this->ClientSize = Drawing::Size(pbox->Width * 2,
            pbox->Height + menuStrip1->Height + statusStrip1->Height);
    }

    //---------------------------------------------------------------
    // Open
```

```cpp
private: System::Void FileMenuOpenItem_Click(System::Object^ sender,
                                             System::EventArgs^ e) {
    OpenFileDialog^ dlg = gcnew OpenFileDialog;
    dlg->Filter = "画像ファイル(*.bmp,*.jpg,*.png)|*.bmp;*.jpg;*.png";
    if (dlg->ShowDialog() == Windows::Forms::DialogResult::Cancel)
        return;

    String^ fname = dlg->FileName;

    mSrc = readFile(fname);
    if (mSrc.empty())
        return;

    toolStripStatusLabel1->Text = IO::Path::GetFileName(dlg->FileName);

    mDst = mSrc.clone();                            // 追加
    pictureBox1->Image = mat2bmp(mSrc);
    pictureBox2->Image = mat2bmp(mDst);             // 追加
    windowSize(pictureBox2);
}

private: System::Void FileMenuSaveAsItem_Click(System::Object^ sender,
                                               System::EventArgs^ e) {
    ⋮
}

private: System::Void FileMenuCloseItem_Click(System::Object^ sender,
                                              System::EventArgs^ e) {
    ⋮
}

//-----------------------------------------------------------------
// effect
private: System::Void ToolMenuEffectItem_Click(System::Object^ sender,
                                               System::EventArgs^ e) {
    if (mSrc.empty())
        return;

    cv::Point center = cv::Point(mDst.cols / 2, mDst.rows / 2);
    int radius = mDst.cols < mDst.rows ? mDst.cols / 2 : mDst.rows / 2;
    radius -= 10;
```

```
        cv::circle(mDst, center, radius, cv::Scalar(0, 0, 255), -1);
        cv::circle(mDst, center, radius / 2, cv::Scalar(255, 0, 0));
        cv::circle(mDst, center, radius / 3, cv::Scalar(0, 255, 0), 3);

        pictureBox2->Image = mat2bmp(mDst);
    }

    };
}
```

　本プログラムは、画像処理前の画像と処理後の画像を表示します。このため、2つのPictureBoxコントロールを配置します。まず、コンストラクター（MyForm）内で、追加したPictureBoxコントロールpictureBox2のLocationプロパティにPoint(0, 0)を指定し、PictureBoxコントロールをPanelコントロールの左上隅（言い換えるとクライアント領域）へ移動します。

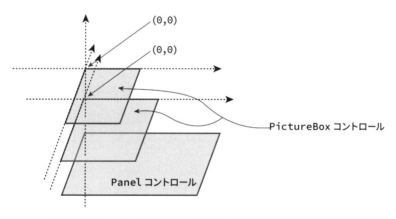

図3.2●PictureBoxコントロールをクライアント領域の左隅に移動する

　ただ、この変更は画像処理結果を格納するpictureBox2はY座標のみ意味があり、X座標は画像ファイル読み込み時に再度変更されます。
　さらに、SizeModeプロパティにPictureBoxSizeMode::AutoSizeを指定します。これらによって、表示領域が画像サイズより小さくリサイズされたとき（Panelコントロール上の2つのPictureBoxコントロールのサイズがPanelコントロールより大きくなったとき）は、自動でスクロールバーが現れます。

FileMenuOpenItem_Click メソッドは、［ファイル▶開く］を選択したときに制御が渡ってきます。OpenFileDialog のオブジェクトを生成し、［開く］ダイアログを表示させます。ダイアログで［キャンセル］が押されたかチェックし、もし［キャンセル］が押されていたら、すぐにメソッドを抜けます。［開く］ダイアログでファイル名が選択されていたら、取得した画像ファイル名を引数に readFile メソッドを呼び出し、mSrc に画像を読み込みます。正常に読み込めたら、そのファイル名をステータスバーに表示します。OpenFileDialog が返すファイル名はフルパスで格納されています。そのため、System::IO::Path::GetFileName メソッドでファイル名のみを取り出します。次に、結果を格納する cv::Mat オブジェクト mDst に clone メソッドで読み込んだ画像のクローンを作成します。読み込んだ画像を mat2bmp メソッドで Bitmap オブジェクトへ変換すると共に、それを 2 つの PictureBox コントロールの Image プロパティに設定します。これで同じ画像が 2 つ並んで表示されます。ただ、このままでは読み込んだ画像の一部しか表示されない、あるいは読み込んだ画像よりフォームサイズが大きい場合があります。さらに、2 つの画像が連続していないとか、重なる場合があります。そこで、windowSize メソッドを呼び出し、クライアント領域の大きさを画像ファイルの大きさに合わせるとともに、PictureBox コントロールの位置も変更します。

　windowSize メソッドは、これまでと違いウィンドウサイズの大きさを変えるだけでなく、PictureBox コントロールの位置も変更します。引数で渡される PictureBox コントロールは、処理結果を表示する側のコントロールです。まず、Left プロパティへ Width プロパティを設定します。これによって、pictureBox2 コントロールの表示位置が pictureBox1 コントロールの隣へ変更されます。

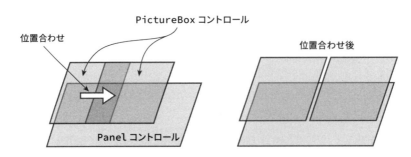

図3.3●PictureBoxコントロールの位置合わせ

　次に、ウィンドウサイズを変更します。直接ウィンドウサイズを変更するのではなく、クラ

イアントウィンドウの横幅をPictureBoxコントロールの2倍へ、高さをPictureBoxコントロールの高さ、メニューの高さ、そしてステータスバーの高さの総計した値に変更します。

　ToolMenuEffectItem_Clickメソッドは、[ツール▶効果]を選択したときに制御が渡ってきます。画像を読み込んでいるかmSrcオブジェクトのemptyメソッドで調べます。もし画像が読み込まれていない場合、すぐにメソッドを抜けます。そうでなかったら画像の上に円を描きます。cv::Pointのcenterに画像の中心座標を求め、int型変数radiusに半径を求めます。半径は、画像の縦横のサイズを調べ、小さい方からさらに10ピクセル少ない値とします。そして、cv::circle関数を使用し、半径を変えながら円や塗りつぶした円を描きます。どのような円を描くかはソースコード、関数の説明、そして実行例を参照してください。最後に、処理結果をmat2bmpメソッドでBitmapオブジェクトへ変換し、結果表示用のPictureBoxコントロールのImageプロパティに設定します。

　mat2bmpメソッド、readFileメソッド、writeFileメソッド、FileMenuSaveAsItem_Clickメソッド、そしてFileMenuCloseItem_Clickメソッドは前章のプログラムと同様です。

実行例

　以降に実行例を示します。プログラムを起動し、[ファイル▶開く]を選択し、読み込む画像を指定します。そして、[ツール▶効果]を選択し、画像の上に円を描きます。

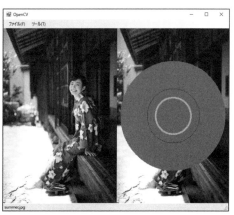

図3.4●画像を読み込み、その上に円を描く

フォームのサイズを表示画像サイズより小さくするとスクロールバーが現れます。縦横のスクロールバーを操作して適切な部分を観察してください。

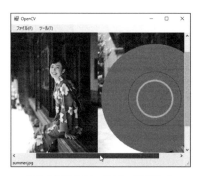

図3.5●スクロールバーが現れる

［ファイル▶名前を付けて保存］を選択し、ファイル名を与えてください。ファイル名の拡張子で画像フォーマットを判断し、そのフォーマットでファイルが保存されます。保存された画像も示します。

図3.6●画像を保存

関数の説明

■ cv::circle

円を描きます。

```
void circle ( InputOutputArray  img,
              Point             center,
              int               radius,
              const Scalar&     color,
              int               thickness = 1,
              int               lineType = LINE_8,
              int               shift = 0 )
```

引数

img
 円を描く対象画像（行列）です。

center
 円の中心座標です。

radius
 円の半径です。

color
 円の色です。

thickness
 正の値の場合、円を描く線の太さです。マイナスの値を指定した場合、円は塗り潰されます。

lineType
 円の枠線の種類です。詳細は OpenCV のドキュメントを参照してください。

shift
 中心点の座標と半径の値において、小数点以下の桁を表すビット数です。

説明

与えられた円の中心座標と半径を持つ円、あるいは塗りつぶされた円を描きます。

3.2 画像の上に線を描く

　画像の上に線を引くプログラムを紹介します。先のプログラムと異なるのはToolMenuEffectItem_Click メソッドのみですので、その部分だけ示します。

リスト3.2●MyForm.h（02lines）のToolMenuEffectItem_Clickメソッド

```
private: System::Void ToolMenuEffectItem_Click(System::Object^ sender,
                                               System::EventArgs^ e) {
    if (mSrc.empty())
        return;

    int x0 = mDst.cols / 4;
    int x1 = mDst.cols * 3 / 4;
    int y0 = mDst.rows / 4;
    int y1 = mDst.rows * 3 / 4;

    cv::Point p0 = cv::Point(x0, y0);
    cv::Point p1 = cv::Point(x1, y1);
    cv::line(mDst, p0, p1, cv::Scalar(0, 0, 255), 3, 4);

    p0.y = y1;
    p1.y = y0;
    cv::line(mDst, p0, p1, cv::Scalar(255, 0, 0), 3, 4);

    pictureBox2->Image = mat2bmp(mDst);
}
```

　本プログラムは画像を読み込み、その画像に線を描きます。以降に、実行例を示します。

3.2 画像の上に線を描く

図3.7●処理結果

関数の説明

■ cv::line

2点を結ぶ線分を描画する関数です。

```
void line ( InputOutputArray  img,
            Point             pt1,
            Point             pt2,
            const Scalar&     color,
            int               thickness = 1,
            int               lineType = LINE_8,
            int               shift = 0 )
```

引数

img

　　線を描く対象画像（行列）です。

pt1

　　線分の1番目の端点です。

79

pt2
　線分の 2 番目の端点です。

color
　線の色です。

thickness
　線の太さです。

lineType
　線の枠線の種類です。詳細は OpenCV のドキュメントを参照してください。

shift
　座標の小数点以下の桁を表すビット数です。

> 説明

与えられた引数に従って線を描きます。

3.3 画像の上に四角形を描く

今度は画像の上に四角形を描きます。先のプログラムと異なる ToolMenuEffectItem_Click メソッドのみのソースリストを示します。

リスト3.3●MyForm.h（03drawRect）のToolMenuEffectItem_Clickメソッド

```cpp
    private: System::Void ToolMenuEffectItem_Click(System::Object^ sender,
                                                   System::EventArgs^ e) {
        if (mSrc.empty())
            return;

        cv::Point p0 = cv::Point(mDst.cols / 8, mDst.rows / 8);
        cv::Point p1 = cv::Point(mDst.cols * 7 / 8, mDst.rows * 7 / 8);

        cv::rectangle(mDst, p0, p1, cv::Scalar(0, 255, 0), 5, 8);

        cv::Point p2 = cv::Point(mDst.cols * 2 / 8, mDst.rows * 2 / 8);
        cv::Point p3 = cv::Point(mDst.cols * 6 / 8, mDst.rows * 6 / 8);
        cv::rectangle(mDst, p2, p3, cv::Scalar(0, 255, 255), 2, 4);
```

```
        pictureBox2->Image = mat2bmp(mDst);
    }
```

本プログラムは画像を読み込み、その画像に線を描きます。以降に、実行例を示します。

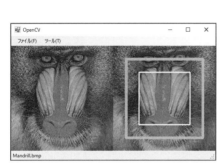

図3.8●処理結果

関数の説明

■ cv::rectangle

単純な四角形、あるいは塗り潰した四角形を描きます。

```
void rectangle ( InputOutputArray  img,
                 Point             pt1,
                 Point             pt2,
                 const Scalar&     color,
                 int               thickness = 1,
                 int               lineType = LINE_8,
                 int               shift = 0 )
```

引数

img
> 矩形を描く対象画像（行列）です。

pt1
> 矩形の1番目の端点です。

pt2
> 矩形の2番目の端点です。

color
> 矩形の色、あるいは輝度値（グレイスケール画像）です。

thickness
> 矩形の枠線の太さです。FILLEDなどの負の値の場合、塗りつぶされた四角形が描かれます。

lineType
> 枠線の種類です。詳細はOpenCVのドキュメントを参照してください。

shift
> 点の座標において、小数点以下の桁を表すビット数です。

説明

与えられた2つの座標pt1とpt2を使用し、四角形あるいは塗り潰した四角形を描きます。

3.4 画像の上に楕円や円弧を描く

今度は画像の上に楕円や円弧を描きます。以降に、ソースリストの一部を示します。

リスト3.4●MyForm.h（04drawEllipse）のToolMenuEffectItem_Clickメソッド

```
    private: System::Void ToolMenuEffectItem_Click(System::Object^ sender,
                                                    System::EventArgs^ e) {
        if (mSrc.empty())
            return;

        cv::Point center = cv::Point(mDst.cols / 2, mDst.rows / 2);
```

```
        cv::Size sz = cv::Size(mDst.cols / 2, mDst.rows / 2);

        cv::ellipse(mDst, center, sz, 0, 0, 360, cv::Scalar(255, 0, 0), 3, 4);
        sz.width -= 20;
        sz.height -= 50;
        cv::ellipse(mDst, center, sz, 15, 10, 360, cv::Scalar(255, 255, 0), 2, 4);

        pictureBox2->Image = mat2bmp(mDst);
    }
```

　本プログラムは画像を読み込み、その画像の上に楕円や円弧を描きます。以降に、実行例を示します。

図3.9●処理結果

関数の説明

■ cv::ellipse

楕円、楕円弧、塗りつぶされた楕円、あるいは塗りつぶされた扇形を描きます。

```
void ellipse ( InputOutputArray  img,
               Point             center,
               Size              axes,
               double            angle,
               double            startAngle,
               double            endAngle,
               const Scalar&     color,
               int               thickness = 1,
               int               lineType = LINE_8,
               int               shift = 0 )
```

引数

img
　　楕円などを描く対象画像（行列）です。

center
　　楕円の中心座標です。

axes
　　楕円の長径と短径です。

angle
　　度単位で表される楕円の回転角度です。

startAngle
　　度単位で表される円弧の開始角度です。

endAngle
　　度単位で表される円弧の終了角度です。

color
　　楕円の色です。

thickness
　　正の値の場合、楕円を描く線の太さです。マイナスの値を指定した場合、楕円は塗り潰

されます。
lineType
　楕円の枠線の種類です。詳細は OpenCV のドキュメントを参照してください。
shift
　中心点の座標と軸長の値において、小数点以下の桁を表すビット数です。

説明

　楕円、塗りつぶされた楕円、楕円弧、および塗りつぶされた扇形を描きます。楕円弧ではない完全な楕円を描く場合、startAngle=0 と endAngle=360 を渡してください。

3.5 画像の上に文字を描く

画像の上に文字を描きます。以降に、ソースリストの一部を示します。

リスト3.5●MyForm.h（05drawText）のToolMenuEffectItem_Clickメソッド

```
private: System::Void ToolMenuEffectItem_Click(System::Object^ sender,
                                                System::EventArgs^ e) {
    if (mSrc.empty())
        return;

    // 画像，文字，開始位置，フォント，大きさ，色，線幅，種類
    cv::Point p = cv::Point(50, mDst.rows / 2 - 50);
    cv::putText(mDst, "Hello OpenCV", p, cv::FONT_HERSHEY_TRIPLEX,
        0.8, cv::Scalar(250, 200, 200), 2, cv::LINE_AA);

    pictureBox2->Image = mat2bmp(mDst);
}
```

　本プログラムは画像を読み込み、その画像の上に文字を描きます。以降に、実行例を示します。

図3.10●処理結果

関数の説明

■ cv::putText

文字列を描きます。

```
void putText ( InputOutputArray  img,
               const String&     text,
               Point             org,
               int               fontFace,
               double            fontScale,
               Scalar            color,
               int               thickness = 1,
               int               lineType = LINE_8,
               bool              bottomLeftOrigin = false )
```

引数

img

文字列を描く対象画像（行列）です。

text

描く文字列です。

org
 文字列の左下隅の画像中の座標です。

fontFace
 フォントの種類です。詳細は OpenCV のドキュメントを参照してください。

fontScale
 フォントのスケールファクタです。この値がフォント特有の基本サイズに乗じられます。

color
 文字列の色です。

thickness
 フォントの描画に利用される線の太さです。

lineType
 線の種類です。詳細は OpenCV のドキュメントを参照してください。

bottomLeftOrigin
 true の場合、画像データの原点が左下、そうでない場合は左上です。

▎説明

画像中に指定された文字列を描きます。指定されたフォントで描けないシンボルは、はてなマークで置き換えます。

色の処理

色変換、輝度平滑化およびスレッショルド処理のプログラムを紹介します。

4.1 グレイスケール

　本プログラムは、カラー画像をグレイスケール画像へ変換します。先のプログラムは、2つの PictureBox コントロールを Panel コントロールへ配置していました。本プログラムでは、PictureBox コントロールを SplitContainer コントロールのそれぞれのパネルへ配置します。以降にフォームを示します。

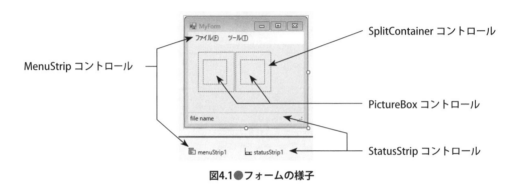

図4.1●フォームの様子

　SplitContainer コントロール以外の、MenuStrip コントロール、Panel コントロール、PictureBox コントロール、および StatusStrip コントロールを配置するのは前節と同様です。以降に、ソースリストの一部を示します。前章のプログラムと共通点が多いため、異なる部分のみを網掛けします。

リスト4.1●MyForm.h（01grayscale）より抜粋

```
#pragma once
    ⋮
    public ref class MyForm : public System::Windows::Forms::Form
    {
    public:
        MyForm(void)
        {
            InitializeComponent();
            //
            //TODO: ここにコンストラクター コードを追加します
            //
```

```
            this->Text = "OpenCV";

            splitContainer1->Dock = DockStyle::Fill;
            splitContainer1->Panel1->AutoScroll = true;
            splitContainer1->Panel2->AutoScroll = true;

            pictureBox1->Location = Point(0, 0);
            pictureBox1->SizeMode = PictureBoxSizeMode::AutoSize;
            pictureBox2->Location = Point(0, 0);
            pictureBox2->SizeMode = PictureBoxSizeMode::AutoSize;
        }

    protected:
            ⋮
#pragma endregion

    //-------------------------------------------------------------------
    // cv::Mat to Bitmap
    private: Bitmap^ mat2bmp(cv::Mat img) {
        Bitmap^ bmp = gcnew Bitmap(img.cols, img.rows,
            System::Drawing::Imaging::PixelFormat::Format24bppRgb);

        Drawing::Imaging::BitmapData^ bd = bmp->LockBits(Rectangle(0, 0, img.cols,
                                                            ↳ img.rows),
            Drawing::Imaging::ImageLockMode::WriteOnly,
            System::Drawing::Imaging::PixelFormat::Format24bppRgb);

        for (int i = 0; i < img.rows; i++)
        {
            if (img.channels() == 1)
            {
                uchar* p = (uchar*)bd->Scan0.ToPointer() + i * bd->Stride;
                //memcpy(p, img.ptr() + img.step * i, img.step);
                uchar* q = (uchar*)(img.ptr() + img.step * i);
                for (int x = 0; x < img.cols; x++)
                {
                    *p++ = *q;
                    *p++ = *q;
                    *p++ = *q++;
                }
            }
            else
```

```
            {
                uchar* p = (uchar*)bd->Scan0.ToPointer() + i * bd->Stride;
                memcpy(p, img.ptr() + img.step * i, img.step);
            }
        }

        bmp->UnlockBits(bd);

        return bmp;
    }

      ⋮

    //-------------------------------------------------------------------
    // set window size
    private: System::Void windowSize(PictureBox^ pbox) {
        this->ClientSize = Drawing::Size(
            (pbox->Width * 2) + splitContainer1->SplitterWidth,
            pbox->Height + menuStrip1->Height + statusStrip1->Height);
        splitContainer1->SplitterDistance = pbox->Width;
    }

      ⋮

    //-------------------------------------------------------------------
    // effect
    private: System::Void ToolMenuEffectItem_Click(System::Object^ sender,
                                                   System::EventArgs^ e) {
        if (mSrc.empty())
            return;

        cv::cvtColor(mSrc, mDst, cv::COLOR_RGB2GRAY);

        pictureBox2->Image = mat2bmp(mDst);
    }
      ⋮
```

　本プログラムは、SplitContainer コントロールを使用し、画像処理前の画像と処理後の画像を表示します。このようにすると、画像処理の効果を観察するのが容易になります。
　まず、コンストラクターで SplitContainer コントロールのプロパティを変更します。先のプ

ログラムは PictureBox コントロールの位置を、画像ファイルを開くたびに変更する必要がありました。SplitContainer コントロールを使用すると、これらの処理はコンストラクター内で完結します。

　mat2bmp メソッドはこれまでと異なり、チャンネル数が1の cv::Mat オブジェクトもサポートします。第1章「はじめてのプログラム」で本メソッドの説明を行っていますが、そのときは 24bpp（カラー）の画像のみに対応しています。ここでは、このメソッドを拡張し、チャンネル数が1の場合と、それ以外で Bitmap オブジェクトの生成方法を変更します。メソッドの前半は、これまでと同様です。以降に、これまでのメソッドを示します。

```
private: Bitmap^ mat2bmp(cv::Mat img) {
    Bitmap^ bmp = gcnew Bitmap(img.cols, img.rows,
        System::Drawing::Imaging::PixelFormat::Format24bppRgb);

    Drawing::Imaging::BitmapData^ bd = bmp->LockBits(Rectangle(0, 0, img.cols,
                                                               img.rows),
        Drawing::Imaging::ImageLockMode::WriteOnly,
        System::Drawing::Imaging::PixelFormat::Format24bppRgb);

    for (int i = 0; i < img.rows; i++)
    {
        uchar* p = (uchar*)bd->Scan0.ToPointer() + i * bd->Stride;
        memcpy(p, img.ptr() + img.step * i, img.step);
    }

    bmp->UnlockBits(bd);

    return bmp;
}
```

これを、以降のように拡張します。

```
private: Bitmap^ mat2bmp(cv::Mat img) {
    Bitmap^ bmp = gcnew Bitmap(img.cols, img.rows,
        System::Drawing::Imaging::PixelFormat::Format24bppRgb);

    Drawing::Imaging::BitmapData^ bd = bmp->LockBits(Rectangle(0, 0, img.cols,
                                                               img.rows),
        Drawing::Imaging::ImageLockMode::WriteOnly,
```

```
            System::Drawing::Imaging::PixelFormat::Format24bppRgb);

    for (int i = 0; i < img.rows; i++)
    {
        if (img.channels() == 1)
        {
            uchar* p = (uchar*)bd->Scan0.ToPointer() + i * bd->Stride;
            uchar* q = (uchar*)(img.ptr() + img.step * i);
            for (int x = 0; x < img.cols; x++)
            {
                *p++ = *q;
                *p++ = *q;
                *p++ = *q++;
            }
        }
        else
        {
            uchar* p = (uchar*)bd->Scan0.ToPointer() + i * bd->Stride;
            memcpy(p, img.ptr() + img.step * i, img.step);
        }
    }

    bmp->UnlockBits(bd);

    return bmp;
}
```

　チャンネル数が1のcv::Matオブジェクトの場合、BitmapオブジェクトのRGB画像データにMatオブジェクトの1要素の値を、RGBの各要素にコピーします。これによってBitmapオブジェクトはPixelFormat::Format24bppRgb（24ビット）のフォーマットですが、保持する画像はグレイスケールとなります。Bitmapオブジェクトのフォーマットに PixelFormat::Format8bppIndexed（8ビット）を選ぶ方法もありますが、本プログラムでは、BitmapオブジェクトのフォーマットをFormat24bppRgbとすることを選びます。cv::Matオブジェクトのチャンネル数が1以外の場合は、これまでのメソッドと同様の処理を行います。

　windowSizeメソッドは、クライアントエリアの変更を行いますが、本プログラムでは、PictureBoxコントロールをSplitContainerコントロール上へ配置したため、SplitContainerコントロールを考慮する必要が生じます。クライアントエリアの横幅は、同時に、SplitContainerコントロールのスプリッターの位置が2つの画像の中心に位置するように調整

します。

ToolMenuEffectItem_Click メソッドは、［ツール▶効果］を選択したときに制御が渡ってきます。画像を読み込んでいるか mSrc オブジェクトの empty メソッドで調べます。もし画像が読み込まれていない場合、すぐにメソッドを抜けます。そうでなかったら cv::cvtColor 関数を使用し、グレイスケールへ変換します。cv::cvtColor 関数の最後の引数に cv::COLOR_RGB2GRAY を指定すると、フルカラー画像がグレイスケールへ変換されます。cv::cvtColor 関数でグレイスケールへ変換した結果は mDst オブジェクトに格納されます。これを引数に mat2bmp メソッドを呼び出し Bitmap オブジェクトへ変更し、それを表示します。

実行例

以降に実行例を示します。プログラムを起動し、画像ファイルを読み込みます。するとステータスバーに読み込んだファイル名が表示されます。読み込み直後と、［ツール▶効果］を選んで画像処理した結果を示します。グレイスケールへの変換ですので、紙面では変換前と変換後の表示は同じように見えるでしょう。

図4.2●読み込み直後と、［ツール▶効果］を選んで画像処理した結果

ウィンドウサイズを変更し、スクロールバーが表示された様子を示します。先のプログラムと違い、それぞれにスクロールバーが現れますので、表示させる範囲をそれぞれ別々に指定できます。それぞれのウィンドウを独立してスクロールできるため、注目部分を比較するのが容易です。位置合わせに苦労するようであれば、プログラムで位置調整をアシストすることも可能でしょう。

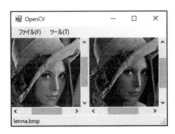

図4.3●スクロールバー表示

mat2bmp メソッドの変更

　先に紹介した mat2bmp メソッドは、カラー画像であってもグレイスケール画像であっても、Bitmap オブジェクトのフォーマットは PixelFormat::Format24bppRgb（24 ビット）です。ここでは、cv::Mat オブジェクトのチャンネル数が 1 のときは PixelFormat::Format8bppIndexed（8 ビット）と、そうでないときには PixelFormat::Format24bppRgb（24 ビット）の Bitmap オブジェクトを返す mat2bmp メソッドを紹介します。こちらの方がメモリーの節約や cv::Mat との整合性が取れますが、プログラムは PixelFormat::Format8bppIndexed（8 ビット）と PixelFormat::Format24bppRgb（24 ビット）の両方を意識する必要が生じます。本書では、先の方法を採用しますが、どちらが選ぶかは使用者が考えると良いでしょう。以降に変更したソースリストを示します。

```
private: Bitmap^ mat2bmp(cv::Mat img) {
    const int alignedCols = static_cast<int>(cv::alignSize(img.cols, 4));
    cv::Mat alignedMat = cv::Mat(img.rows, alignedCols, img.type());
    cv::Mat roiMat = cv::Mat(alignedMat, cv::Rect(0, 0, img.cols, img.rows));
    img.copyTo(roiMat);

    Imaging::PixelFormat pf = img.channels() == 1 ?
                        Imaging::PixelFormat::Format8bppIndexed :
                            Imaging::PixelFormat::Format24bppRgb;

    Bitmap^ intrimBmp = gcnew Bitmap(roiMat.cols, roiMat.rows,
                        (int)roiMat.step, pf, IntPtr(roiMat.ptr()));

    if (img.channels() == 1)
    {
        Imaging::ColorPalette^ pal = intrimBmp->Palette;
        for (int i = 0; i < 256; i++)
```

```
            pal->Entries[i] = Color::FromArgb(255, i, i, i);
        intrimBmp->Palette = pal;
    }

    Bitmap^ bmp = gcnew Bitmap(intrimBmp);

    return bmp;
}
```

　先頭の4行は第1章「はじめてのプログラム」で紹介した4バイトバウンダリへの調整です。Bitmap オブジェクトを生成するときに、cv::Mat オブジェクトの ptr を指定します。このとき、cv::Mat オブジェクトと Bitmap オブジェクトのデータ保持方法が異なるため、Bitmap オブジェクトの制限となる4バイトバウンダリへの調整を行った alignedMat を作成します。引数の cv::Mat オブジェクトである img の画像データを、ROI を設定した roiMat へコピーします。これで、roiMat の画像データを Bitmap オブジェクトのコンストラクターへ与えることができます。ここでは以前紹介したものと同じです。

　次に Bitmap オブジェクトを生成しますが、このメソッドでは cv::Mat オブジェクトのチャンネル数が1のときは PixelFormat::Format8bppIndexed（8ビット）のフォーマット、そうでないときには PixelFormat::Format24bppRgb（24ビット）のフォーマットで Bitmap オブジェクトを生成します。実際には、Imaging::PixelFormat である pf に上記のフォーマットを格納し、ひとつのコードで Bitmap オブジェクトを生成します。これによって画像データを保持した Bitmap オブジェクトが生成されます。しかし、チャンネル数が1の場合、パレットを設定しなければなりません。画像が保持している値とパレットの値を同一にしたいため、for 文を使用して設定します。

　このまま作成した Bitmap オブジェクトを返却すれば良さそうに見えますが、この Bitmap オブジェクトは画像データを roiMat、あるいは alignedMat に保持しているため、このまま intrimBmp を返すと、メソッドを抜けたときにデータを保持しているメモリーが解放されてしまうでしょう。そこで、intrimBmp を引数とした新しい Bitmap オブジェクト bmp を生成し、これを返します。

　alignedMat オブジェクトが解放されなければ、メモリーの心配が不要になるため intrimBmp を返しても構いません。そのようにしたい場合、最も簡単な方法は、それらをスタティックな寿命になるように外部で宣言すると簡単です。他にも Bitmap オブジェクトのデータ領域を自分で割り付けるなど方法はいくつでもありますので、細かな改善は自身でトライしてください。こちらのメソッドの方がメモリー節約になりますが、本書では先に紹介した

手法のメソッドを使用します。

関数の説明

■ cv::cvtColor

画像の色空間を変換します。

```
void cvtColor ( InputArray   src,
                OutputArray  dst,
                int          code,
                int          dstCn = 0 )
```

引数

src
　入力画像（行列）です。

dst
　出力画像（行列）です。形式は src と同じサイズ、同じ型です。

code
　「(src の色空間) 2 (dst の色空間)」の定数を用いて色空間の変換を指定します。詳細は OpenCV のリファレンスを参照してください。

dcn
　入力画像（行列）のチャンネル数です。0 を指定すると、src および code から自動的にチャンネル数が求められます。

説明

　この関数は、さまざまな色空間を変換します。本章のプログラムでは、カラー画像をグレイスケールへ変換するのに使用します。3 チャンネルの色空間（HSV、XYZ など）画像を 4 チャンネル画像に格納することで、パフォーマンスが向上します。

4.2 輝度平滑化

　画像の輝度を平滑化するプログラムを紹介します。輝度が一部に偏っているとき、その部分を広げ、見やすくします。先のプログラムと異なるのは ToolMenuEffectItem_Click メソッドのみですので、その部分だけ示します。

リスト4.2●MyForm.h（02equalize)のToolMenuEffectItem_Clickメソッド

```
private: System::Void ToolMenuEffectItem_Click(System::Object^ sender,
                                               System::EventArgs^ e) {
    if (mSrc.empty())
        return;

    cv::cvtColor(mSrc, mSrc, cv::COLOR_RGB2GRAY);
    cv::equalizeHist(mSrc, mDst);

    pictureBox1->Image = mat2bmp(mSrc);
    pictureBox2->Image = mat2bmp(mDst);
}
```

　本プログラムは画像を読み込み、画像の輝度を平滑化します。極端に輝度が一部に偏っているとき、その部分の輝度を平滑化し、見やすくします。OpenCV の輝度平滑化関数はグレイスケール画像を対象としているため、表示は入力画像も平滑後の画像もグレイスケールで行います。cv::cvtColor で入力画像をグレイスケールへ変換後、その結果を cv::equalizeHist で輝度を平滑化します。最後に mat2bmp メソッドで cv::Mat オブジェクトを Bitmap オブジェクトへ変換し、両方を表示します。以降に、実行例を示します。

第 4 章　色の処理

図4.4●処理結果

　輝度が偏っていると、その部分が広げられるためコントラストが増したように見えます。輝度が極端に偏っている場合、その部分が引き伸ばされるため、暗い部分が、より暗くなる場合もあります。

関数の説明

■ cv::equalizeHist

グレイスケール画像のヒストグラムを均一化します。

```
void equalizeHist ( InputArray    src,
                    OutputArray   dst )
```

引数

src
　入力画像（行列）です。

dst
　出力画像（行列）です。

説明

　この関数は、入力画像のヒストグラムを均一化します。

4.3 閾値処理（スレッショルド処理）

本プログラムは、入力画像へ閾値処理（スレッショルド処理）を実行します。閾値はソースリスト内にハードコードします。先のプログラムと異なる ToolMenuEffectItem_Click メソッドのみを示します。

リスト4.3●MyForm.h（03threshold）のToolMenuEffectItem_Clickメソッド

```
private: System::Void ToolMenuEffectItem_Click(System::Object^ sender,
                                               System::EventArgs^ e) {
    if (mSrc.empty())
        return;

    cv::cvtColor(mSrc, mSrc, cv::COLOR_RGB2GRAY);
    cv::threshold(mSrc, mDst, 150, 255, cv::THRESH_BINARY_INV);

    pictureBox1->Image = mat2bmp(mSrc);
    pictureBox2->Image = mat2bmp(mDst);
}
```

本プログラムは、画像に閾値処理（スレッショルド処理）を行います。閾値処理は、threshold 関数で実行します。先ほどと同様、threshold 関数は、グレイスケール画像を対象としているため、処理は入力画像も平滑後の画像もグレイスケールで行います。cv::cvtColorで入力画像をグレイスケールへ変換後、その結果を cv:: threshold で閾値処理を行います。最後に mat2bmp メソッドで cv::Mat オブジェクトを Bitmap オブジェクトへ変換し、両方を表示します。以降に、実行例を示します。

第4章 色の処理

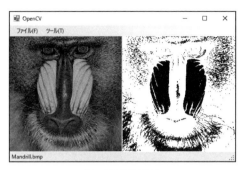

図4.5●処理結果

関数の説明

■ cv::threshold

行列の要素に対して一定値で閾値処理を行います。

```
double threshold ( InputArray   src,
                   OutputArray  dst,
                   double       thresh,
                   double       maxval,
                   int          type )
```

引数

src

　入力画像（行列）です。形式は、シングルチャンネルで8ビット、もしくは32ビット浮動小数点です。

dst

　出力画像（行列）です。srcと同じサイズ、同じ型です。

threshold

　閾値です。

max_value

　threshold_typeがTHRESH_BINARYかTHRESH_BINARY_INVのときに使用される最大値です。

threshold_type

閾値処理の種類です。詳細はリファレンスを参照してください。各処理を表で簡単に示します。

表4.1●閾値処理の種類

threshold_type	説明
THRESH_BINARY	dst(x,y) = max_value if src(x,y) > threshold; 0 otherwise 擬似コード表現では ; dst(x,y) = src(x,y) > threshold ? max_value : 0 ;
THRESH_BINARY_INV	dst(x,y) = 0 if src(x,y) > threshold; max_value otherwise 擬似コード表現では ; dst(x,y) = src(x,y) > threshold ? 0 : max_value ;
THRESH_TRUNC	dst(x,y) = threshold if src(x,y) > threshold; src(x,y) otherwise 擬似コード表現では ; dst(x,y) = src(x,y) > threshold ? threshold : src(x,y) ;
THRESH_TOZERO	dst(x,y) = src(x,y) if src(x,y) > threshold; 0 otherwise 擬似コード表現では ; dst(x,y) = src(x,y) > threshold ? src(x,y) : 0 ;
THRESH_TOZERO_INV	dst(x,y) = 0 if src(x,y) > threshold; src(x,y) otherwise 擬似コード表現では ; dst(x,y) = src(x,y) > threshold ? 0 : src(x,y) ;

説明

この関数は、シングルチャンネルの行列に対して、固定閾値を使用し閾値処理を行います。この関数は、グレイスケール画像から2値化画像を生成する場合や、ノイズ除去に用いられます。

フィルタ処理

　比較的単純なフィルタ処理をいくつか紹介します。これまでと違い、メニューに ToolStrip コントロールを採用します。また、これまでと違い、読み込んだ画像と処理した画像を別のフォームに表示します。

5.1 フィルタ処理

　これまでと違い、メニューに ToolStrip コントロールを採用します。一般的な GUI では MenuStrip コントロールを配置し、その下部に ToolStrip コントロールを配置するのでしょうが、本書の目的は多様な UI と C++ インターフェースを使用することですので ToolStrip コントロールのみを使用したデザインを採用します。さらに、本プログラムは、元画像表示用と、処理結果の画像を表示する 2 つのフォームを持ちます。まず、読み込んだ画像を表示するフォームを示します。

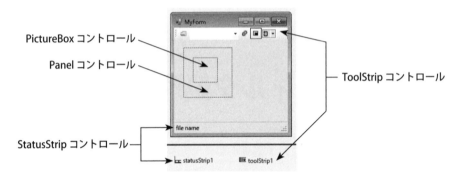

図5.1●読み込んだ画像を表示するフォーム

　ツールバーは、ToolStrip コントロールを配置することによって実現します。Panel コントロール、PictureBox コントロール、および StatusStrip コントロールの配置については、これまでの説明を参照してください。ツールボックスから、ToolStrip コントロールをフォームに配置しただけでは、ToolStrip コントロール上には何も設定されていません。そこで、ToolStrip コントロールの▼を押し、配置したいボタンなど目的のアイテムを選択します。

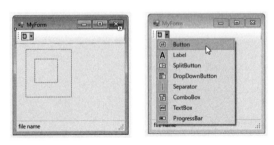

図5.2●ToolStripコントロール配置直後とButtonの選択

本節のプログラムは、ひとつだけ ComboBox を配置しますが、ほかは Button を配置します。Button にイメージを設定するには、ボタンの上でマウスの右ボタンを押します。するとメニューが現れますので、［イメージの設定］を選択してください。

図5.3●イメージの設定

すると、ダイアログが現れますので、適切なイメージを選択します。

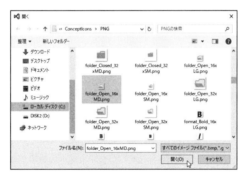

図5.4●イメージを選択

あるいは、全部のアイテムをツールバーに設定後、toolStrip を選択した状態で、プロパティページを使って順次イメージを設定するのも良いでしょう。ToolStrip コントロールのプロパティを開き、Items のコレクションに存在する［...］を選択します。すると「項目コレクションエディター」ダイアログが現れます。

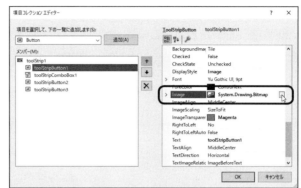

図5.5● 「項目コレクションエディター」ダイアログ

　左側で目的のアイテムを選択後、右側の Image の［...］を選択します。すると「開く」ダイアログが現れますので、先ほどと同様の方法で、適切なイメージを選択します。この作業をすべての Button に対し繰り返します。

　このような操作を繰り返し、最終形が最初に示したフォームのツールバーです。Visual Studio Professional Edition などにはたくさんのイメージが、Visual Studio 20XX Image Library として用意されています。無償の Visual Studio エディションには、Visual Studio Image Library が含まれていないことがあります。そのような場合は自身でイメージをデザインするか、Visual Studio Image Library をダウンロードしてください。Visual Studio Image Library は、MSDN サイトや Developer Center に存在します。探すのが面倒なときは、インターネット上で検索文字列に「Visual Studio Image Library」を指定して検索するのが早いでしょう。各バージョンの Visual Studio Image Library が存在しますので、自身が使用したいバージョンを選択してください。ただし、このアイコンを使用する場合はライセンスに注意を払わなければなりません。特に商用に使用する際は、Microsoft 社ウェブサイトにある「マイクロソフトの商標について」を理解した上で使用しましょう。

　本書では Visual Studio 2013 用の「VS2013 Image Library.zip」をダウンロードして使用しました。これには、2010_VS Icon Legacy フォルダーに Visual Studio 2010 用のイメージも格納されています。今回は、Visual Studio 2010 用のイメージは使用しません。使用したのは、「Visual Studio 2013 Image Library¥2013_VS IconRefresh¥ConceptIcons¥PNG¥」に含まれるイメージです。

表5.1●イメージとファイル名の対応（ファイルはVisual Studio 2013 Image Library¥2013_VS Icon Refresh¥ConceptIcons¥PNG¥以下を参照）

イメージ	ファイル名
	folder_Open_16xMD.png
	process_16xMD.png
	frame_16xMD.png

次に、ツールバーのボタンへマウスを移動したときに動作を表すツールチップを設定します。ツールチップは、プロパティのToolTipTextで入力します。

図5.6●ToolTipTextプロパティ

表5.2●イメージとToolTipTextプロパティの対応

イメージ	ToolTipText プロパティ
	開く
	実行
	サイズ揃え

本プログラムは、処理結果の表示用に別のフォームを使用します。そこで、[プロジェクト▶新しい項目の追加]を選択します。すると「新しい項目の追加」画面が現れますので、左側の欄で「CLR」、右側の欄で「Windowsフォーム」を選びます。

図5.7●「新しい項目の追加」画面

これでプロジェクトに新しいフォームが追加されます。

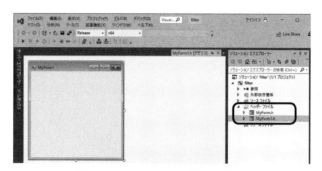

図5.8●新しいフォームが追加される

このフォームにコントロールなどを配置し完成させたものを示します。

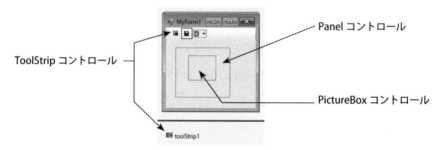

図5.9●処理結果を表示するフォーム

　コントロールの配置は、これまでの説明を参照してください。ToolStrip コントロール（ツールバーのボタンへマウスを移動したときに動作を表すツールチップなど）の設定やプロパティについては以降に表を示します。なお、いろいろ変更を行っていると、ToolStrip コントロールが上部に張り付かなくなることがあります。そのような場合は Dock プロパティを Top へ設定してください。さらに、Panel コントロールが ToolStrip コントロールの下まで入り込むときがあります。そのような場合、コントロールの配置順を Panel コントロール、そして ToolStrip コントロールの順に行うと解消します。もし、配置を正確にコントロールしたければ、Panel コントロールを配置し、その上に ToolStrip コントロールを乗せると正確に配置を管理できます。

表5.3●イメージとファイル名、およびToolTipTextプロパティの対応（ファイルはVisual Studio 2013 Image Library¥2013_VS Icon Refresh¥ ConceptIcons¥PNG¥以下を参照）

イメージ	ファイル名	ToolTipText プロパティ
	frame_16xMD.png	サイズ揃え
	save_16xMD.png	書き込む

　さて、フォームの配置については説明が完了しましたので、ソースリストを示します。まず、読み込んだ画像を表示するフォームと対応するソースリストを示します。

リスト5.1●MyForm.h（01filter）より抜粋

```
#pragma once

#include "../../../ocvlib.h"
#include "MyForm1.h"                                              // 追加

namespace test {

    using namespace System;
    using namespace System::Windows::Forms;
    using namespace System::Drawing;
    using namespace System::Runtime::InteropServices;

    cv::Mat mSrc, mDst;

    /// <summary>
    /// MyForm の概要
    /// </summary>
    public ref class MyForm : public System::Windows::Forms::Form
    {
    public:
        MyForm(void)
        {
            InitializeComponent();
            //
            //TODO: ここにコンストラクター コードを追加します
            //
            this->Text = "OpenCV";

            panel1->Dock = DockStyle::Fill;
            panel1->AutoScroll = true;
```

```
                pictureBox1->Location = Point(0, 0);
                pictureBox1->SizeMode = PictureBoxSizeMode::AutoSize;

                array<String^>^ cbItems = gcnew array<String^>    // 追加
                {
                    "bitwise not",
                        "blur",
                        "gaussianBlur",
                        "laplacian",
                        "sobel",
                        "canny",
                        "dilate",
                        "erode"
                };
                for (int i = 0; i < cbItems->GetLength(0); i++)
                    tSBCB->Items->Add(cbItems[i]);
                tSBCB->SelectedIndex = 0;

                mFm1 = gcnew MyForm1();                           // 追加
            }

    private: MyForm1^ mFm1;                                       // 追加

          ⋮

    //----------------------------------------------------------------
    // set window size
    private: System::Void windowSize(PictureBox^ pbox) {
        this->ClientSize = Drawing::Size(pbox->Width,
            pbox->Height + toolStrip1->Height + statusStrip1->Height);
    }

    //----------------------------------------------------------------
    // Open
    private: System::Void TSBOpen_Click(System::Object^ sender, System::EventArgs^
                                                                            e) {
        OpenFileDialog^ dlg = gcnew OpenFileDialog;
        dlg->Filter = "画像ファイル(*.bmp,*.jpg,*.png)|*.bmp;*.jpg;*.png";
        if (dlg->ShowDialog() == Windows::Forms::DialogResult::Cancel)
            return;
```

5.1 フィルタ処理

```cpp
        String^ fname = dlg->FileName;

        mSrc = readFile(fname);
        if (mSrc.empty())
            return;
        mDst.release();

        toolStripStatusLabel1->Text = IO::Path::GetFileName(dlg->FileName);

        pictureBox1->Image = mat2bmp(mSrc);
        windowSize(pictureBox1);

        mFm1->Hide();
    }

//---------------------------------------------------------------
// window size
private: System::Void TSBSize_Click(System::Object^ sender, System::EventArgs^ e) {

        if (mSrc.empty())
            return;

        windowSize(pictureBox1);
    }

//---------------------------------------------------------------
// effect
private: System::Void TSBDo_Click(System::Object^ sender, System::EventArgs^ e) {

        if (mSrc.empty())
            return;

        mDst = mSrc.clone();

        switch (tSBCB->SelectedIndex)
        {
        case 0: //"bitwise not"
            cv::bitwise_not(mSrc, mDst);
            break;

        case 1: //"blur"
        {
```

```cpp
                const int ksize = 11;
                cv::blur(mSrc, mDst, cv::Size(ksize, ksize));
            }
            break;

            case 2: //"gaussianBlur"
            {
                const int ksize1 = 11, ksize2 = 11;
                const double sigma1 = 10.0, sigma2 = 10.0;
                cv::GaussianBlur(mSrc, mDst, cv::Size(ksize1, ksize2), sigma1, sigma2);
            }
            break;

            case 3: //"laplacian"
                Laplacian(mSrc, mDst, 0);
                break;

            case 4: //"sobel"
                cv::Sobel(mSrc, mDst, -1, 0, 1);
                break;

            case 5: //"canny"
            {
                const double threshold1 = 40.0, threshold2 = 200.0;
                cv::Canny(mSrc, mDst, threshold1, threshold2);
            }
            break;

            case 6: //"dilate"
                cv::dilate(mSrc, mDst, cv::Mat());
                break;

            case 7: //"erode"
                cv::erode(mSrc, mDst, cv::Mat());
                break;
        }
        mFm1->ShowBmp(mat2bmp(mDst));
    }
         ⋮
```

本プログラムは、処理結果表示用に異なるフォームを参照するため、プログラムの先頭部分でMyForm1.hをインクルードします。コンストラクターを含む先頭部分は、Panelコントロールを1つだけ使用していた第3章「グラフィックス」のプログラムと近いです。いくつか追加した処理がありますが、まず行うのはToolStripコントロールへ配置したComboBoxを初期化する部分です。次にMyForm1オブジェクトを生成しprivateであるmFm1へ格納します。

mat2bmpメソッドやreadFileメソッドは、前章と同じです。writeFileメソッドや画像保存のメソッドは処理結果を表示するフォームへ移動します。

windowSizeメソッドは、読み込んだ画像をちょうど表示できるようにフォームのサイズを調整します。まず、クライアントエリアの横幅を、引数のPictureBoxコントロールの横幅と同一にします。次に、クライアントエリアの高さを、引数のPictureBoxコントロールの高さ、PictureBoxコントロールの高さ、ToolStripコントロールの高さ、そしてStatusStripコントロールの高さを足した値に設定します。

TSBOpen_Clickメソッドは、■を押したときに制御が渡ります。本メソッドも第2章「アフィン変換」で紹介したFileMenuOpenItem_Clickメソッドなどと同様ですが、最後の行でmFm1オブジェクトのHideメソッドで結果の表示フォームを隠します。

TSBDo_Clickメソッドは、❀を押したときに制御が渡ります。このメソッドは、ComboBoxのSelectedIndexが示す値に従ったフィルタ処理を行います。以降に、SelectedIndexが示す値とフィルタの種別を表で示します。

表5.4●SelectedIndexとフィルタ処理の対応

SelectedIndex	表示	フィルタ処理
0	bitwise not	画像反転
1	blur	ブラー
2	gaussianBlur	ガウシアン
3	laplacian	ラプラシアン
4	sobel	Sobel
5	canny	Canny
6	dilate	膨張
7	erode	収縮

単純なフィルタ処理だけですので、簡単に説明します。

画像反転は、bitwise_not関数を使用し画像の色を反転します。cv::bitwise_not関数ですべてのビットを反転します。

ブラーは、指定したカーネルサイズで単純平滑化を行います。処理対象画素（ピクセル）に

対し、指定したサイズ領域の平均値（輝度値／色）を求めます。ブラー処理にはカーネルサイズを指定しなければなりません。カーネルサイズはソースリストを参照してください。

　ガウシアンは、cv::GaussianBlur 関数でブラー（平滑化）処理を行います。cv::GaussianBlur 関数には引数が多いため、詳細は関数の説明とソースリストを参照してください。

　ラプラシアンは、エッジ検出フィルタの一種であるラプラシアンフィルタ処理を行います。cv::Laplacian 関数で画像のエッジ検出を行います。ラプラシアンフィルタ処理は、Sobel フィルタなどとは異なったオペレータを採用します。

　Sobel は、エッジ検出フィルタの一種である Sobel フィルタ処理を行います。Sobel フィルタもラプラシアンフィルタ同様エッジ検出フィルタの一種です。cv::Sobel 関数で画像のエッジ検出を行います。cv::Sobel 関数については、後述のリファレンスを参照してください。Sobel フィルタは、エッジ検出を行いますが、ラプラシアンフィルタなどと異なったオペレータを採用します。

　Canny は、エッジ検出フィルタの一種である Canny フィルタ処理を行います。cv::Canny 関数については、後述のリファレンスを参照してください。なお、cv::Canny 関数へ与える入力画像は 8 ビットシングルチャンネルでなければなりません。

　膨張は、cv::dilate 関数を使用し画像の膨張処理を行います。画素の欠損した部分を補う場合などに利用します。次の収縮と併せて使用するとノイズ除去にも応用できます。cv::dilate 関数は指定したカーネル内から、最も輝度の高い画素を選びます。

　収縮は、cv::erode 関数を使用し画像の収縮処理を行います。画素の細かなゴミを除去するなど、先の膨張と組み合わせ、交互に実行することによってノイズ除去などにも応用できます。cv::erode 関数は指定したカーネル内から、最も輝度の低い画素を選びます。

　各処理の詳細はソースリストと関数の説明を参照してください。本メソッドの最終行で、処理結果を別のフォームへ表示します。まず、mat2bmp メソッドでフィルタ処理結果が格納されている cv::Mat オブジェクトを Bitmap オブジェクトへ変換します。この Bitmap オブジェクト引数に、mFm1 オブジェクトの ShowBmp メソッドを呼び出します。

　TSBSize_Click メソッドは、■ を押したときに制御が渡ります。このメソッドはフォームサイズを画像全体が表示できるサイズに戻します。フォームサイズを変更した場合などに、元のサイズに戻したいとき使用します。単に、windowSize メソッドを呼び出すだけです。

　次に、処理結果を表示するフォームと対応するソースリストを示します。

5.1 フィルタ処理

リスト5.2●MyForm1.h (01filter) より抜粋

```cpp
#pragma once

namespace test {

    using namespace System;
    using namespace System::Windows::Forms;
    using namespace System::Drawing;

    /// <summary>
    /// MyForm1 の概要
    /// </summary>
    public ref class MyForm1 : public System::Windows::Forms::Form
    {
    public:
        MyForm1(void)
        {
            InitializeComponent();
            //
            //TODO: ここにコンストラクター コードを追加します
            //
            this->Text = "result";

            panel1->Dock = DockStyle::Fill;
            panel1->AutoScroll = true;

            pictureBox1->Location = Point(0, 0);
            pictureBox1->SizeMode = PictureBoxSizeMode::AutoSize;
        }
            ︙
#pragma endregion

    //----------------------------------------------------------------
    // ShowBmp
    public:Void ShowBmp(Bitmap^ bmp) {
        pictureBox1->Image = bmp;
        windowSize(pictureBox1);
        this->Show();
    }
```

```cpp
    //-----------------------------------------------------------------
    // set window size
    private: Void windowSize(PictureBox^ pbox) {
            if (pbox->Image->Width != 0)
                this->ClientSize = Drawing::Size(pbox->Width,
                    pbox->Height + toolStrip1->Height);
    }

    //-----------------------------------------------------------------
    // FormClosing
    private: System::Void MyForm1_FormClosing(System::Object^ sender,
        System::Windows::Forms::FormClosingEventArgs^ e) {
        this->Hide();

        e->Cancel = true;
    }

    //-----------------------------------------------------------------
    // window size
    private: System::Void tSBSize_Click(System::Object^ sender, System::EventArgs^
                                                                              e) {
        windowSize(pictureBox1);
    }

    //-----------------------------------------------------------------
    // save
    private: System::Void tSBSave_Click(System::Object^ sender, System::EventArgs^
                                                                              e) {
        SaveFileDialog^ dlg = gcnew SaveFileDialog;
        dlg->Filter = "画像ファイル(*.bmp,*.jpg,*.png)|*.bmp;*.jpg;*.png";
        if (dlg->ShowDialog() == Windows::Forms::DialogResult::Cancel)
            return;

        pictureBox1->Image->Save(dlg->FileName);
    }

    };
}
```

コンストラクターで行っていることは、これまでのプログラムと同様です。

ShowBmp メソッドは、読み込んだ画像を表示するフォームから呼び出される public メソッドです。本メソッドは、引数で渡された Bitmap オブジェクトを表示します。そして、windowSize メソッドを呼び出し、フォームのサイズを画像サイズに合わせます。最後に、Show メソッドを呼び出し、結果表示のフォームを表示します。

　windowSize メソッドは、読み込んだ画像をちょうど表示できるようにフォームのサイズを調整します。これまでに何回も出現していますので説明は省きます。

　MyForm1_FormClosing メソッドは、フォームが閉じられようとしたときに制御が渡ってきます。まず、Hide メソッドを呼び出します。そして、引数の FormClosingEventArgs オブジェクトの Cancel に true を設定します。つまり、このコードは使用者からはフォームを閉じたように見えますが、実際のコードはフォームを隠しているだけです。毎回、結果表示のフォームを生成・破棄しても構いませんが、リソースの生成・破棄が頻繁に発生するため、このような方法を採用します。

　tSBSize_Click メソッドは、■ を押したときに制御が渡ります。このメソッドはフォームサイズを画像全体が表示できるサイズに戻します。フォームサイズを変更した場合などに、元のサイズに戻したいとき使用します。単に、windowSize メソッドを呼び出すだけです。

　tSBSave_Click メソッドは、■ を押したときに制御が渡ります。SaveFileDialog オブジェクトを生成し、「名前を付けて保存」ダイアログを表示させます。ダイアログでキャンセルが押されたかチェックし、もしキャンセルが押されていたら、すぐにメソッドを抜けます。「名前を付けて保存」ダイアログでファイル名が指定されていたら、ShowBmp メソッドで受け取った Bitmap オブジェクトを保存します。ShowBmp メソッドで受け取った Bitmap オブジェクトは、pictureBox1 オブジェクト Image に保存されています。この Image オブジェクトの Save メソッドを利用し、フィルタ処理した画像を、名前を付けて保存します。

実行例

以降に、実行例を示します。画像を開き、画像処理した例を示します。ツールバーにカーソルを移動するとツールチップが表示されます。 を押して画像反転を行った例を示します。

図5.10●画像ファイル開いて画像反転処理

ドロップダウンからフィルタ処理を選ぶ様子を示します。ここでは blur を選び、その結果も示します。

図5.11●blur

以降に、順にガウシアン、ラプラシアン、Sobel、Canny、膨張、そして収縮を行った結果を示します。

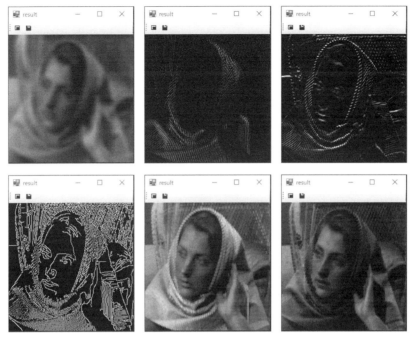

図5.12●ほかの処理結果

ウィンドウサイズ変更後、元のサイズに戻した例を示します。

図5.13●ウィンドウサイズを元に戻す

「名前を付けて保存」ダイアログを表示させ、画像を保存する例を示します。

図5.14●保存

関数の説明

■ cv::bitwise_not

行列のすべてのビットを反転します。

```
void bitwise_not ( InputArray  src,
                   OutputArray dst,
                   InputArray  mask = noArray() )
```

引数

src
　入力画像（行列）です。

dst
　出力画像（行列）です。入力画像（行列）と同じサイズで同じ型です。

mask
　オプションの処理マスクです。8ビットのシングルチャンネル画像です。

説明

行列のすべてのビットを反転します。以降に処理を式で示します。
　dst(I) = !src(I)
入力が多チャンネルの場合、それぞれのチャンネルは独立に処理されます。

■ cv::blur

ブラー処理を行います。正規化されたボックスフィルタの別名です。

```
void blur ( InputArray   src,
            OutputArray  dst,
            Size         ksize,
            Point        anchor = Point(-1,-1),
            int          borderType = BORDER_DEFAULT )
```

引数

src
　入力画像（行列）です。任意のチャンネルで構わず、それぞれが独立して処理されます。CV_8U、CV_16U、CV_16S、CV_32F そして CV_64F のみがサポートされています。

dst
　出力画像（行列）です。入力画像（行列）と同じサイズで同じ型です。

ksize
　ブラー処理に使用するカーネルのサイズです。

anchor
　アンカーポイントです。デフォルト値は Point(-1, -1) で、アンカーがカーネル中心にあることを意味します。

borderType
　ピクセル外挿タイプです。どのような外挿法があるかは OpenCV の仕様（cv::BorderTypes）を参照してください。

説明

単純平滑化です。各ピクセルに対して、その処理結果は ksize.width × ksize.height 隣接領域の平均値（輝度値 / 色）となります。以降に処理を式で示します。

$$K = \frac{1}{\text{ksize.width} \times \text{ksize.height}} \begin{bmatrix} 1 & 1 & 1 & \cdots & 1 & 1 \\ 1 & 1 & 1 & \cdots & 1 & 1 \\ \vdots & \vdots & \vdots & \ddots & \vdots & \vdots \\ 1 & 1 & 1 & \cdots & 1 & 1 \end{bmatrix}$$

■ cv::GaussianBlur

Gaussian フィルタを用いて画像を平滑化します。

```
void GaussianBlur ( InputArray   src,
                    OutputArray  dst,
                    Size         ksize,
                    double       sigmaX,
                    double       sigmaY = 0,
                    int          borderType = BORDER_DEFAULT )
```

引数

src

入力画像（行列）です。任意のチャンネルで構わず、それぞれが独立して処理されます。CV_8U、CV_16U、CV_16S、CV_32F そして CV_64F のみがサポートされています。

dst

出力画像（行列）です。入力画像（行列）と同じサイズで同じ型です。

ksize

Gaussian カーネルサイズです。ksize.width と ksize.height を別々に指定できます。与える値は正の奇数でなければいけません。0 を指定すると sigmaX と sigmaY から計算されます。

sigmaX

X 方向の Gaussian カーネルの標準偏差です。

sigmaY

sigmaY が 0 の場合、sigmaX と同じ値が使用されます。どちらも 0 の場合は ksize.width と ksize.height から計算されます。

borderType

ピクセル外挿タイプです。どのような外挿法があるかは OpenCV の仕様（cv::BorderTypes）を参照してください。

説明

指定されたガウシアンカーネルで元画像を畳み込みます。インプレースで処理できます。

■ cv::Laplacian

Laplacian オペレータを、画像に適用します。

```
void Laplacian ( InputArray   src,
                 OutputArray  dst,
                 int          ddepth,
                 int          ksize = 1,
                 double       scale = 1,
                 double       delta = 0,
                 int          borderType = BORDER_DEFAULT )
```

引数

src
    入力画像（行列）です。

dst
    出力画像（行列）です。入力画像（行列）と同じサイズで同じ型です。

ddepth
    出力画像のビット深度です。

ksize
    ２次微分フィルタを計算する際に利用されるアパーチャサイズです。これは、正の奇数です。

scale
    Laplacian 値を求めるための、オプションのスケールファクタです。

borderType
    ピクセル外挿タイプです。どのような外挿法があるかは OpenCV の仕様（cv::BorderTypes）を参照してください。

説明

この関数は、以下のように Sobel 演算子を用いて計算された x と y の２次微分を加算することで、入力画像のラプラシアン（Laplacian）を計算します。ksize を指定した場合、以下のカーネルを用いた入力画像との畳み込みと同じ処理を、高速に行います。

$$\begin{vmatrix} 0 & 1 & 0 \\ 1 & -4 & 1 \\ 0 & 1 & 0 \end{vmatrix}$$

■ cv::Sobel

拡張 Sobel 演算子を用いて微分画像を計算します。

```
void Sobel ( InputArray    src,
             OutputArray   dst,
             int           ddepth,
             int           dx,
             int           dy,
             int           ksize = 3,
             double        scale = 1,
             double        delta = 0,
             int           borderType = BORDER_DEFAULT )
```

引数

src
　入力画像（行列）です。

dst
　出力画像（行列）です。src と同じサイズ、同じチャンネル数です。

ddepth
　出力画像のビット深度です。

dx
　x 方向の微分次数です。

dy
　y 方向の微分次数です。

ksize
　拡張 Sobel カーネルのサイズです。必ず 1、3、5、7 のいずれかです。

scale
　微分値を計算する際の、オプションのスケールファクタです。

delta
　dst に格納する前に、結果に足されるオプション値です。

borderType
　ピクセル外挿タイプです。どのような外挿法があるかは OpenCV の仕様（cv::BorderTypes）を参照してください。

説明

通常の Sobel フィルタはアパーチャサイズに 3 × 3 を採用します。本関数も引数にアパーチャサイズは存在しません。Sobel 演算子はガウシアンによる平滑化と、微分の重ね合わせ処理です。このため、ノイズに対してある程度頑健です。

■ cv::Canny

エッジ検出のための Canny アルゴリズムを実行します。

```
void Canny ( InputArray   image,
             OutputArray  edges,
             double       threshold1,
             double       threshold2,
             int          apertureSize = 3,
             bool         L2gradient = false )
```

引数

image
 入力画像（行列）です。8 ビットシングルチャンネルでなければなりません。

edges
 出力画像（行列）です。入力画像（行列）と同じサイズで同じチャンネル数です。

threshold1
 1 番目の閾値です。

threshold2
 2 番目の閾値です。

apertureSize
 アパーチャサイズです。

L2gradient
 画像勾配の強度を求めるために、より精度の高い L2 ノルム（$\sqrt{(dI/dx)^2 + (dI/dy)^2}$）を利用するか（true）、L1 ノルム（$|dI/dx| + |dI/dy|$）で十分（false）かを指定します。

説明

引数 threshold1 と threshold2 は、小さい方がエッジ同士を接続するために用いられ、大きい方が強いエッジの初期検出に用いられます。

■ cv::dilate

画像の膨張処理を行います。

```
void dilate (
        InputArray      src,
        OutputArray     dst,
        InputArray      kernel,
        Point           anchor = Point(-1,-1),
        int             iterations = 1,
        int             borderType = BORDER_CONSTANT,
        const Scalar&   borderValue = morphologyDefaultBorderValue() )
```

引数

src

入力行列（画像）です。チャンネル数はいくつでも構わず、それぞれは独立して処理されます。ただし、depth は CV_8U、CV_16U、CV_16S、CV_32F、CV_64F でなければなりません。

dst

出力行列（画像）です。入力行列（画像）と同じサイズで同じ型です。

kernel

膨張に用いられる構造要素です。Mat() を指定した場合、3×3 の矩形構造要素が用いられます。

anchor

アンカーポイントです。デフォルト値は Point(-1, -1) で、アンカーがカーネル中心にあることを意味します。

iterations

膨張が行われる回数です。

borderType

ピクセル外挿タイプです。どのような外挿法があるかは OpenCV の仕様（cv::BorderTypes）を参照してください。

borderValue

ボーダーに使用される値です。

説明

指定した近傍領域から最大値を取り出し、画像の膨張処理を行います。インプレースモードをサポートしていますので、入力出力に同じ Mat を指定できます。マルチチャンネル画像の場合、各チャンネルは独立して処理されます。

■ cv::erode

画像の収縮処理を行います。

```
void erode(
        InputArray      src,
        OutputArray     dst,
        InputArray      kernel,
        Point           anchor = Point(-1,-1),
        int             iterations = 1,
        int             borderType = BORDER_CONSTANT,
        const Scalar&   borderValue = morphologyDefaultBorderValue() )
```

引数

src
　入力行列（画像）です。チャンネル数はいくつでも構わず、それぞれは独立して処理されます。ただし、depth は CV_8U、CV_16U、CV_16S、CV_32F、CV_64F でなければなりません。

dst
　出力行列（画像）です。入力行列（画像）と同じサイズで同じ型です。

kernel
　膨張に用いられる構造要素です。Mat() を指定した場合、3 × 3 の矩形構造要素が用いられます。

anchor
　アンカーポイントです。デフォルト値は Point(-1, -1) で、アンカーがカーネル中心にあることを意味します。

iterations
　収縮が行われる回数です。

borderType
　ピクセル外挿タイプです。どのような外挿法があるかは OpenCV の仕様（cv::BorderTypes）を参照してください。

borderValue
　ボーダーに使用される値です。

■説明
　指定した近傍領域から最小値を取り出し、画像の収縮処理を行います。インプレースモードをサポートしていますので、入力出力に同じ Mat を指定できます。マルチチャンネル画像の場合、各チャンネルは独立して処理されます。

オブジェクトの処理

オブジェクトの検出や除去、ノイズ除去、透視投影、オブジェクトサイズの変更など、いろいろなオブジェクトを扱うプログラムを紹介します。

6.1
コーナー検出とノイズ除去

　画像に含まれるコーナーを検出するプログラムと、画像に含まれるノイズを自動的に除去するプログラムを紹介します。フォームは前章のプログラムとほぼ同様です。異なるのはComboBoxの内容が異なるくらいです。このためGUIの説明は行いません。なお、表示用のフォームは前章とまったく同じですので、フォームだけでなくソースリストの説明も行いません。
　コンストラクターを示します。

リスト6.1●MyForm.h（01objects）のコンストラクター

```cpp
    ⋮
public ref class MyForm : public System::Windows::Forms::Form
{
public:
    MyForm(void)
    {
        InitializeComponent();
        //
        //TODO: ここにコンストラクター コードを追加します
        //
        this->Text = "OpenCV";

        panel1->Dock = DockStyle::Fill;
        panel1->AutoScroll = true;

        pictureBox1->Location = Point(0, 0);
        pictureBox1->SizeMode = PictureBoxSizeMode::AutoSize;

        array<String^>^ cbItems = gcnew array<String^>   // 追加
        {
            "detect corners",
            "eliminate noize"
        };
        for (int i = 0; i < cbItems->GetLength(0); i++)
            tSBCB->Items->Add(cbItems[i]);
        tSBCB->SelectedIndex = 0;
```

```
                mFm1 = gcnew MyForm1();

                this->AllowDrop = true;                                        // 追加
                this->DragEnter += gcnew DragEventHandler(this,
                                        &MyForm::MyForm_DragEnter); // 追加
                this->DragDrop += gcnew DragEventHandler(this,
                                        &MyForm::MyForm_DragDrop);  // 追加
            }
        private: MyForm1^ mFm1;
            ⋮
```

前章のプログラムに近いですが、ComboBoxを初期化する部分が異なります。本プログラムは、コーナー検出とノイズ除去を行うため2つの項目を設定します。さらに、本プログラムは画像ファイルのドラッグ＆ドロップにも対応するため、それに対応するコードを追加します。まず、フォームにファイルなどのドロップを許すために、AllowDropプロパティをtrueに設定します。次に、フォームのDragEnterとDragDropイベントに対応するメソッドを設定します。これらはコンストラクター内ではなく、フォームのデザイン時に設定しても構いません。

新規にopenFileメソッドを追加します。

リスト6.2●MyForm.h（01objects）のopenFileメソッド

```
    //---------------------------------------------------------------
    // Open File sub ******************
    private: System::Void openFile(String^ fname)
    {
        mSrc = readFile(fname);
        if (mSrc.empty())
            return;

        pictureBox1->Image = mat2bmp(mSrc);
        windowSize(pictureBox1);

        toolStripStatusLabel1->Text = IO::Path::GetFileName(fname);
```

```
        mFm1->Hide();
    }
```

これまでは、ボタンを押したときに制御が渡るメソッドでファイル読み込みまで行っていました。しかし、ファイルのドラッグ＆ドロップに対応したため、同じコードを2か所に記述する必要が生じたためメソッド化し、それぞれ必要になった時点で呼び出すようにします。本メソッドは、画像ファイルを読み込み表示したのち、結果のフォームを隠します。

TSBOpen_Click メソッドは、🗀 を押したときに制御が渡ります。

リスト6.3●MyForm.h（01objects）のTSBOpen_Clickメソッド

```
    //------------------------------------------------------------------
    // Open
    private: System::Void TSBOpen_Click(System::Object^ sender, System::EventArgs^
                                                                              e) {
        OpenFileDialog^ dlg = gcnew OpenFileDialog;
        dlg->Filter = "画像ファイル(*.bmp,*.jpg,*.png)|*.bmp;*.jpg;*.png";
        if (dlg->ShowDialog() == Windows::Forms::DialogResult::Cancel)
            return;

        openFile(dlg->FileName);// ********************
    }
```

これまでと変わりませんが、読み込み自体は openFile メソッドで処理されます。

MyForm_DragEnter メソッドと MyForm_DragDrop メソッドは、ファイルをドラッグ＆ドロップしたときに制御が渡ります。

リスト6.4●MyForm.h（01objects）のMyForm_DragEnterメソッド他

```
    //------------------------------------------------------------------
    // drag enter *************
    private: System::Void MyForm_DragEnter(System::Object^ sender,
```

```
                                        System::Windows::Forms::DragEventArgs^ e) {
    if (e->Data->GetDataPresent(DataFormats::FileDrop))
        // ファイルだったら
        e->Effect = DragDropEffects::Copy;           // mouse -> [+]
}

//------------------------------------------------------------------
// drag drop *************
private: System::Void MyForm_DragDrop(System::Object^ sender,
                                      System::Windows::Forms::DragEventArgs^ e) {
    array<String^>^ s = (array<String^>^)e->Data->
        GetData(::System::Windows::Forms::DataFormats::FileDrop, false);
    openFile(s[0]);
}
```

MyForm_DragEnter メソッドは、何かをフォーム上にドラッグしたときに制御が渡ります。ドラッグされたものがファイルであれば受け取るようにマウスの形状を変更します。MyForm_DragDrop メソッドは、何かをフォーム上にドロップしたときに制御が渡ります。複数の項目がドロップされたら先頭の項目のみを使用し、openFile メソッドを呼び出して画像ファイルを読み込みます。

TSBDo_Click メソッドは、⚙ を押したときに制御が渡ります。

リスト6.5●MyForm.h（01objects）のTSBDo_Clickメソッド

```
//------------------------------------------------------------------
// effect
private: System::Void TSBDo_Click(System::Object^ sender, System::EventArgs^
                                                                          e) {
    if (mSrc.empty())
        return;

    mDst = mSrc.clone();

    switch (tSBCB->SelectedIndex)
    {
    case 0: // detect corners
        {
```

```cpp
            const int maxCorners = 50, blockSize = 3;
            const double qualityLevel = 0.01, minDistance = 20.0, k = 0.04;

            const bool useHarrisDetector = false;
            std::vector< cv::Point2f > corners;
            cv::Mat gray;
            cv::cvtColor(mSrc, gray, cv::COLOR_RGB2GRAY);
            cv::goodFeaturesToTrack(gray, corners, maxCorners, qualityLevel,
                minDistance, cv::Mat(), blockSize, useHarrisDetector, k);

            std::vector<cv::Point2f>::const_iterator it = corners.begin();
            for (; it != corners.end(); ++it)
            {
                cv::circle(mDst, *it, 8, cv::Scalar(255, 255, 0), 2);
            }

        }
        break;

    case 1: // eliminate noize
        {
            cv::Mat mask, gray;
            cv::cvtColor(mSrc, gray, cv::COLOR_RGB2GRAY);
            cv::equalizeHist(gray, mask);
            cv::threshold(mask, mask, 253, 1, cv::THRESH_BINARY);
            cv::inpaint(mSrc, mask, mDst, 3, cv::INPAINT_TELEA);
        }
        break;
    }
    mFm1->ShowBmp(mat2bmp(mDst));
}
```

　このメソッドは、ComboBox の SelectedIndex が示す値に従った処理を行います。以降に、SelectedIndex が示す値とフィルタの種別を表で示します。

表6.1●SelectedIndexとフィルタ処理の対応

SelectedIndex	表示	フィルタ処理
0	detect corners	コーナー検出
1	eliminate noize	ノイズ除去

以降に、処理を簡単に説明します。

コーナー検出は、画像に含まれるコーナーを検出します。cv::cvtColor 関数で画像を RGB カラーからグレイスケールに変換します。この画像の強いコーナーを cv::goodFeaturesToTrack 関数を用いて検出します。第 8 引数に false を与え固有値を計算し、強いコーナーを検出します。この例では、上位 50 個のコーナーを検出します。最後に、cv::circle 関数で検出したコーナー位置に円を描画します。

ノイズ除去は、画像からマスク画像を自動的に生成し、画像のノイズを除去します。ノイズの除去は、除去したい画素の近傍から補完します。ノイズが輝度の高い値で加えられていると仮定し、cv::equalizeHist 関数で画像のヒストグラムを均一化します。そして、threshold 関数で、輝度が特定の定数を超えていたら 0 以外へ、特定の定数以下なら 0 へ設定します。この例では、特定の定数に 253 を採用し、これを超えたら 255 へ、それ以下なら 0 に設定します。これによって inpaint 関数で使用するマスク画像を得ます。これを使用しノイズを inpaint 関数で除去します。

実行例

以降に、実行例を示します。ドラッグ&ドロップの様子を示します。画像ファイルを掴んだまま、フォーム上に移動し、マウスの左ボタンを離すと、画像がフォームに表示されます。

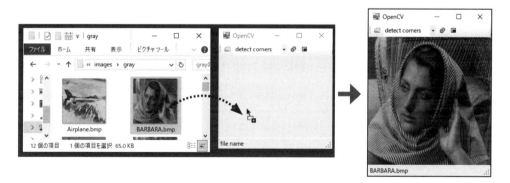

図6.1●ドラッグ&ドロップの様子

コーナー検出の様子を示します。

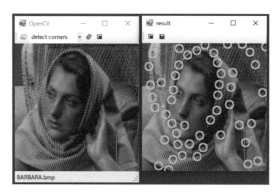

図6.2●コーナー検出

次にノイズを除去した様子を示します。

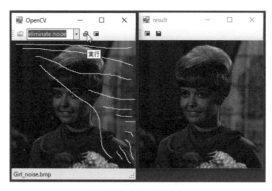

図6.3●ノイズを除去

関数の説明

■ cv::goodFeaturesToTrack

画像内の強いコーナーを検出します。

```
void goodFeaturesToTrack (
        InputArray    image,
        OutputArray   corners,
        int           maxCorners,
        double        qualityLevel,
        double        minDistance,
        InputArray    mask = noArray(),
        int           blockSize = 3,
        bool          useHarrisDetector = false,
        double        k = 0.04 )
```

引数

image
　　入力画像（行列）です。8 ビット、または浮動小数点型シングルチャンネルです。

corners
　　検出されたコーナーが出力されるベクトルです。

maxCorners
　　出力されるコーナーの最大数です。この値より多くのコーナーが検出された場合、強いコーナーから格納されます。詳細は OpenCV のドキュメントを参照してください。

qualityLevel
　　許容される画像コーナーの最低品質を決定します。詳細は OpenCV のドキュメントを参照してください。

minDistance
　　出力されるコーナー間の最小ユークリッド距離です。詳細は OpenCV のドキュメントを参照してください。

mask
　　オプションの処理マスクです。8 ビットのシングルチャンネル画像です。

blockSize

ピクセル近傍領域における微分画像の平均化ブロックサイズです。詳細は OpenCV のドキュメントを参照してください。

useHarrisDetector

Harris 検出器、あるいは cornerMinEigenVal のどちらを利用するかを示します。

k

Harris 検出器のフリーパラメータです。

> 説明

この関数は画像の最も強いコーナーを検出します。いくつかのステップでコーナーを検出します。詳細は OpenCV のドキュメントを参照してください。

■ cv::inpaint

指定された画像内の領域を近傍画像から修復します。

```
void inpaint ( InputArray   src,
               InputArray   inpaintMask,
               OutputArray  dst,
               double       inpaintRadius,
               int          flags )
```

> 引数

src

入力画像（行列）です。8 ビットでシングルチャンネルあるいは 3 チャンネルです。

inpaintMask

8 ビットでシングルチャンネルの修復マスク画像です。0 以外のピクセルが修復対象です。

dst

出力画像（行列）です。入力画像（行列）と同じサイズ、同じデータ型です。

inpaintRadius

修復される点周りの円形の近傍領域の半径です。

flags
> 修復手法です。以下のいずれかです。
>
> **INPAINT_NS**
>> ナビエ・ストークス（Navier-Stokes）ベースの手法。
>
> **INPAINT_TELEA**
>> Alexandru Telea による手法。

> [!説明]
> この関数は選択された画像領域を、その領域境界付近のピクセルを利用して再構成します。この関数はデジタル化された写真から汚れや傷を除去したり、静止画や動画から不要な物体を除去するのに利用されます。

6.2 オブジェクト除去

本プログラムは、画像に含まれるオブジェクトを除去します。入力画像に対し、除去対象オブジェクトをマウスで指定し除去します。オブジェクトの除去は、除去したいオブジェクトの近傍から補間します。マウスで画像の位置を指定する初めてのプログラムです。

実行例

GUI などは前節に近いですが、微妙に異なります。GUI の説明などを省きますので、プログラムの説明の前に実行例を先に示します。実行例を先に示した方がプログラムの理解が簡単でしょう。画像ファイルのドラッグ＆ドロップは先のプログラムと同様です。これまでと違い、マウスを使用して目的のオブジェクトを指定することができます。適切な位置でマウスの左ボタンを押し、そのままドラッグすると四角形が描かれます。適切な範囲を指定できたらマウスボタンを離します。すると最終的な指定範囲が表示されます。範囲指定が適切でない場合、何回でもやり直すことができます。

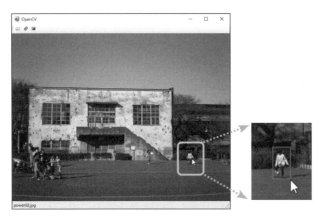

図6.4●範囲指定中と確定後

この状態で実行ボタンを押してみます。すると、囲んだオブジェクトが除去されます。

図6.5●オブジェクトが除去される

今度は、別のオブジェクトを除去してみます。

図6.6●別のオブジェクトを除去

それではプログラムの説明を始めましょう。本プログラムは、処理対象範囲をマウスで指定します。表示された画像の任意位置でマウスの左ボタンを押し、そのままドラッグすると、マウスボタンを押した位置から現在の位置まで四角形を描きます。四角形はマウスの動きに合わせて伸び縮みします。選択範囲を確定させたい場合、マウスボタンを離します。これによって処理したい範囲を選択します。やり直したい場合、最初からやり直せば、以前の範囲は取り消されます。以降に、動作の概要を示します。

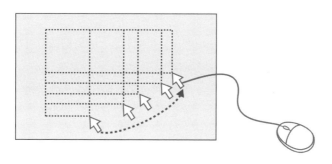

図6.7●マウス動作の概要

以降にコンストラクターなどを示します。

リスト6.6●MyForm.h（02elimObj）のコンストラクター

```
    ︙
  public ref class MyForm : public System::Windows::Forms::Form
  {
```

```
    public:
        MyForm(void)
        {
            InitializeComponent();
             ⋮
            this->AllowDrop = true;
            this->DragEnter += gcnew DragEventHandler(this,
                                                     &MyForm::MyForm_DragEnter);
            this->DragDrop += gcnew DragEventHandler(this,
                                                    &MyForm::MyForm_DragDrop);
            pictureBox1->MouseDown += gcnew MouseEventHandler(this,
                                                    &MyForm::myMouseDown);   // 追加
        }

    private: MyForm1^ mFm1;
    private: Rectangle mIntrimRect;                       // 追加
    private: Point mStartPoint;                           // 追加


    protected:
      ⋮
```

　コンストラクターで行っていることは、これまでと同様ですが、ひとつだけ異なるのはPictureBoxコントロール上でマウスの左ボタンを押したときに制御の渡るメソッドを登録する点です。

　クラスのprivateフィールドとして、処理範囲を保持するRectangle型のmIntrimRectと、マウスのドラッグを開始した位置を保持するPoint型mStartPointの宣言も行います。

　myMouseDownメソッドは、PictureBoxコントロール上でマウスボタンが押されたときに呼び出されるメソッドです。以降に、myMouseDownメソッドのコードを示します。このメソッドは、コンストラクターでPictureBoxコントロールと関連づけられています。

リスト6.7●MyForm.h（02elimObj）のmyMouseDownメソッド

```
    private: System::Void myMouseDown(System::Object^ sender,
        System::Windows::Forms::MouseEventArgs^ e)
    {
```

```
        if (mSrc.empty())
            return;

        // マウスの左ボタン以外なら無視
        if (e->Button != System::Windows::Forms::MouseButtons::Left)
            return;

        Control^ control = dynamic_cast<Control^>(sender);

        // マウスの左ボタンならイベント登録
        control->MouseMove += gcnew
            MouseEventHandler(this, &MyForm::myMouseMove);
        control->MouseUp += gcnew
            MouseEventHandler(this, &MyForm::myMouseUp);

        if (mIntrimRect.Width != 0)          // 以前の四角を消す
        {
            mDst.release();
            mDst = mSrc.clone();

            pictureBox1->Image = mat2bmp(mDst);
        }

        // 座標をScreen座標に変換
        mStartPoint = control->PointToScreen(Point(e->X, e->Y));
        mIntrimRect = Rectangle(mStartPoint.X, mStartPoint.Y, 0, 0);
    }
```

　画像が読み込まれていない、あるいは押されたマウスボタンが左ボタンでない場合、すぐにメソッドを抜けます。そうでなければ、対応するコントロールに対する MouseMove イベントと MouseUp イベントに対するハンドラを登録します。

　次に、mIntrimRect.Width を調べ、指定幅が 0 以外なら、既にマウスで枠が決定済みであることを示しますので、以前の枠を消します。以前の枠を消すと書きましたが、何のことはない、読み込んでいたオリジナルの画像を再表示するだけです。そして、Point 型構造体 mStartPoint にマウスカーソルの座標を保存します。座標は、マウスがコントロール（オブジェクト）外へ移動することもあるため、スクリーン座標に変換して格納します。イベントを受け取ったコントロールの PointToScreen メソッドでコントロールの座標をスクリーン座標

に変換します。コントロールの座標は、引数の MouseEventArgs に格納されています。最後に、mIntrimRect の X、Y に座標を格納します。この時点ではまだ範囲は指定されていませんので、横幅・高さ共に 0 を格納します。

本プログラムでは、汎用性を持たせるためイベントの引数 sender を dynamic_cast しています。このため、ほかのコントロールを使用する際も、ほぼこのまま使用することが可能です。しかし、本プログラムに限れば、このイベントが発生するのは PictureBox コントロール pictureBox1 に限るので、control-> の部分は pictureBox1-> と記述したのと等価です。

myMouseMove メソッドは、pictureBox1 上でマウスが移動したときに呼び出されるメソッドです。以降に、myMouseMove メソッドのコードを示します。

リスト6.8●MyForm.h（02elimObj）のmyMouseMoveメソッド

```
private: System::Void myMouseMove(System::Object^ sender,
    System::Windows::Forms::MouseEventArgs^ e)
{
    if (mIntrimRect.Width != 0)                 // 以前の四角を消す
        ControlPaint::DrawReversibleFrame(mIntrimRect,
            this->BackColor, FrameStyle::Dashed);

    // 座標をScreen座標に変換
    Control^ control = dynamic_cast<Control^>(sender);
    Point endPoint = control->PointToScreen(Point(e->X, e->Y));

    int width = endPoint.X - mStartPoint.X;
    int height = endPoint.Y - mStartPoint.Y;
    mIntrimRect = Rectangle(mStartPoint.X, mStartPoint.Y, width, height);

    // 新しい枠を描く
    ControlPaint::DrawReversibleFrame(mIntrimRect,
        this->BackColor, FrameStyle::Dashed);
}
```

mIntrimRect の Width が 0 以外、つまり以前に指定範囲の枠が描かれていたら、コントロールの DrawReversibleFrame メソッドを呼び出し、以前に描画した四角形を消します。次に myMouseDown メソッドと同じ方法で、コントロール内のマウスカーソル座標を Point 型構

造体 endPoint に設定します。この endPoint と mStartPoint から、マウスで指定した幅と高さを求め、mIntrimRect に格納します。この mIntrimRect を使用し、DrawReversibleRect メソッドで新しい指定範囲に枠を描きます。この処理によってマウスのボタンを押しながら画像上をドラッグすることによってオブジェクトの範囲を指定します。

myMouseUp メソッドは、pictureBox1 上でマウスボタンが離されたときに呼び出されるメソッドです。以降に、myMouseUp メソッドのコードを示します。

リスト6.9●MyForm.h（02elimObj）のmyMouseUpメソッド

```
private: System::Void myMouseUp(System::Object^ sender,
    System::Windows::Forms::MouseEventArgs^ e)
{
    // 以前の四角を消す
    ControlPaint::DrawReversibleFrame(mIntrimRect,
        this->BackColor, FrameStyle::Dashed);

    // 座標をScreen座標に変換
    Control^ control = dynamic_cast<Control^>(sender);
    Point endPoint = control->PointToScreen(Point(e->X, e->Y));

    // 座標をClient座標に変換
    int width = endPoint.X - mStartPoint.X;
    int height = endPoint.Y - mStartPoint.Y;
    mStartPoint = control->PointToClient(Point(mStartPoint.X, mStartPoint.Y));
    mIntrimRect = Rectangle(mStartPoint.X, mStartPoint.Y, width, height);

    // 正規化
    mIntrimRect = myRectangle(mIntrimRect, control);

    // 確定した枠を描く
    Graphics^ g = Graphics::FromImage(pictureBox1->Image);
    Pen^ p = gcnew Pen(Color::Red, 1);
    g->DrawRectangle(p, mIntrimRect);
    pictureBox1->Refresh();
    p->~Pen();
    g->~Graphics();

    // イベントをリセット
```

```
            control->MouseMove -= gcnew
                MouseEventHandler(this, &MyForm::myMouseMove);
            control->MouseUp -= gcnew
                MouseEventHandler(this, &MyForm::myMouseUp);
        }
```

　まず、コントロールの DrawReversibleFrame メソッドを呼び出し、以前に描画した四角形を消します。次に、座標変換などを行ったのち、指定範囲に枠を描きます。確定した四角形を描きますが、マウスボタンが離された位置が、自身のコントロール内とは限りません。そこで、この補正を行う myRectangle メソッドを呼び出します。これは、マウスで指定した範囲をコントロール内に収めることと、Rectangle 構造体の X、Y が必ず、四角形の左上に存在するように調整します。もし、マウスの動きに合わせると Rectangle 構造体の X、Y は、四角形の頂点のどこでも指します、そうなると Width や Height はマイナスの値を保持する場合があります。C++/CLI 内で処理が完結するなら、このままでも構いませんが OpenCV と協調しますので、必ず Rectangle 構造体の X、Y は四角形の左上、Width や Height はプラスの値になるようにします。そして、指定範囲がコントロール内に納まるようにクリップすることが重要です。これらについては実行の説明時に具体例を示します。最後に、MouseMove イベントと MouseUp イベントに対するハンドラをリセットします。

　myRectangle メソッドは、Rectangle 構造体の指定範囲がコントロール内に納まるように、かつ保持する値を正規化します。以降に、myRectangle メソッドのコードを示します。

リスト6.10●MyForm.h（02elimObj）のmyRectangleメソッド

```
    private: Rectangle myRectangle(Rectangle^ rect, Control^ control)
    {
        Point ptStart = Point(rect->X, rect->Y);
        Point ptEnd = Point(rect->X + rect->Width, rect->Y + rect->Height);
        int width = rect->X + rect->Width;
        int height = rect->Y + rect->Height;

        // normalize
        int mX = Math::Min(ptStart.X, ptEnd.X);
        int mY = Math::Min(ptStart.Y, ptEnd.Y);
        int mWidth = Math::Abs(ptEnd.X - ptStart.X);
```

```
            int mHeight = Math::Abs(ptEnd.Y - ptStart.Y);

            // clip
            mWidth = Math::Min(control->Width - mX - 1, mWidth);
            mHeight = Math::Min(control->Height - mY - 1, mHeight);
            if (mX < 0)
            {
                mWidth += mX;
                mX = 0;
            }
            if (mY < 0)
            {
                mHeight += mY;
                mY = 0;
            }

            return Rectangle(mX, mY, mWidth, mHeight);
        }
```

　myRectangle メソッドは、myMouseUp メソッドから呼び出されます。既に説明しましたが、渡された Rectangle とコントロールを使い、Rectangle 構造体の X、Y が必ず四角形の左上、width や height はプラスの値になるように正規化します。

　まず、ptStart と ptEnd に指定範囲の始点と終点の座標を格納します。この時点では、width や height の値が正の値であるか負の値であるか不明です。このため、座標は左上を指し、width や height は正の値になるように正規化します。さらに、指定範囲がコントロール外まで含んでいる場合があります。このような場合、指定範囲がコントロール内に納まるように範囲をクリップします。以降に指定範囲がコントロールの範囲外まで及んだ時の処理を示します。

第6章 オブジェクトの処理

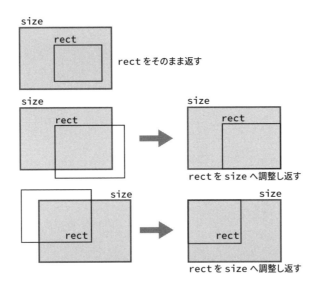

図6.8●指定範囲がコントロールの範囲外まで及んだ時の処理

最後に、Rectangle 構造体を呼び出し元に返します。

TSBDo_Click メソッドは、⚙ を押したときに制御が渡ります。

リスト6.11●MyForm.h（02elimObj）のTSBDo_Clickメソッド

```
private: System::Void TSBDo_Click(System::Object^ sender, System::EventArgs^
                                                                     e) {
    if (mSrc.empty())
        return;

    cv::Mat mask(mSrc.size(), CV_8UC1, cv::Scalar(0));
    cv::Point p0 = cv::Point(mIntrimRect.X, mIntrimRect.Y);
    cv::Point p1 = cv::Point(mIntrimRect.X+ mIntrimRect.Width,
                                    mIntrimRect.Y+ mIntrimRect.Height);
    cv::rectangle(mask, p0, p1, cv::Scalar(255), cv::FILLED, cv::LINE_8);

    cv::inpaint(mSrc, mask, mDst, 1, cv::INPAINT_TELEA);

    mFm1->ShowBmp(mat2bmp(mDst));
}
```

画像が読み込まれていない場合、すぐにメソッドを抜けます。次に、オブジェクトを除去するためのマスク画像を生成します。まず、読み込んだ画像と同じサイズで値が 0 の Mat オブジェクトを生成します。そして、マウスで指定した範囲を 0 以外の値で塗りつぶします。この Mat オブジェクトは inpaint 関数でマスクとして使用されます。最後に、inpaint 関数で得られた画像を別フォームに表示します。

6.3 複数個所のオブジェクト除去

先のプログラムは 1 つオブジェクトしか除去できませんでした。本プログラムは、先のプログラムを拡張し、複数個所のオブジェクトを除去できるようにします。まず、コンストラクターなどを示します。

リスト6.12●MyForm.h（03elimObjs）のコンストラクター

```
#pragma once

#include "../../../ocvlib.h"
#include "MyForm1.h"

namespace test {

    using namespace System;
    using namespace System::Windows::Forms;
    using namespace System::Drawing;
    using namespace System::Runtime::InteropServices;
    using namespace System::Collections::Generic;         // 追加

    cv::Mat mSrc, mDst;

    /// <summary>
    /// MyForm の概要
    /// </summary>
    public ref class MyForm : public System::Windows::Forms::Form
    {
    public:
```

```
        MyForm(void)
        {
            InitializeComponent();
            //
            //TODO: ここにコンストラクター コードを追加します
            //
            this->Text = "OpenCV";

            panel1->Dock = DockStyle::Fill;
            panel1->AutoScroll = true;

            pictureBox1->Location = Point(0, 0);
            pictureBox1->SizeMode = PictureBoxSizeMode::AutoSize;

            mFm1 = gcnew MyForm1();

            this->AllowDrop = true;
            this->DragEnter += gcnew DragEventHandler(this,
                                            ↳ &MyForm::MyForm_DragEnter);
            this->DragDrop += gcnew DragEventHandler(this,
                                            ↳ &MyForm::MyForm_DragDrop);
            pictureBox1->MouseDown += gcnew MouseEventHandler(this,
                                            ↳ &MyForm::myMouseDown);
        }
private: MyForm1^ mFm1;
private: Rectangle mIntrimRect;
private: Point mStartPoint;
private: List<Rectangle> mListRect;                    // 追加

protected:
```

　先のプログラムは、範囲指定するのは一か所のみでした。このため、指定中の範囲も確定した範囲も Rectangle 型の mIntrimRect へ格納していましたが、本プログラムは複数の範囲を指定できますので List<Rectangle> の mListRect を新規に宣言します。List を使用するため、ソースリストの先頭の方に「using namespace System::Collections::Generic;」も追加します。コンストラクター自体の変更は必要なく、private である mListRect の宣言が追加になるくらいです。

getRectsOnBmp メソッドは、受け取った画像に mListRect が保持する四角形を描画し、Bitmap オブジェクトを返すメソッドです。

リスト6.13●MyForm.h（03elimObjs）のgetRectsOnBmpメソッド

```
private: Bitmap^ getRectsOnBmp(cv::Mat img) {
    Bitmap^ bmp = mat2bmp(img);
    Graphics^ g = Graphics::FromImage(bmp);
    Pen^ p = gcnew Pen(Color::Red, 1);
    for each (Rectangle r in mListRect)
    {
        g->DrawRectangle(p, r);
    }
    pictureBox1->Refresh();
    p->~Pen();
    g->~Graphics();

    return bmp;
}
```

本メソッドは、四角形を cv::Mat オブジェクトへ描画せず、Bitmap オブジェクトへ DrawRectangle メソッドで描画します。つまり、OpenCV の機能を使用せず .NET Framework の機能を使用します。これは、四角形の情報を .NET Framework の Rectangle で保持していたためです。もちろん、.NET Framework の Rectangle を cv::Rect へ変換し OpenCV の機能を使用して四角形を描画しても構いません。

以降に、openFile メソッドを示します。

リスト6.14●MyForm.h（03elimObjs）のopenFileメソッド

```
private: System::Void openFile(String^ fname)
{
    mSrc = readFile(fname);
    if (mSrc.empty())
        return;

    pictureBox1->Image = mat2bmp(mSrc);
```

```
            windowSize(pictureBox1);

            toolStripStatusLabel1->Text = IO::Path::GetFileName(fname);

            mFm1->Hide();
            mListRect.Clear();              // 追加
        }
```

　これまでのメソッドと同様ですが、最後の方に1行を追加します。mListRect オブジェクトの Clear メソッドで、mListRect オブジェクトの保持している値をクリアします。これを忘れると新しい画像を読み込んだ時に、その画像へ以前の指定範囲が適用されてしまいます。

　PictureBox コントロール上でマウスボタンが押されたときに呼び出される myMouseDown メソッドは、若干の変更が必要です。以降に、myMouseDown メソッドのコードを示します。このメソッドは、コンストラクターで PictureBox コントロールと関連づけられています。

リスト6.15●MyForm.h（03elimObjs）のmyMouseDownメソッド

```
    private: System::Void myMouseDown(System::Object^ sender,
        System::Windows::Forms::MouseEventArgs^ e)
    {
        if (mSrc.empty())
            return;

        // マウスの右ボタンならUndo       追加
        if (e->Button == System::Windows::Forms::MouseButtons::Right)
        {
            if (mListRect.Count > 0)
                mListRect.RemoveAt(mListRect.Count - 1);
            pictureBox1->Image = getRectsOnBmp(mSrc);
            return;
        }

        // マウスの左ボタン以外なら無視
        if (e->Button != System::Windows::Forms::MouseButtons::Left)
            return;

        Control^ control = dynamic_cast<Control^>(sender);
```

```
        // マウスの左ボタンならイベント登録
        control->MouseMove += gcnew
            MouseEventHandler(this, &MyForm::myMouseMove);
        control->MouseUp += gcnew
            MouseEventHandler(this, &MyForm::myMouseUp);

        pictureBox1->Image = getRectsOnBmp(mSrc);       // 追加

        // 座標をScreen座標に変換
        mStartPoint = control->PointToScreen(Point(e->X, e->Y));
        mIntrimRect = Rectangle(mStartPoint.X, mStartPoint.Y, 0, 0);
    }
```

変更は2か所のみです。まず、マウスの右ボタンを押されたときに、Undo処理を行います。具体的には、最後に指定した領域をキャンセルします。ほかの変更は、getRectsOnBmpメソッドを呼び出し、確定した四角形を描いた画像を表示する点です。先のプログラムは、範囲指定が一か所だけだったため、マウスの左ボタンが押されたときは入力画像を表示するだけでした。本プログラムは、複数個所の指定ができるため、マウスの左ボタンが押されたときは、確定している四角形が描かれた入力画像を表示します。

pictureBox1上でマウスボタンが離されたときに呼び出されるmyMouseUpメソッドも、若干の変更を行います。以降に、myMouseUpメソッドのコードを示します。

リスト6.16●MyForm.h（03elimObjs）のmyMouseUpメソッド

```
    private: System::Void myMouseUp(System::Object^ sender,
        System::Windows::Forms::MouseEventArgs^ e)
    {
        // 以前の四角を消す
        ControlPaint::DrawReversibleFrame(mIntrimRect,
            this->BackColor, FrameStyle::Dashed);

        // 座標をScreen座標に変換
        Control^ control = dynamic_cast<Control^>(sender);
        Point endPoint = control->PointToScreen(Point(e->X, e->Y));
```

```
            // 座標をClient座標に変換
            int width = endPoint.X - mStartPoint.X;
            int height = endPoint.Y - mStartPoint.Y;
            mStartPoint = control->PointToClient(Point(mStartPoint.X, mStartPoint.Y));
            mIntrimRect = Rectangle(mStartPoint.X, mStartPoint.Y, width, height);

            // 正規化
            mIntrimRect = myRectangle(mIntrimRect, control);
            mListRect.Add(mIntrimRect);                    // 追加

            pictureBox1->Image = getRectsOnBmp(mSrc);      // 追加

            // イベントをリセット
            control->MouseMove -= gcnew
                MouseEventHandler(this, &MyForm::myMouseMove);
            control->MouseUp -= gcnew
                MouseEventHandler(this, &MyForm::myMouseUp);
        }
```

ほとんど先のメソッドと同様ですが、複数個所を管理するため確定した範囲を mListRect オブジェクトの Add メソッドで追加します。そして、getRectsOnBmp メソッドを呼び出し、確定した四角形をすべて表示します。

TSBDo_Click メソッドは、🔧 を押したときに制御が渡ります。

リスト6.17●MyForm.h（03elimObjs）のTSBDo_Clickメソッド

```
    private: System::Void TSBDo_Click(System::Object^ sender, System::EventArgs^ e) {
        if (mSrc.empty())
            return;

        cv::Mat mask(mSrc.size(), CV_8UC1, cv::Scalar(0));
        for each (Rectangle r in mListRect)
        {
            cv::Point p0 = cv::Point(r.X, r.Y);
            cv::Point p1 = cv::Point(r.X + r.Width, r.Y + r.Height);
            cv::rectangle(mask, p0, p1, cv::Scalar(255), cv::FILLED, cv::LINE_8);
        }
```

```
        cv::inpaint(mSrc, mask, mDst, 1, cv::INPAINT_TELEA);

        mFm1->ShowBmp(mat2bmp(mDst));
    }
```

　先のメソッドと異なるのは、オブジェクトを除去するためのマスク画像の生成方法です。読み込んだ画像と同じサイズで値が 0 の Mat オブジェクトを生成するのは同じです。しかし、マウスで指定した範囲が複数ありますので、その部分を 0 以外の値で塗りつぶします。この Mat オブジェクトを inpaint 関数のマスクとして使用します。

実行例

　マウスで複数の範囲を指定する例を示します。基本的に先のプログラムと同様ですが、複数の範囲を保持しなければなりません。また、本プログラムは、Undo をサポートします。本プログラムは、マウスで複数のエリアを指定し、その部分のオブジェクトを除去します。実際の処理例を示します。4 か所を指定し、オブジェクトを除去した様子を示します。ここでは、古い写真のノイズ除去に利用します。

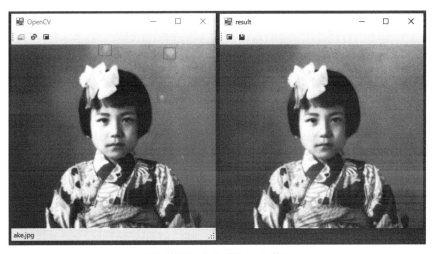

図6.9●複数のオブジェクト除去

　マウスをフォームの範囲外まで移動したときの様子を示します。マウスの左ボタンを押したままフォーム外まで移動し、マウスボタンを離すと指定範囲は画像内にクリップされます。

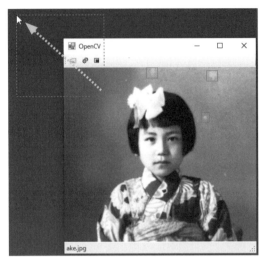 

図6.10●画像内にクリップ

Undo を行ってみます。前の図の 5 か所を指定した状態で、マウスの右ボタンを 2 回押した様子を示します。最後に指定したものから順に 2 か所が消えます。

図6.11●Undo

画像を変更して試した様子も示します。合計で 5 人の人物が消えています。

図6.12●画像を変更

6.4 オブジェクト検出

　画像に含まれる、ある特定のオブジェクトを検出するプログラムを紹介します。どのオブジェクトを検出するかは、与えるファイルで決定します。

フォーム

　フォームなどは、これまでと同様ですが簡単に説明します。これまでは画像の読み込みだけでしたが、検出器の読み込みも行いますので 🗁 が2つ配置されます。🗁 を2つ配置しますが、どちらが画像で、どちらが検出器の読み込み判断できないため、配置したButtonにテキストも表示します。

第6章　オブジェクトの処理

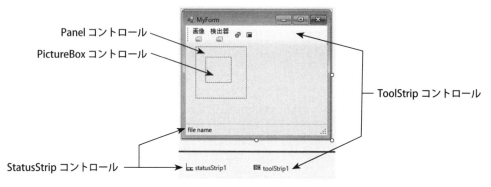

図6.13●読み込んだ画像を表示するフォーム

ToolStripコントロールに配置したButtonにテキストを表示するには、Buttonの上でマウスの右ボタンをクリックし、[DisplayStyle ▶ ImageAndText]を選択します。テキストとイメージの配置はプロパティの［TextImageRelation］で指定します。ここでは、テキストを上部に表示したかったため［TextAboveImage］を選択します。

図6.14●［ImageAndText］を選択し、［TextAboveImage］を選択

処理結果を表示するフォームは、これまでと同様です。フォームについての説明が完了しましたので、ソースリストを示します。前節と同様のコードが多いため、異なる点を中心に示します。

リスト6.18●MyForm.h（04detectObjects）

```
#pragma once

#include "../../../ocvlib.h"
#include "MyForm1.h"
```

```cpp
namespace test {

    using namespace System;
    using namespace System::Windows::Forms;
    using namespace System::Drawing;
    using namespace System::Runtime::InteropServices;

    cv::Mat mSrc, mDst;

    /// <summary>
    /// MyForm の概要
    /// </summary>
    public ref class MyForm : public System::Windows::Forms::Form
    {
    public:
        MyForm(void)
        {
            InitializeComponent();
            //
            //TODO: ここにコンストラクター コードを追加します
            //
            this->Text = "OpenCV";

            panel1->Dock = DockStyle::Fill;
            panel1->AutoScroll = true;

            pictureBox1->Location = Point(0, 0);
            pictureBox1->SizeMode = PictureBoxSizeMode::AutoSize;

            mFm1 = gcnew MyForm1();

            this->AllowDrop = true;
            this->DragEnter += gcnew DragEventHandler(this,
                                         &MyForm::MyForm_DragEnter);
            this->DragDrop += gcnew DragEventHandler(this,
                                         &MyForm::MyForm_DragDrop);
        }

    private: MyForm1^ mFm1;
    private: String^ mDetector;
```

```
    ⋮
#pragma endregion

    //-----------------------------------------------------------------
    // cv::Mat to Bitmap
    private: Bitmap^ mat2bmp(cv::Mat img) {
        ⋮
    }

      ⋮

    //-----------------------------------------------------------------
    // drag drop
    private: System::Void MyForm_DragDrop(System::Object^ sender,
                                    System::Windows::Forms::DragEventArgs^ e) {
        array<String^>^ s = (array<String^>^)e->Data->
            GetData(::System::Windows::Forms::DataFormats::FileDrop, false);

        String^ ext = IO::Path::GetExtension(s[0]);
        if (ext->CompareTo(".xml") == 0)
            mDetector = s[0];
        else
            openFile(s[0]);
    }

    //-----------------------------------------------------------------
    // window size
    private: System::Void TSBSize_Click(System::Object^ sender, System::EventArgs^
                                                                              e) {
        ⋮
    }

    //-----------------------------------------------------------------
    // Open xml 追加
    private: System::Void TSBOpenXml_Click(System::Object^ sender,
                                                    System::EventArgs^ e) {
        OpenFileDialog^ dlg = gcnew OpenFileDialog;
        dlg->Filter = "画像ファイル(*.xml)|*.xml";
        if (dlg->ShowDialog() == Windows::Forms::DialogResult::Cancel)
            return;

        mDetector = dlg->FileName;
```

6.4 オブジェクト検出

```cpp
    }

    //-------------------------------------------------------------------
    // effect
    private: System::Void TSBDo_Click(System::Object^ sender, System::EventArgs^
                                                                          e) {
        if (mSrc.empty() || mDetector==nullptr)
            return;

        cv::Mat gray, equalize;
        cv::cvtColor(mSrc, gray, cv::COLOR_RGB2GRAY);
        cv::equalizeHist(gray, equalize);

        char* pmDetector =
                    (char*)Marshal::StringToHGlobalAnsi(mDetector).ToPointer();
        cv::CascadeClassifier objDetector(pmDetector); // create detector
        Marshal::FreeHGlobal(IntPtr(pmDetector));

        std::vector<cv::Rect> objs;
        objDetector.detectMultiScale(equalize, objs,
            1.2, 2, cv::CASCADE_SCALE_IMAGE, cv::Size(30, 30));

        mDst = mSrc.clone();
        std::vector<cv::Rect>::const_iterator it = objs.begin();
        for (; it != objs.end(); ++it)
        {
            cv::rectangle(mDst, cv::Point(it->x, it->y),
                cv::Point(it->x + it->width, it->y + it->height),
                cv::Scalar(0, 0, 200), 2, cv::LINE_AA);
        }
        mFm1->ShowBmp(mat2bmp(mDst));
    }

    };
}
```

コンストラクターを含む先頭部分は、前節までと同様ですが、検出器のファイル名を保持する mDetector を追加します。

MyForm_DragDrop メソッドは、何かをフォーム上にドロップしたときに制御が渡ります。

複数の項目がドロップされたら先頭の項目のみを使用します。これまではドロップされるものは画像ファイルだけを想定していましたが、本プログラムは、画像ファイルに加え検出器のドロップも想定します。ドロップされたファイルの拡張子が「.xml」であれば検出器と判断し、mDetector にドロップしたファイル名を格納します。そうでなければ画像ファイルを判断し、openFile メソッドを呼び出して画像ファイルを読み込みます。

　TSBOpenXml_Click メソッドは、検出器の読み込みを行います。OpenFileDialog のオブジェクトを生成し、「開く」ダイアログを表示させます。ダイアログでキャンセルが押されたか読み込みに失敗したら、すぐにメソッドを抜けます。「開く」ダイアログでファイル名が選択されていたら、取得したファイル名を mDetector に格納します。実際のファイル読み込みは、OpenCV の関数が行います。

　TSBDo_Click メソッドは、　　を押したときに制御が渡ります。このメソッドは、画像に含まれる特定のオブジェクトを検出します。まず、画像と検出器が指定されているか確認し、両方が指定されていない場合、すぐにメソッドを抜けます。本メソッドは、オブジェクト検出用の学習ファイルを使用して、そのオブジェクトを検出します。オブジェクト検出用の学習ファイルは、OpenCV をインストールしたディレクトリの「sources/data/haarcascades」フォルダーなどに含まれます。

　読み込んだ画像を、cvtColor 関数でグレイスケールへ変換します。そして equalizeHist 関数を使用し、輝度平滑化後の画像を Mat オブジェクト equalize へ求めます。次に、物体検出のためのカスケード分類器である CascadeClassifier オブジェクト objDetector を生成します。引数には、オブジェクト検出に必要な学習ファイル名を渡します。この時、String^ を char* へ変換する必要がありますが、その際の処理については説明済みです。そして、CascadeClassifier オブジェクトの detectMultiScale メソッドを使用し、画像に含まれるオブジェクトを検出します。検出したオブジェクトの周りを囲むように rectangle 関数で枠を描きます。この枠を描いた画像を結果表示用のフォームへ表示します。

実行例

　以降に、実行例を示します。検出器と画像をドロップする様子を示します。

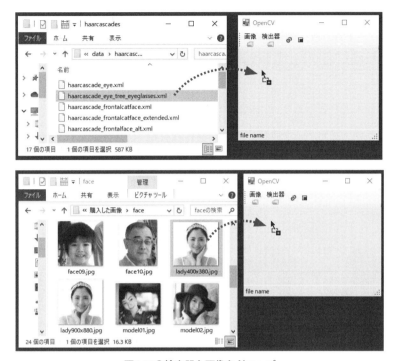

図6.15●検出器と画像をドロップ

オブジェクト検出を実行した様子を示します。この例は目を検出する「haarcascade_eye_tree_eyeglasses.xml」ファイルを指定します。

図6.16●目を検出

次に顔を検出する「haarcascade_frontalface_alt.xml」ファイルを指定したものを示します。

図6.17●顔を検出

同じ状況で画像を変更した様子を示します。

図6.18●画像を変更

関数の説明

■ cv::CascadeClassifier

オブジェクト検出のためのカスケード分類器クラスです。

```
cv::CascadeClassifier::CascadeClassifier( const String& filename )
```

引数

filename

ファイル名です。このファイルから分類器が読み込まれます。

■ cv::CascadeClassifier::detectMultiScale

入力画像中から異なるサイズのオブジェクトを検出します。検出されたオブジェクトは、矩形のリストとして返されます。

```
void CascadeClassifier::detectMultiScale(
        InputArray          image,
        std::vector<Rect>&  objects,
        double              scaleFactor = 1.1,
        int                 minNeighbors = 3,
        int                 flags = 0,
        Size                minSize = Size(),
        Size                maxSize = Size() )
```

引数

image

CV_8U 型の行列です。ここに含まれる画像からオブジェクトを検出します。

objects

検出されたオブジェクト（矩形）の座標を格納するバッファです。矩形は部分的に元の画像をはみ出していても構いません。

scaleFactor

各スケールに、画像が縮小される割合を指定します。

minNeighbors

それぞれの候補矩形に対して、何個の近接矩形があればよいかを指定します。

flags

古い cvHaarDetectObjects と同じ意味の引数です。新しいカスケードでは使用されません。

minSize

取り得る最小のオブジェクトサイズです。これより小さなオブジェクトは無視されます。

maxSize

取り得る最大のオブジェクトサイズです。これより大きなオブジェクトは無視されます。

説明

入力画像中から異なるサイズのオブジェクトを検出します。

6.5 透視投影

本節から 6.7 節にわたって、透視投影を行ういくつかのプログラムを紹介します。本節のプログラムは、傾いたまま撮影した画像を自動認識し、正面から撮影したように透視投影します。6.6 節のプログラムは、自動認識では難しい画像をマウスで指定し、透視投影します。6.7 節のプログラムは、大きな画像の一部に透視投影を行います。

フォームは第 5 章のプログラムとほとんど同じです。異なるのは ComboBox が TextBox へ変更になるくらいです。

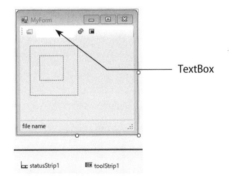

図6.19●読み込んだ画像を表示するフォーム

TextBox へは透視投影後の四角形のサイズを「横幅×高さ」の形式で指定します。これは透視投影後のアスペクトやサイズをプログラムが自動で判断できないためです。

透視投影後の表示方向が間違っている場合がありますので、表示用のフォームに 90°単位で時計方向へ回転する Button も追加します。ボタンのイメージは、第 5 章で紹介した場所に存在する「CameraOrbit.png」を使用します。

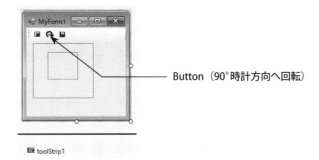

Button（90°時計方向へ回転）

図6.20●読み込んだ画像を表示するフォーム

ソースリストは6.1節「コーナー検出とノイズ除去」などと同様なコードが多いため、異なる部分を中心に示します。

リスト6.19●MyForm.h（05persObj）

```cpp
    ⋮
cv::Mat mSrc, mDst;

inline bool x2small(const cv::Point2f& left, const cv::Point2f& right)
{
    return left.x < right.x;
}
inline bool y2small(const cv::Point2f& left, const cv::Point2f& right)
{
    return left.y < right.y;
}
inline bool y2big(const cv::Point2f& left, const cv::Point2f& right)
{
    return left.y > right.y;
}

/// <summary>
/// MyForm の概要
/// </summary>
public ref class MyForm : public System::Windows::Forms::Form
{
public:
    MyForm(void)
    {
        InitializeComponent();
```

```cpp
            //
            //TODO: ここにコンストラクター コードを追加します
            //
            this->Text = "OpenCV";

            panel1->Dock = DockStyle::Fill;
            panel1->AutoScroll = true;

            pictureBox1->Location = Point(0, 0);
            pictureBox1->SizeMode = PictureBoxSizeMode::AutoSize;

            tSBPersSize->Text = "400 x 300";                              // 追加
            tSBPersSize->TextBoxTextAlign = HorizontalAlignment::Center;  // 追加

            mFm1 = gcnew MyForm1();

            this->AllowDrop = true;
            this->DragEnter += gcnew DragEventHandler(this,
                                                  &MyForm::MyForm_DragEnter);
            this->DragDrop += gcnew DragEventHandler(this,
                                                  &MyForm::MyForm_DragDrop);
        }

    private: MyForm1^ mFm1;

      ⋮
#pragma endregion

      ⋮

    //---------------------------------------------------------------------
    // effect
    private: System::Void TSBDo_Click(System::Object^ sender, System::EventArgs^
                                                                            e) {
        if (mSrc.empty())
            return;

        mDst = mSrc.clone();

        array<String^>^ delimiter = { "X", "x" };       // delimitter

        //split by x
        array<String^>^ resolutions =
```

```cpp
            tSBPersSize->Text->Split(delimitter,
                            StringSplitOptions::RemoveEmptyEntries);

    int persWidth = Convert::ToInt32(resolutions[0]);
    int persHeight = Convert::ToInt32(resolutions[1]);

    cv::Mat gray;
    cv::cvtColor(mSrc, gray, cv::COLOR_RGB2GRAY);
    cv::threshold(gray, gray, 128, 255, cv::THRESH_BINARY);
    // cv::threshold(gray, gray, 0, 255, cv::THRESH_BINARY | cv::THRESH_OTSU);

    std::vector<std::vector<cv::Point>> contours;
    std::vector<cv::Vec4i> hierarchy;
    cv::findContours(gray, contours, hierarchy, cv::RETR_EXTERNAL,
                            cv::CHAIN_APPROX_TC89_L1);

    cv::Mat detectObjs = mSrc.clone();
    int maxLevel = 0;
    std::vector<std::vector<cv::Point>> tmpContours;
    for (int i = 0; i < contours.size(); i++)
    {
        double a = contourArea(contours[i], false);
        if (a > 50 * 50) // only an area of 50 x 50 or more
        {
            std::vector<cv::Point> approx; // contour to a straight line
            approxPolyDP(cv::Mat(contours[i]), approx,
                0.01 * arcLength(contours[i], true), true);
            if (approx.size() == 4) // rectangle only
            {
                tmpContours.push_back(approx);
                cv::drawContours(detectObjs, tmpContours, 0,
                    cv::Scalar(0, 0, 255), 1, cv::LINE_AA, hierarchy,
                                                    maxLevel);
            }
        }
    }
    if (tmpContours.size() == 0)
        return;

    pictureBox1->Image = mat2bmp(detectObjs);

    // sort
    //      |
```

```
        //  0 | 3
        //    |
        // ---+----
        //    |
        //  1 | 2
        //    |
        //
        std::vector<cv::Point2f> sortContours;
        for (int i = 0; i < 4; i++)
        {
            sortContours.push_back((cv::Point2f)tmpContours[0][i]);
        }
        sort(sortContours.begin(), sortContours.end(), x2small);
        sort(sortContours.begin(), sortContours.begin() + 2, y2small);
        sort(sortContours.begin() + 2, sortContours.end(), y2big);


        cv::Point2f psrc[4];    // perspective source
        for (int i = 0; i < 4; i++)
        {
            psrc[i] = (cv::Point2f)sortContours[i];
        }
        cv::Point2f pdst[] = {  // perspective destination
            {0.0f, 0.0f},
            {0.0f, (float)(persHeight - 1)},
            {(float)(persWidth - 1), (float)(persHeight - 1)},
            {(float)(persWidth - 1), 0.0f}
        };
        cv::Mat persMatrix = getPerspectiveTransform(psrc, pdst);
        cv::Mat pers(persHeight, persWidth, CV_8UC3);
        warpPerspective(mSrc, mDst, persMatrix, pers.size(), cv::INTER_LINEAR);

        mFm1->ShowBmp(mat2bmp(mDst));
    }

    };
}
```

　本プログラムは、斜めに撮影された名刺や印刷物などを自動認識し、正面から撮影した画像へ変換します。プログラムの説明から始めると説明が分かりにくくなるため、実行例を先に示

します。プログラムを起動し、画像ファイルをドロップするか、ボタンを押して開きます。

図6.21●入力画像を開く

次に、実行ボタンを押すと、自動で検出した矩形を表示し、その領域を指定したサイズに透視投影します。この透視投影結果は別のフォームに表示されます。

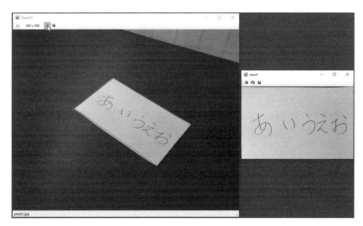

図6.22●透視投影

透視投影結果は正面から撮影したように表示されます。このウィンドウは、入力画像を読み込んだフォームで指定したサイズを使用します。入力画像からアスペクト比などを判別できないため、このように使用者が指定するようにします。

さて、プログラムの説明に入ります。ソースリストの先頭にある、x2small 関数、y2small

関数、そして y2big 関数は、各頂点を並び替えるときに使用する関数です。これらは、std::vector<cv::Point2f> 型の sortContours に格納されている頂点を並び替えるときに説明します。

　TSBDo_Click メソッドへは、実行ボタンを押したときに制御が渡ってきます。まず、TextBox に指定した値を、String の Split メソッドにデリミターと StringSplitOptions::RemoveEmptyEntries を与え array<String^> へ格納します。最初の値を persWidth へ、次の値を persHeight へ格納します。このとき、必ず２つの値が返されていないと例外が発生します。本プログラムは、エラー処理を省略していますので、透視投影の結果を指定する際は、気を付けて指定してください。

　輪郭検出に findContours 関数を使用しますが、この関数は入力画像に２値画像を期待します。findContours 関数に先立ち、まず cvtColor 関数でカラー画像をグレイスケール画像に変換します。そして、threshold 関数で閾値処理を行い輪郭の検出が行いやすい画像へ変換します。この例では、「cv:: threshold(gray, gray, 128, 255, cv::THRESH_BINARY);」を指定し、輝度 128 で２値化します。コメントアウトしてありますが、THRESH_OTSU などを利用しアダプティブな２値化を試してみるのも良いでしょう。いずれにしても、閾値や２値化の手法は、いろいろ試して、自身が処理対象とする画像に合わせた値や方法を試してください。

　この２値化した画像を findContours 関数に与え、輪郭を検出します。検出した輪郭は、引数の contours へ格納されます。各輪郭は点のベクトルとして格納されます（std::vector<std::vector<cv::Point>>）。輪郭を求める際に、各種パラメータを与えることができます。詳細については findContours 関数の説明を参照してください。次に、contourArea 関数を使用し、領域の面積を求め、小さなものは排除します。ここでは、50 × 50 = 2500 以下のものは排除しました。この面積も自身の使用する画像に合わせて適当に調整してください。小さすぎると目的外のオブジェクトを検出し、大きすぎると目的のオブジェクトを検出できなくなってしまいます。

　ある程度以下のものを排除し、approxPolyDP 関数で輪郭を直線近似化します。approxPolyDP 関数は、指定され引数で与えられた精度で多角形曲線を近似します。近似した結果が approx へ格納されます。この approx を調べ、頂点が４つのものだけを選出すると、矩形が検出できたことになります。ソースリストから分かるように、本プログラムは、複数の矩形を検出します。検出した矩形を、drawContours 関数で入力画像に描き表示します。

　これ以降は、以前の章で説明した透視投影に近いですが、若干の工夫が必要です。まず、矩

形の頂点を保持している tmpContours の最初の 4 点を sortContours へコピーしたのち、頂点の並び替えを行います。本プログラムでは、この並び替え処理は必須ではありませんが、次のプログラムでは必須です。このため、本プログラムでも、頂点の並び替えを行うこととします。以降に、並び替えについて図に示します。まず、投影先の頂点の並びは固定です。図に、0 から 3 までの並びを示します。

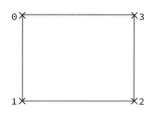

図6.23●投影先の頂点の並び

以降に、正常に透視投影される入力の頂点の並びと、うまく透視投影できない入力の頂点の並びを示します。

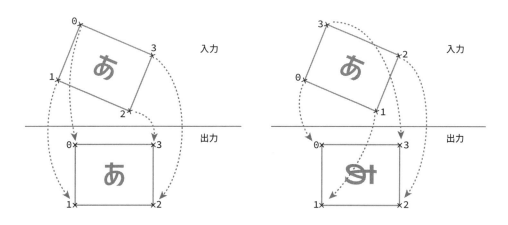

図6.24●正常に透視投影される例（左）と、うまく透視投影できない例（右）

今回のプログラムでは発生しませんが、透視投影自体がうまくいかない例も示します。このように、輪郭の外周を各頂点が順番に保持していない場合の例も示します。次節で紹介するプログラムでは、頂点の入れ替えを行わないと、このような現象も発生します。

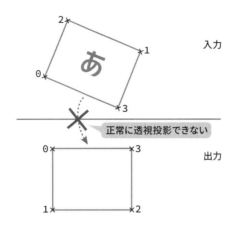

図6.25●透視投影自体がうまくいかない例

では、入力の頂点の並び替えの方法を示します。

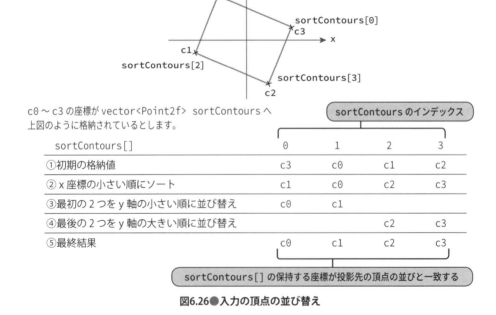

図6.26●入力の頂点の並び替え

sortContoursに格納された座標c0～c3を、図で示した順に並び替えます。この例では、sortContours[0]にc3、sortContours[1]にc0、sortContours[2]にc1、そして

sortContours[3] に c2 が格納されているものとします。まず、各頂点を x 座標の小さい順にソートします。ソートは std::sort を使用します。std::sort の最終の引数に x2small を指定することによって、座標 x の小さい順に並び替えます。次に、最初の 2 つを y 軸の小さい順にソートします。最後に、最後の 2 つを y 軸の大きい順にソートします。これによって、各頂点が保持する座標は、図に示すように並び替えられます。なお、ソースリストから分かりますが、本プログラムは、複数の矩形を検出します。しかし、透視投影を行うのは最初に見つかった矩形のみです。もし、複数の矩形に対応したければ、透視投影を行う部分などを拡張してください。最後に、getPerspectiveTransform 関数や warpPerspective 関数で実際の透視投影を行います。この結果を別のフォームに表示します。

表示用のフォームに Button を追加しましたので、それについて説明します。

リスト6.20●MyForm1.h（05persObj）のTSBFlip_Clickメソッド

```
//-------------------------------------------------------------
// flip
private: System::Void TSBFlip_Click(System::Object^ sender, System::EventArgs^
                                                                            e) {
    Bitmap^ bmp = (Bitmap^)(pictureBox1->Image);
    bmp->RotateFlip(RotateFlipType::Rotate90FlipNone);
    pictureBox1->Image = bmp;
    windowSize(pictureBox1);
}
```

自身のフォームに表示中の画像から Bitmap オブジェクトを生成し、RotateFlip メソッドで都会方向に 90°フリップします。それを表示して、フォームのサイズを画像に合わせます。フリップは OpenCV の機能は用いておらず、.NET Framework の機能を使用します。

実行例

以降に、先の例と逆側に傾いたものを透視投影した例を示します。

図6.27●矩形を自動認識し透視投影

傾きが大きく上下が逆になっているものを透視投影してみます。入力画像が逆さまだと、結果も逆さまになります。

図6.28●透視投影の対象が逆さま

このような場合は、結果表示フォームのフリップボタンを押して90°ずつ回転して、目的の結果を得ます。

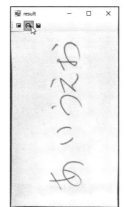

図6.29●フリップ

　画像を入れ替えた例も示します。透視投影先のサイズ指定が適切でなかったため、アスペクト比が間違って処理されます。

図6.30●画像を入れ替える

　透視投影先のサイズを変更し、再実行した様子を示します。

図6.31●透視投影先のサイズを変更

入力画像が逆さまだと、結果も逆さまになります。結果表示フォームのフリップボタンを押して90°ずつ回転して、目的の結果を得ます。

図6.32●フリップ

関数の説明

■ cv::findContours

画像に含まれる輪郭を検索します。

```
void cv::findContours(
        InputArray              image,
        OutputArrayOfArrays     contours,
        OutputArray             hierarchy,
        int                     mode,
        int                     method,
        Point                   offset = Point())
```

引数

image

8ビットのシングルチャンネルの入力画像（行列）です。ゼロでないピクセルは1として扱われ、画像は2値として扱われます。グレイスケールやカラー画像から2値画像を得るには、compare、inRange、threshold、adaptiveThreshold、Canny 関数などを用いることができます。mode が RETR_CCOMP または RETR_FLOODFILL の場合、入力はラベルの32ビット整数イメージ（CV_32SC1）でも構いません。

contours

検出された輪郭が、点のベクトルとして格納されます（std::vector<std::vector<cv::Point>>）。

hierarchy

オプションの画像トポロジーに関する情報を含む出力ベクトルです（std::vector<cv::Vec4i>）。これは、輪郭の数と同じ要素数を持ちます。各輪郭 contours[i] に対し、hierarchy[i][0]、hierarchy[i][1]、hierarchy[i][2]、hierarchy[i][3] にはそれぞれ、同じ階層レベルに存在する前後の輪郭や最初の子の輪郭、および親輪郭の contours のインデックスが設定されます。輪郭 i の前後や親そして子の輪郭が存在しない場合、これに対応する hierarchy[i] の要素は負の値になります。

mode

等高線検索モードです。詳細は RetrievalModes を参照してください。以降に抜粋して示します。

RETR_EXTERNAL

極端な外側の輪郭のみを取得します。すべての輪郭に対して hierarchy[i][2]=hierarchy[i][3]=–1 が設定されます。

RETR_LIST

すべての輪郭を抽出しますが、一切の階層関係を考慮しません。

RETR_CCOMP

すべての輪郭を検索し、それらを2レベルの階層に編成します。上のレベルには連結成分の外側の境界線が、下のレベルには連結成分の内側に存在する穴の境界線が属します。ある連結成分の穴の内側に、別の輪郭が存在する場合、その穴は上のレベルに配置されます。

RETR_TREE

すべての輪郭を取得し、入れ子になった輪郭の完全な階層を再構築します。

method

等高線法、ContourApproximationModesを参照してください、以降に抜粋して示します。

CHAIN_APPROX_NONE

すべての輪郭点を完全に格納します。この手法により格納された任意の隣り合う2点は、互いに8近傍に存在します。

CHAIN_APPROX_SIMPLE

水平、垂直、および対角線の線分を圧縮し、それらの端点のみを残します。たとえば、右上の長方形の輪郭は4点でエンコードされます。

CHAIN_APPROX_TC89_L1

Teh-Chin チェーン近似アルゴリズムの1つを適用します。詳細は、TehChin89を参照してください。

CHAIN_APPROX_TC89_KCOS

Teh-Chin チェーン近似アルゴリズムの1つを適用します。詳細は、TehChin89を参照してください。

offset

オプションの輪郭点がシフトされるオプションのオフセットです。各輪郭点はこの値の分だけシフトします。これは、ROIの中で抽出された輪郭を画像全体に対して位置づけて解析する場合に役立ちます。

> **説明**

この関数はアルゴリズム［183］を使用して画像から輪郭を検索します。輪郭は、形状解析や物体の検出と認識に役立ちます。

> **注意**

OpenCV 3.2 以降、この関数によって入力画像は変更されません。

■ cv::drawContours

輪郭線、または内側が塗りつぶされた輪郭を描画します。

```
void cv::drawContours(
        InputOutputArray    image,
        InputArrayOfArrays  contours,
        int                 contourIdx,
        const Scalar &      color,
        int                 thickness = 1,
        int                 lineType = LINE_8,
        InputArray          hierarchy = noArray(),
        int                 maxLevel = INT_MAX,
        Point               offset = Point() )
```

> **引数**

image

出力画像（行列）です。

contours

すべての入力輪郭です。各輪郭は点のベクトルとして格納されています。

contourIdx

描画する輪郭の値です。この値が負値の場合、すべての輪郭が描画されます。

color

輪郭の色です。

thickness

輪郭が描かれる線の太さです。この値が負値の場合（たとえば、thickness = FILLED）、輪郭の内部が塗りつぶされます。以降に表で示します。

FILLED
　塗りつぶす。

LINE_4
　4-connected ライン。

LINE_8
　8-connected ライン。

LINE_AA
　アンチエイリアスライン。

lineType
　輪郭線の種類です。詳細は OpenCV のドキュメントを参照してください。

hierarchy
　階層に関するオプションの情報です。特定の輪郭だけを描画したい場合に必要です（maxLevel を参照）。

maxLevel
　描画される輪郭の最大レベルです。この値が 0 なら、指定された輪郭だけが描画されます。1 の場合、指定された輪郭とそれの入れ子になったすべての輪郭を描画します。2 の場合、指定された輪郭と、それに入れ子になったすべての輪郭、さらにそれに入れ子になったすべての輪郭が描画されます。このパラメータは、hierarchy が有効な場合のみ考慮されます。

offset
　オプションの輪郭点がシフトされるオプションのオフセットです。各輪郭点は、指定された offset = (dx, dy) 分だけ、すべての描画輪郭がシフトされます。

> **説明**

　この関数は、thickness ≧ 0 なら輪郭線を描き、thickness < 0 なら輪郭で囲まれた領域を塗りつぶします。

■ cv::approxPolyDP

指定された精度で多角形曲線を近似します。

```
void cv::approxPolyDP(
        InputArray   curve,
        OutputArray  approxCurve,
        double       epsilon,
        bool         closed )
```

引数

curve

　　std::vector または Mat に格納された 2D 点の入力ベクトルです。

approxCurve

　　近似の結果です。型は入力曲線と同じです。

epsilon

　　近似精度を指定する引数です。これは、元の曲線とその近似値との間の最大距離です。

closed

　　true の場合、近似された曲線が閉じられます（最初と最後の頂点が接続されます）。そうでない場合、開いた曲線になります。

説明

　関数 cv::approxPolyDP は、頂点の少ない曲線やポリゴンを、それらの間の距離が指定された精度以下になるように、より少ない頂点数の曲線やポリゴンで近似します。これは、Douglas-Peucker アルゴリズムが利用されます（http://en.wikipedia.org/wiki/Ramer-Douglas-Peucker_algorithm）。

6.6 透視投影（マウスで頂点を指定）

マウスで矩形の頂点を指定し透視投影を行うプログラムを紹介します。本プログラムは、斜めに撮影された名刺や印刷物などを、マウスを利用し4隅を指定することによって、正面から撮影した画像へ変換します。2つのフォームは直前のプログラムとまったく同じです。以降にプログラムの操作を示します。

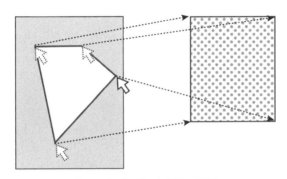

図6.33●プログラム操作の概要

以降に、ソースリストを示します。これまでと同様なコードが多いため異なる部分を中心に示します。

リスト6.21●MyForm.h（06persObjMouse）

```
    ︙
namespace test {

    using namespace System;
    using namespace System::Windows::Forms;
    using namespace System::Drawing;
    using namespace System::Runtime::InteropServices;
    using namespace System::Collections::Generic;        // 追加

    cv::Mat mSrc, mDst;

    ︙
```

6.6 透視投影（マウスで頂点を指定）

```
    public ref class MyForm : public System::Windows::Forms::Form
    {
    public:
        MyForm(void)
        {
            InitializeComponent();
             ⋮
            this->AllowDrop = true;
            this->DragEnter += gcnew DragEventHandler(this,
                                                    └ &MyForm::MyForm_DragEnter);
            this->DragDrop += gcnew DragEventHandler(this,
                                                    └ &MyForm::MyForm_DragDrop);
            pictureBox1->MouseDown += gcnew MouseEventHandler(this,
                                                    └ &MyForm::myMouseDown);
        }

    private: MyForm1^ mFm1;
    private: List<Point> mListPoint;                        // 追加

    protected:
         ⋮
#pragma endregion

    //-----------------------------------------------------------------
    // cv::Mat to Bitmap
    private: Bitmap^ mat2bmp(cv::Mat img) {
         ⋮
    }

    //-----------------------------------------------------------------
    // rectangle on bmp               // 追加
    private: Bitmap^ getRectsOnBmp(cv::Mat img) {
        Bitmap^ bmp = mat2bmp(img);
        if (mListPoint.Count > 1)
        {
            Graphics^ g = Graphics::FromImage(bmp);
            Pen^ p = gcnew Pen(Color::Red, 1);
            for (int i = 0; i < mListPoint.Count - 1; i++)
            {
                g->DrawLine(p, mListPoint[i].X, mListPoint[i].Y,
                    mListPoint[i + 1].X, mListPoint[i + 1].Y);
            }
```

```
            g->DrawLine(p, mListPoint[0].X, mListPoint[0].Y,
                mListPoint[mListPoint.Count - 1].X,
                                          ∟ mListPoint[mListPoint.Count - 1].Y);
            p->~Pen();
            g->~Graphics();
        }
        return bmp;
    }

    //-----------------------------------------------------------------
    // read
    private: cv::Mat readFile(String^ fname) {
          ⋮
    }

      ⋮

    //-----------------------------------------------------------------
    // Open File sub
    private: System::Void openFile(String^ fname)
    {
        mSrc = readFile(fname);
        if (mSrc.empty())
            return;

        pictureBox1->Image = mat2bmp(mSrc);
        windowSize(pictureBox1);

        toolStripStatusLabel1->Text = IO::Path::GetFileName(fname);

        mFm1->Hide();
        mListPoint.Clear();                  // 追加
    }

      ⋮

    //-----------------------------------------------------------------
    // get Rectangle
    private: Rectangle myRectangle(Rectangle^ rect, Control^ control)
    {
        Point ptStart = Point(rect->X, rect->Y);
        Point ptEnd = Point(rect->X + rect->Width, rect->Y + rect->Height);
```

```
        int width = rect->X + rect->Width;
        int height = rect->Y + rect->Height;

        // normalize
        int mX = Math::Min(ptStart.X, ptEnd.X);
        int mY = Math::Min(ptStart.Y, ptEnd.Y);
        int mWidth = Math::Abs(ptEnd.X - ptStart.X);
        int mHeight = Math::Abs(ptEnd.Y - ptStart.Y);

        // clip
        mWidth = Math::Min(control->Width - mX - 1, mWidth);
        mHeight = Math::Min(control->Height - mY - 1, mHeight);
        if (mX < 0)
        {
            mWidth += mX;
            mX = 0;
        }
        if (mY < 0)
        {
            mHeight += mY;
            mY = 0;
        }
        return Rectangle(mX, mY, mWidth, mHeight);
    }


//-------------------------------------------------------------------
// Mouse Down
private: System::Void myMouseDown(System::Object^ sender,
    System::Windows::Forms::MouseEventArgs^ e)
{
    if (mSrc.empty())
        return;

    // マウスの右ボタンならreset    // 追加
    if (e->Button == System::Windows::Forms::MouseButtons::Right)
    {
        mListPoint.Clear();
    }
    else
    {
        // マウスの左ボタン以外なら無視
```

```cpp
            if (e->Button != System::Windows::Forms::MouseButtons::Left)
                return;

            if (mListPoint.Count >= 4)
                return;

            Control^ control = dynamic_cast<Control^>(sender);

            // 座標をScreen座標に変換
            Point ps = control->PointToScreen(Point(e->X, e->Y));
            Point pc = control->PointToClient(Point(ps.X, ps.Y));
            mListPoint.Add(pc);

            if (mListPoint.Count == 4)
            {
                std::vector<cv::Point> sortContours;
                for (int i = 0; i < 4; i++)
                {
                    sortContours.push_back(cv::Point(mListPoint[i].X,
                                                     mListPoint[i].Y));
                }
                sort(sortContours.begin(), sortContours.end(), x2small);
                sort(sortContours.begin(), sortContours.begin() + 2, y2small);
                sort(sortContours.begin() + 2, sortContours.end(), y2big);
                mListPoint.Clear();
                for (int i = 0; i < 4; i++)
                {
                    mListPoint.Add(Point(sortContours[i].x, sortContours[i].y));
                }
            }
        }
        pictureBox1->Image = getRectsOnBmp(mSrc);
    }

    //-----------------------------------------------------------------
    // effect
    private: System::Void TSBDo_Click(System::Object^ sender, System::EventArgs^ e)
                                                                               {
        if (mSrc.empty())
            return;

        if (mListPoint.Count != 4)
```

```
        return;

    mDst = mSrc.clone();

    array<String^>^ delimiter = { "X", "x" };        // delimitter

    //split by x
    array<String^>^ resolutions =
        tSBPersSize->Text->Split(delimiter,
                                 StringSplitOptions::RemoveEmptyEntries);

    int persWidth = Convert::ToInt32(resolutions[0]);
    int persHeight = Convert::ToInt32(resolutions[1]);

    cv::Point2f psrc[4];      // perspective source
    for (int i = 0; i < 4; i++)
    {
        psrc[i] = cv::Point2f((float)mListPoint[i].X,
                                            (float)mListPoint[i].Y);
    }
    cv::Point2f pdst[] = {   // perspective destination
        {0.0f, 0.0f},
        {0.0f, (float)(persHeight - 1)},
        {(float)(persWidth - 1), (float)(persHeight - 1)},
        {(float)(persWidth - 1), 0.0f}
    };
    cv::Mat persMatrix = getPerspectiveTransform(psrc, pdst);
    cv::Mat pers(persHeight, persWidth, CV_8UC3);
    warpPerspective(mSrc, mDst, persMatrix, pers.size(), cv::INTER_LINEAR);

    mFm1->ShowBmp(mat2bmp(mDst));
    }

};
}
```

　プログラムの先頭の方やコンストラクターは、これまでと大きな違いはありません。先のプログラムはマウスを使用しませんでしたが、本プログラムはマウスを押したときに反応するためのメソッド myMouseDown を登録します。また、使用者が指定した頂点を保存するために

List<Point> 型の mListPoint を宣言します。

　myMouseDown メソッドへは、マウスボタンが押されたときに制御が渡ってきます。画像を読み込んでいないときにマウスボタンが押されても無視します。押されたマウスが左ボタン以外なら、リセットとみなし、これまで指定していた頂点をすべてクリアします。押されたマウスボタンが左ボタンなら、マウスで押した座標をクライアント座標に変換後、mListPoint を追加します。もし、mListPoint が 4 つの座標を保持していた場合、先ほどの TSBDo_Click メソッドに存在する頂点ソートと同じ手法を用い、透視投影が正常に動作するように頂点の順序を並び替えます。最後に、getRectsOnBmp メソッドに、読み込んだ画像を与え、現時点での頂点へ線を引いた画像を求め、自身のフォームに表示します。

　TSBDo_Click メソッドへは、実行ボタンが押されたときに制御が渡ってきます。画像を読み込んでいないとき、あるいは使用者の指定した頂点が 4 に達していない場合、すぐにメソッドを抜けます。そうでなければ、先ほどの TSBDo_Click メソッドの後半部分と、ほとんど同じ処理を行います。再度説明が必要とは思えませんので、処理内容は省略します。

実行例

　以降に、先の例と逆側に傾いたものを透視投影した例を示します。3 つの頂点を指定後、4 つ目の頂点を指定した様子を示します。どのような順序で指定しても、必ず枠を描くように表示されます。線がクロスすることはありません。これは、頂点を並び替えているためです。単純に指定通り線を引くと、線がクロスする場合があります。

図6.34●頂点をマウスで指定

この状態で実行ボタンを押すと透視投影されます。

図6.35●透視投影の対象が逆さま

アスペクト比は合っているようですが、方向が横になっていますので、表示画面のフリップボタンを押して画像を90°回転し、正常に表示させます。

図6.36●フリップ

6.7 透視投影（ズームに対応）

　これまでのプログラムは、大きな画像に対応できません。なぜならば、大きな画像は画面いっぱいに表示しても、画像のごく一部しか表示できないためです。そこで、ここでは先のプログラムを拡張し、ズーム対応することで大きな画像の一部に透視投影を行えるようにします。例えば、職場の掲示板に貼られている資料、あるいはセミナーなどで表示されたスライドを、カメラで斜めや下方から撮影したものを正面から撮影したように変換するのに便利に使用できます。

　フォームはこれまでと同様ですが、ToolStripへ配置するボタンを増やします。

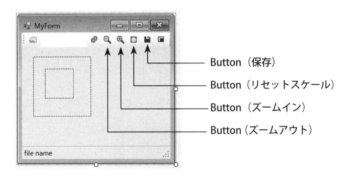

図6.37●読み込んだ画像を表示するフォーム

　追加したButtonに設定したイメージの対応を示します。イメージは、以前の説明で使用したVisual Studio 2013用の「VS2013 Image Library.zip」を使用します。

表6.2●イメージとファイル名、およびToolTipTextプロパティの対応（ファイルはVisual Studio 2013 Image Library¥2013_VS IconRefresh¥ConceptIcons¥PNG¥以下を参照）

イメージ	ファイル名	ToolTipText プロパティ
🔍	ZoomOut_16xLG.png	ズームアウト
🔍	zoom_16xLG.png	ズームイン
▣	View_SavedQuery_SQL_16xLG.png	リセットスケール
💾	save_16xMD.png	保存

　透視投影後の結果を表示するフォームはこれまでと同様です。以降にソースリストを示します。これまでと同様なコードが多いため異なる部分を中心に示します。

リスト6.22●MyForm.h(07persObjMouseZoom)のコンストラクター

```cpp
    :
public ref class MyForm : public System::Windows::Forms::Form
{
public:
    MyForm(void)
    {
        InitializeComponent();
        //
        //TODO: ここにコンストラクター コードを追加します
        //
        this->Text = "OpenCV";

        panel1->Dock = DockStyle::Fill;
        panel1->AutoScroll = true;

        pictureBox1->Location = Point(0, 0);
        pictureBox1->SizeMode = PictureBoxSizeMode::AutoSize;

        tSBPersSize->Text = "2100 x 2970";
        tSBPersSize->TextBoxTextAlign = HorizontalAlignment::Center;

        mFm1 = gcnew MyForm1();
        mScale = 1.0f;

        this->AllowDrop = true;
        this->DragEnter += gcnew DragEventHandler(this,
                                            ↳ &MyForm::MyForm_DragEnter);
        this->DragDrop += gcnew DragEventHandler(this,
                                            ↳ &MyForm::MyForm_DragDrop);
        pictureBox1->MouseDown += gcnew MouseEventHandler(this,
                                            ↳ &MyForm::myMouseDown);
    }

private: MyForm1^ mFm1;
private: List<Point> mListPoint;
private: float mScale;

protected:
    :
```

mScale は拡大縮小率を保持するフィールドです。コンストラクター内で、mScale は 1.0 で初期化します。

リスト6.23●MyForm.h（07persObjMouseZoom）のmat2bmpメソッド

```
//----------------------------------------------------------------
// cv::Mat to Bitmap
private: Bitmap^ mat2bmp(cv::Mat inImg) {
    cv::Mat img;
    cv::resize(inImg, img, cv::Size(), mScale, mScale);

    Bitmap^ bmp = gcnew Bitmap(img.cols, img.rows,
        System::Drawing::Imaging::PixelFormat::Format24bppRgb);

    Drawing::Imaging::BitmapData^ bd = bmp->LockBits(Rectangle(0, 0, img.cols,
                                                       ↳ img.rows),
        Drawing::Imaging::ImageLockMode::WriteOnly,
        System::Drawing::Imaging::PixelFormat::Format24bppRgb);

    for (int i = 0; i < img.rows; i++)
    {
        if (img.channels() == 1)
        {
            uchar* p = (uchar*)bd->Scan0.ToPointer() + i * bd->Stride;
            uchar* q = (uchar*)(img.ptr() + img.step * i);
            for (int x = 0; x < img.cols; x++)
            {
                *p++ = *q;
                *p++ = *q;
                *p++ = *q++;
            }
        }
        else
        {
            uchar* p = (uchar*)bd->Scan0.ToPointer() + i * bd->Stride;
            memcpy(p, img.ptr() + img.step * i, img.step);
        }
    }

    bmp->UnlockBits(bd);
```

```
            return bmp;
    }
```

　mat2bmp メソッドは、引数の cv::Mat オブジェクトを Bitmap オブジェクトを変更するメソッドです。これまでと大きく違いませんが、受け取った cv::Mat オブジェクトを mScale の値に従って拡大縮小し、それを Bitmap オブジェクトへ変換します。これまでのメソッドと異なるには、先頭の方で resize 関数を使用し、cv::Mat オブジェクトを拡大縮小するくらいです。

リスト6.24●MyForm.h（07persObjMouseZoom）のTSBDo_Clickメソッド

```
    private: System::Void TSBDo_Click(System::Object^ sender, System::EventArgs^ e)
                                                                                ↳ {
        if (mSrc.empty())
            return;

        if (mListPoint.Count != 4)
            return;

        mDst = mSrc.clone();

        array<String^>^ delimitter = { "X", "x" };      // delimitter

        //split by x
        array<String^>^ resolutions =
            tSBPersSize->Text->Split(delimitter,
                                      ↳ StringSplitOptions::RemoveEmptyEntries);

        int persWidth = Convert::ToInt32(resolutions[0]);
        int persHeight = Convert::ToInt32(resolutions[1]);

        cv::Point2f psrc[4];    // perspective source
        for (int i = 0; i < 4; i++)
        {
            psrc[i] = cv::Point2f((float)mListPoint[i].X / mScale,
                                  (float)mListPoint[i].Y / mScale);
        }
        cv::Point2f pdst[] = {  // perspective destination
            {0.0f, 0.0f},
            {0.0f, (float)(persHeight - 1)},
```

```
                {(float)(persWidth - 1), (float)(persHeight - 1)},
                {(float)(persWidth - 1), 0.0f}
        };
        cv::Mat persMatrix = getPerspectiveTransform(psrc, pdst);
        cv::Mat pers(persHeight, persWidth, CV_8UC3);
        warpPerspective(mSrc, mDst, persMatrix, pers.size(), cv::INTER_LINEAR);

        mFm1->ShowBmp(mat2bmp(mDst));
    }
```

TSBDo_Click メソッドへは、実行ボタンが押されたときに制御が渡ってきます。これまでと近いですが、透視投影で使用する元の座標を拡大縮小率に従って補正します。具体的には使用者が指定した座標を、拡大縮小率を保持する mScale で除算します。これによって、画面上で指定した座標から、実際の cv::Mat オブジェクトの座標を求めます。

リスト6.25●MyForm.h（07persObjMouseZoom）のcalcScaleメソッド他

```
        :
//---------------------------------------------------------------
// Zoom
private: System::Void calcScale(const float zoomValue) {
    float orgScale = mScale;
    mScale *= zoomValue;

    float scale = mScale / orgScale;
    for (int i = 0; i < mListPoint.Count; i++)
    {
        Point newP = Point((int)(round((float)mListPoint[i].X * scale)),
            (int)(round((float)mListPoint[i].Y * scale)));
        mListPoint[i] = newP;
    }

    pictureBox1->Image = getRectsOnBmp(mSrc);
    windowSize(pictureBox1);
}

//---------------------------------------------------------------
// Zoom Out
private: System::Void TSBZoomOut_Click(System::Object^ sender,
```

```
                                                    System::EventArgs^ e) {
    calcScale(0.9f);
}

//-----------------------------------------------------------------
// Zoom In
private: System::Void TSBZoomIn_Click(System::Object^ sender,
                                                    System::EventArgs^ e) {
    calcScale(1.1f);
}

//-----------------------------------------------------------------
// Reset Scale
private: System::Void TSBResetScale_Click(System::Object^ sender,
                                                    System::EventArgs^ e) {
    calcScale(1.0f/ mScale);
}

//-----------------------------------------------------------------
// save
private: System::Void TSBSave_Click(System::Object^ sender, System::EventArgs^
                                                    e) {
    SaveFileDialog^ dlg = gcnew SaveFileDialog;
    dlg->Filter = "画像ファイル(*.bmp,*.jpg,*.png)|*.bmp;*.jpg;*.png";
    if (dlg->ShowDialog() == Windows::Forms::DialogResult::Cancel)
        return;

    char* pStr =
            (char*)Marshal::StringToHGlobalAnsi(dlg->FileName).ToPointer();
    cv::imwrite(pStr, mDst);
    Marshal::FreeHGlobal(IntPtr(pStr));
}

};
}
```

　calcScale メソッドは、新しい拡大縮小率を引数 zoomValue で受け取ります。この zoomValue はオリジナルの cv::Mat オブジェクトに対する拡大縮小率ではなく、現在の状態に対する拡大縮小率です。このため、現在の拡大縮小率を orgScale へ退避したのち、オリ

ジナルの cv::Mat オブジェクトに対する拡大縮小率を mScale へ求めます。この値を使用して、mListPoint へ格納されている座標を、引数 zoomValue に従って再計算します。そして、getRectsOnBmp メソッドを呼び出し、範囲を描画した元画像を拡大縮小し再表示します。拡大縮小するため、ウィンドウサイズも変更します。

　TSBZoomOut_Click メソッドは、ズームアウトボタンを押したときに制御が渡ってきます。現在の拡大縮小率を 10 ％ 小さくして calcScale メソッドを呼び出します。

　TSBZoomIn_Click メソッドは、ズームインボタンを押したときに制御が渡ってきます。現在の拡大縮小率を 10 ％ 大きくして calcScale メソッドを呼び出します。

　TSBResetScale_Click メソッドは、リセットスケールボタンを押したときに制御が渡ってきます。「1.0f/ mScale」を引数にして calcScale メソッドを呼び出します。

　TSBSave_Click メソッドは、保存ボタンを押したときに制御が渡ってきます。透視投影した結果を保存します。保存される画像が、実際の大きさで表示されている大きさとは異なります。表示されている大きさで格納したい場合は、透視投影を表示しているウィンドウの保存ボタンを使用してください。

実行例

　基本的な使用法は、直前のプログラムと同様です。これまでのプログラムでは、大きな画像ファイル、つまりスクリーンに納まりきれないような画像を扱うのは困難でした。あるいは、小さな画像の座標を正確に指定するのも困難でした。本プログラムは、ズームインやズームアウトできますので、大きな画像の一部を透視投影するのが容易になります。まず、大きな画像を読み込んだ様子を示します。

6.7 透視投影（ズームに対応）

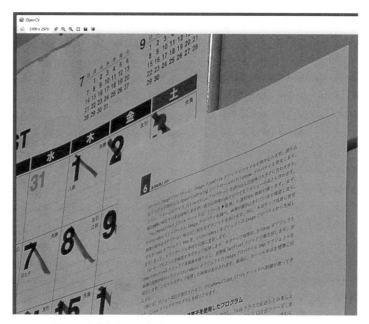

図6.38●大きな画像を読み込むとスクリーンに納まらない

このままでは透視投影元の座標を指定できないため、ズームアウトボタンを押して縮小表示します。そして、目的の範囲がすべて表示されたら、マウスを使用して四隅を指定します。

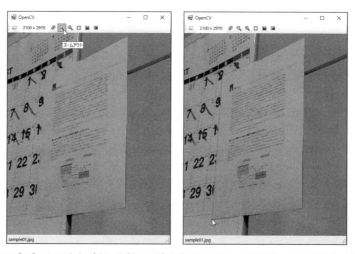

図6.39●ズームアウトボタンを押して縮小表示し（左）、頂点をマウスで指定（右）

この状態で実行ボタンを押すと透視投影されます。

第6章 オブジェクトの処理

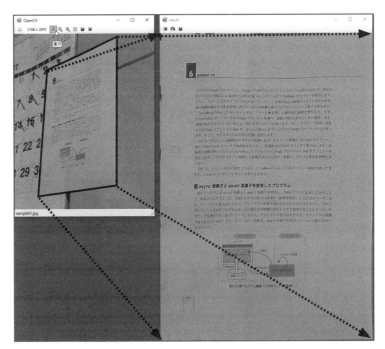

図6.40●透視投影

　この状態で読み込み画像を表示しているフォームの保存ボタンを押すと、透視投影した画像が元のサイズで保存できます。この例では、サイズに「2100 x 2970」を指定していますので、そのサイズで保存されます。透視投影結果を表示しているフォームの保存ボタンを押すと、表示中のサイズで結果を保存できます。

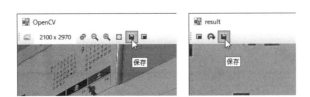

図6.41●大きな画像を読み込む

　以降に、実際に保存した画像を同じ縮尺で示します。

6.7 透視投影（ズームに対応）

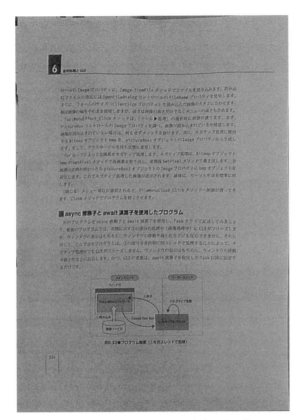

図6.42●保存した画像

この状態でズームアウトやズームインができます。指定した範囲は拡大縮小率に追随して表示されますが、座標は毎回再計算しているため多少の誤差が発生する場合があります。

図6.43●座標を指定したままズームアウト

6.8 オブジェクトのサイズ変更（自動認識）

本節と次節では、画像に含まれる特定のオブジェクトのサイズを変更するプログラムを紹介します。本節のプログラムは、検出器を用いて自動認識し、オブジェクトのサイズを変更します。次節のプログラムは、自動認識では検出が難しいオブジェクトをマウスで指定し、そのサイズを変更します。

フォーム

フォームのデザインは、これまでとかなり変更します。上部の Panel コントロールの上に Button、TextBox、CheckBox、そして NumericUpDown コントロールを配置します。下部の Panel コントロールに PictureBox コントロールを配置するのは、これまでと同様です。以降に、フォームの様子を示します。

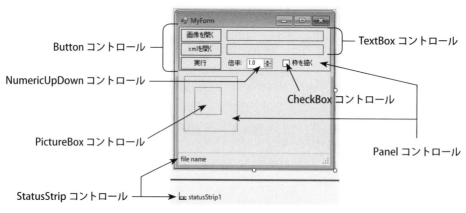

図6.44●読み込んだ画像を表示するフォーム

TextBox コントロールは ReadOnly とします。NumericUpDown コントロールの初期値や TextAlign はコンストラクターで設定します。もうひとつの結果表示用のフォームはこれまでと同様ですので、説明は省きます。

ソースリストは、6.4 節「オブジェクト検出」と共通の部分も多いですので、本プログラムの中心部分のみを示します。

リスト6.26●MyForm.h（08sizeChgObjs）より抜粋

```cpp
        ⋮
//----------------------------------------------------------------
// create cos k mat 追加
private: cv::Mat createCosMat(const int rows, const int cols)
{
    cv::Mat mat(rows, cols, CV_8UC3, cv::Scalar(0));
    cv::Point center = cv::Point(cols / 2, rows / 2);
    double radius = sqrt(pow(center.x, 2) + pow(center.y, 2));
    for (int y = 0; y < mat.rows; y++)
    {
        for (int x = 0; x < mat.cols; x++)
        {
            // distance from center
            double distance = sqrt(pow(center.x - x, 2) + pow(center.y - y,
                                                                    2));
            // radius=π, current radian
            double radian = (distance / radius) * (double)CV_PI;
            // cosθ, normalize -1.0～1.0 to 0～1.0
            double Y = (cos(radian) + 1.0) / 2.0;
            // normalize (Y) 0～1.0 to 0.0～255.0
            mat.at<cv::Vec3b>(y, x)[0] =
                mat.at<cv::Vec3b>(y, x)[1] =
                    mat.at<cv::Vec3b>(y, x)[2] = (unsigned char)(Y * 255.0f);
        }
    }
    return mat;
}

//----------------------------------------------------------------
// mulMask 追加
private: cv::Mat mulMat(const cv::Mat mat, const cv::Mat table)
{
    cv::Mat dst, mat32f, table32f, dst32f;
    mat.convertTo(mat32f, CV_32FC3);
    table.convertTo(table32f, CV_32FC3);
    table32f /= 255.0f;
    cv::multiply(mat32f, table32f, dst32f);
    dst32f.convertTo(dst, CV_8UC3);
    return dst;
}
```

```cpp
//-----------------------------------------------------------------
// effect
private: System::Void BEffect_Click(System::Object^ sender, System::EventArgs^
                                                                           e) {
    if (mSrc.empty() || mDetector==nullptr)
        return;

    cv::Mat gray, equalize;

    cv::cvtColor(mSrc, gray, cv::COLOR_RGB2GRAY);
    cv::equalizeHist(gray, equalize);
    char* pmDetector =
                (char*)Marshal::StringToHGlobalAnsi(mDetector).ToPointer();
    cv::CascadeClassifier objDetector(pmDetector); // create detector
    Marshal::FreeHGlobal(IntPtr(pmDetector));

    std::vector<cv::Rect> objs; // search objects
    objDetector.detectMultiScale(equalize, objs,
        1.2, 2, cv::CASCADE_SCALE_IMAGE, cv::Size(50, 50));
    mSrc.copyTo(mDst);
    std::vector<cv::Mat> srcobjs, dstobjs;
    std:: vector<cv::Rect>::const_iterator it = objs.begin();
    for (; it != objs.end(); ++it)
    {
        float scale = Convert::ToSingle(nUDScale->Text);
        if (scale > 1.0f)
        {                       // to Big
            //入力切り出し
            cv::Rect srcrect(it->x, it->y, it->width, it->height);
            cv::Mat srcroi(mSrc, srcrect);
            srcobjs.push_back(srcroi);
            //cv::rectangle(mSrc, srcrect, cv::Scalar(255)); // DEBUG

            //出力切り出し、少し大きくする、範囲外のチェック省略
            int deltaW = (int)(it->width * (scale - 1.0f)) / 2;
            int deltaH = (int)(it->height * (scale - 1.0f)) / 2;

            cv::Rect dstrect(it->x - deltaW, it->y - deltaH,
                it->width + deltaW * 2, it->height + deltaH * 2);
            cv::Mat dstroi(mDst, dstrect);
            dstobjs.push_back(dstroi);
```

6.8 オブジェクトのサイズ変更（自動認識）

```cpp
            if(cBDrawRectangle->Checked)
                cv::rectangle(mDst, dstrect, cv::Scalar(255));
        }
        else
        {                           // to Small
            //入力切り出し、少し大きくする、範囲外のチェック省略
            int deltaW = (int)(it->width * (1.0f - scale)) / 2;
            int deltaH = (int)(it->height * (1.0f - scale)) / 2;

            cv::Rect srcrect(it->x - deltaW, it->y - deltaH,
                it->width + deltaW * 2, it->height + deltaH * 2);
            cv::Mat srcroi(mSrc, srcrect);
            srcobjs.push_back(srcroi);
            //cv::rectangle(mSc, srcrect, cv::Scalar(255)); // DEBUG

            //出力切り出し
            cv::Rect dstrect(it->x, it->y, it->width, it->height);
            cv::Mat dstroi(mDst, dstrect);
            dstobjs.push_back(dstroi);

            if (cBDrawRectangle->Checked)
                cv::rectangle(mDst, dstrect, cv::Scalar(255));
        }

    // 大きさを合わせる
    for (int i = 0; i < srcobjs.size(); i++)
    {
        resize(srcobjs[i], srcobjs[i], cv::Size(dstobjs[i].cols,
                                                   dstobjs[i].rows));
    }

    // マージ、重みづけ加算
    for (int i = 0; i < srcobjs.size(); i++)
    {
        cv::Mat weightMat = createCosMat(srcobjs[i].rows, srcobjs[i].cols);
        cv::Mat iWeightMat = cv::Scalar::all(255) - weightMat;

        cv::Mat srcWeight = mulMat(srcobjs[i], weightMat);
        cv::Mat dstWeight = mulMat(dstobjs[i], iWeightMat);
        cv::add(dstWeight, srcWeight, dstobjs[i]);
    }
```

```
            }
            mFm1->ShowBmp(mat2bmp(mDst));
        }

    };
}
```

　本プログラムは、画像や検出器をフォームにドロップできます。そのあたりのコードは以前のプログラムと同様ですので説明は省略します。

　createCosMatメソッドは、中心の値が255に近いCosカーブのテーブルを保持するcv::Matを返します。まず、引数のrowsとcolsを使用して以下に示すcv::Matオブジェクトを生成します。

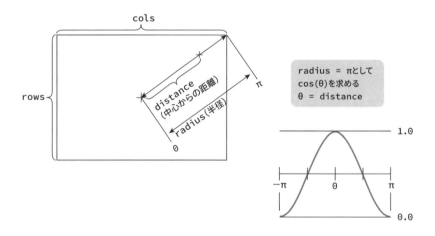

図6.45●Cosカーブのテーブルを保持するcv::Matオブジェクトの生成

　対角線の半分をπ（= radius）とします。次に、Matの各要素値を中心からの距離で求めます。具体的には、radiusをπとして、中心からの距離distanceをcosの角度として与えます。distanceは度数で求められているため、弧度法へ変換し、Matの当該座標の値を求めます。cos関数は-1.0～1.0を返しますので、これを0～255へ正規化したMatへ変換します。以降に、得られた値をビジュアル化して示します。

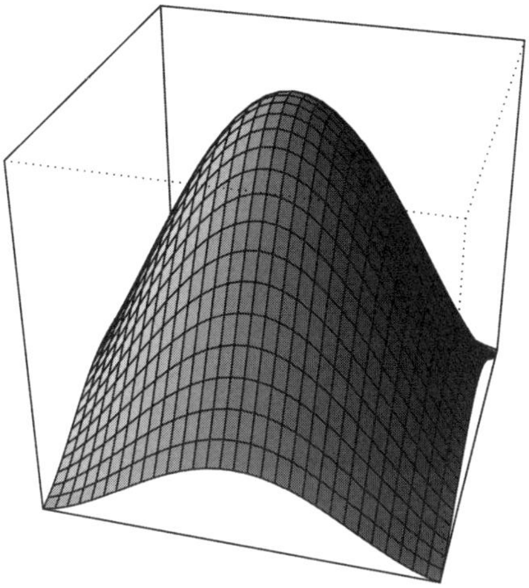

図6.46●Cosカーブのテーブルを可視化した様子

　mulMat メソッドは、渡された 2 つの cv::Mat オブジェクトの各要素を乗算し、結果を返します。

　BEffect_Click メソッドは「実行」ボタンを押したときに制御が渡ります。オブジェクト検出に用いる画像は、輝度平滑化を行います。そのため、入力画像を、cvtColor 関数でグレイスケールへ変換します。そして equalizeHist 関数を使用し、輝度平滑化後の画像を Mat オブジェクト equalize へ求めます。

　次に、物体検出のためのカスケード分類器である CascadeClassifier オブジェクト objDetector を生成します。引数には、オブジェクト検出に必要な学習ファイル名が保存されている pmDetector を指定します。pmDetector は String^ ですので char* へ変換して渡します。これについては既に説明済みですので以前の章を参照してください。CascadeClassifier オブジェクトの detectMultiScale メソッドを使用し、画像に含まれるオブジェクトを検出します。

　検出したオブジェクトの数だけ、for 文を使用しオブジェクトのサイズを変更します。オブジェクトを拡大する場合と縮小する場合で条件分けして処理していますが、条件分けせずに処理することも可能です。ここでは分かりやすいように条件分けして処理します。

　まず、オブジェクトを大きくする場合を説明します。オブジェクトを原画像から切り出して、vector<Mat> である srcobjs へ push_back します。同時に書き出す範囲を検出した範囲より少し拡大して、vector<Mat> である dstobjs へ push_back します。ソースリストを参照

すると分かりますが、画像の実体をコピーして push_back しているのではなく、原画像に ROI を設定して push_back します。Mat を扱う場合、画像の実体が、どこにあるかは意識しておくことが重要です。

図6.47●拡大の処理概念

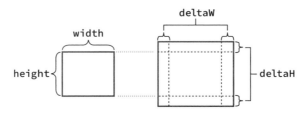

図6.48●切り出し範囲

　左側が切り出す範囲で、右側が書き出す範囲です。最終的には、左側のサイズを右側に揃えますので、オブジェクトは拡大されます。「枠を描く」チェックボックスへチェックがなされている場合、拡大したときのエリアに枠を描きます。

　次に、オブジェクトを小さくする場合を説明します。画像に含まれるオブジェクトを検出する部分は先の例と同様です。検出したオブジェクトを原画像から切り出して、vector<Mat> である srcobjs へ push_back します。この部分が先のプログラムと違い、大きめに切り出します。同時に書き出す範囲を vector<Mat> である dstobjs へ push_back します。「枠を描く」チェックボックスへチェックがなされている場合、縮小したときのエリアに枠を描きます。小さくする場合の処理は、先の図と逆の処理を行います。

　検出したすべての画像を srcobjs と dstobjs へ保存したら、resize 関数で srcobjs が保持している画像を dstobjs が保持している画像のサイズに合わせ拡大・縮小します。

　この拡大・縮小した画像を、そのまま元の画像に戻しても良いのですが、それでは拡大した

境界が明確に分かり不自然な画像となってしまいます。そこで、重みテーブルを利用し元の画像と拡大・縮小した画像をスムーズに合成します。まず、createCosMat メソッドを呼び出し、重みテーブルを weightMat へ設定します。さらに、weightMat と逆の値をもつ cv::Mat を iWeightMat へ求めます。mulMat メソッドで、入力画像と weightMat の積を srcWeight へ求めます。同様に、出力画像と iWeightMat の積を dstWeight へ求め、両方を加算します、これによって拡大・縮小した画像がスムーズに合成されます。

最後に、オブジェクトを拡大縮小した結果を、別のフォームに表示します。

実行例

以降に、実行例を示します。ボタンを押すか、ファイルをドロップして検出器を指定します。以降にドロップの例を示します。ドロップされると、テキストボックスへファイル名が表示されます。

図6.49●検出器と画像をドロップ

次に、ボタンを押すか、ファイルをドロップして処理対象画像を指定します。以降にドロップの例を示します。

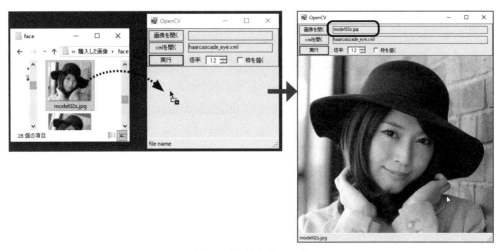

図6.50●画像をドロップ

この状態で実行します。

図6.51●実行

「倍率」を 1.4 へ変更して再実行してみましょう。

図6.52● 「倍率」を1.4へ

　先の例で目が大きくなりましたが、さらに大きくなります。今度は「倍率」を0.8へ変更してみましょう。

図6.53● 「倍率」を0.8へ

　自動で検出された範囲がどこか知りたい場合は、「枠を描く」にチェックを入れて実行しましょう。

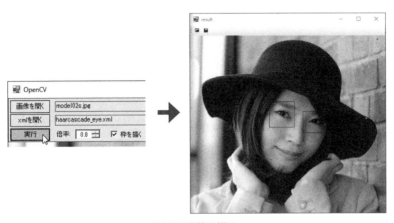

図6.54●枠を描く

6.9
マウスでオブジェクトを指定しサイズ変更

　画像に含まれる、ある特定のオブジェクトのサイズを変更します。先のプログラムと違い、マウスでオブジェクトを指定し、そのオブジェクトのサイズを変更します。オブジェクトは、複数指定できます。

フォーム

　先のプログラム同様、フォーム上部のPanelコントロールの上にButton、TextBox、CheckBox、そしてNumericUpDownコントロールを配置します。ただし、検出用のファイルを指定する必要がないため、ButtonとTextBoxコントロールが1つずつ減ります。下部のPanelコントロールPictureBoxコントロールなどは、これまでと同様です。以降に、フォームの様子を示します。

6.9 マウスでオブジェクトを指定しサイズ変更

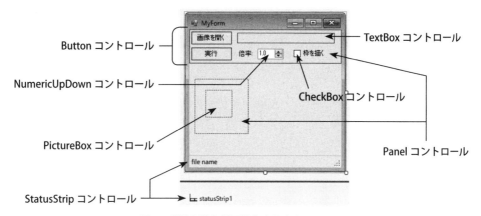

図6.55●読み込んだ画像を表示するフォーム

ソースリストは、直前のプログラムと 6.3 節「複数個所のオブジェクト除去」を合わせたような感じです。マウスの操作は 6.3 節とほぼ同様です。オブジェクトの拡大・縮小は直前のプログラムと共通な部分が多いです。以降に、ソースリストの一部を示します。

リスト6.27●MyForm.h（09sizeChgObjsMouse）より抜粋

```
#pragma once

#include "../../../ocvlib.h"
#include "MyForm1.h"

namespace test {

    ⋮
#pragma endregion

    private: Bitmap^ mat2bmp(cv::Mat img) { …
    private: Bitmap^ getRectsOnBmp(cv::Mat img) { …
    private: cv::Mat readFile(String^ fname) { …
    private: System::Void windowSize(PictureBox^ pbox) { …
    private: System::Void openFile(String^ fname) …
    private: System::Void BOpenImage_Click(System::Object^ sender, …
    private: System::Void MyForm_DragEnter(System::Object^ sender, …
    private: System::Void MyForm_DragDrop(System::Object^ sender, …
    private: System::Void TSBSize_Click(System::Object^ sender, …
    private: Rectangle myRectangle(Rectangle^ rect, Control^ control) …
```

```
private: System::Void myMouseDown(System::Object^ sender, …
private: System::Void myMouseMove(System::Object^ sender, …
private: System::Void myMouseUp(System::Object^ sender, …
 (ここまでは6.3節「複数個所のオブジェクト除去」とほぼ同様)


private: cv::Mat createCosMat(const int rows, const int cols) …
private: cv::Mat mulMat(const cv::Mat mat, const cv::Mat table) …
 (ここまでは前節とほぼ同様)


//---------------------------------------------------------------------
// effect
private: System::Void BEffect_Click(System::Object^ sender, System::EventArgs^
                                                                          e) {
    if (mSrc.empty())
        return;

    std::vector<cv::Rect> objs; // search objects
    for each (Rectangle r in mListRect)
    {
        objs.push_back(cv::Rect(r.X, r.Y, r.Width, r.Height));
    }

    mSrc.copyTo(mDst);
    std::vector<cv::Mat> srcobjs, dstobjs;
    std:: vector<cv::Rect>::const_iterator it = objs.begin();
    for (; it != objs.end(); ++it)
    {
        float scale = Convert::ToSingle(nUDScale->Text);
        if (scale > 1.0f)
        {                      // to Big
            //入力切り出し
            cv::Rect srcrect(it->x, it->y, it->width, it->height);
            cv::Mat srcroi(mSrc, srcrect);
            srcobjs.push_back(srcroi);

            //出力切り出し、少し大きくする、範囲外のチェック省略
            int deltaW = (int)(it->width * (scale - 1.0f)) / 2;
            int deltaH = (int)(it->height * (scale - 1.0f)) / 2;

            cv::Rect dstrect(it->x - deltaW, it->y - deltaH,
                it->width + deltaW * 2, it->height + deltaH * 2);
            cv::Mat dstroi(mDst, dstrect);
```

```cpp
        dstobjs.push_back(dstroi);

        if(cBDrawRectangle->Checked)
            cv::rectangle(mDst, dstrect, cv::Scalar(255));
    }
    else
    {                    // to Small
        //入力切り出し、少し大きくする、範囲外のチェック省略
        int deltaW = (int)(it->width * (1.0f - scale)) / 2;
        int deltaH = (int)(it->height * (1.0f - scale)) / 2;

        cv::Rect srcrect(it->x - deltaW, it->y - deltaH,
            it->width + deltaW * 2, it->height + deltaH * 2);
        cv::Mat srcroi(mSrc, srcrect);
        srcobjs.push_back(srcroi);

        //出力切り出し
        cv::Rect dstrect(it->x, it->y, it->width, it->height);
        cv::Mat dstroi(mDst, dstrect);
        dstobjs.push_back(dstroi);

        if (cBDrawRectangle->Checked)
            cv::rectangle(mDst, dstrect, cv::Scalar(255));
    }

    // 大きさを合わせる
    for (int i = 0; i < srcobjs.size(); i++)
    {
        resize(srcobjs[i], srcobjs[i], cv::Size(dstobjs[i].cols,
                                                    ↳ dstobjs[i].rows));
    }

    // マージ、重みづけ加算
    for (int i = 0; i < srcobjs.size(); i++)
    {
        cv::Mat weightMat = createCosMat(srcobjs[i].rows, srcobjs[i].cols);
        cv::Mat iWeightMat = cv::Scalar::all(255) - weightMat;

        cv::Mat srcWeight = mulMat(srcobjs[i], weightMat);
        cv::Mat dstWeight = mulMat(dstobjs[i], iWeightMat);
        cv::add(dstWeight, srcWeight, dstobjs[i]);
    }
```

```
            }
            mFm1->ShowBmp(mat2bmp(mDst));
        }

    };
}
```

　先頭から myMouseUp メソッドまでは、6.3 節「複数個所のオブジェクト除去」と、ほぼ同様です。それ以降から BEffect_Click メソッドまでも、前節と同様です。

　BEffect_Click メソッドは「実行」ボタンを押したときに制御が渡ります。このメソッドも、直前のプログラムに近いですが、先頭部分が少し異なります。先のプログラムは、オブジェクトの検出を、物体検出のためのカスケード分類器である CascadeClassifier オブジェクトや CascadeClassifier オブジェクトの detectMultiScale メソッドを使用して検出していました。本プログラムは、対象オブジェクトを使用者がマウスを使用して、List<Rectangle> である mListRect へ格納しています。オブジェクトの拡大・縮小は先のプログラムと同様ですが、OpenCV を使用してオブジェクトを操作するには List<Rectangle> を std::vector<cv::Rect> へ変換する必要があります。本メソッドの先頭部分で、その変換処理を行います。以降は、先のプログラムと同様です。

実行例

以降に、実行例を示します。ボタンを押すか、ファイルをドロップして処理対象画像を指定します。以降にドロップの例を示します。

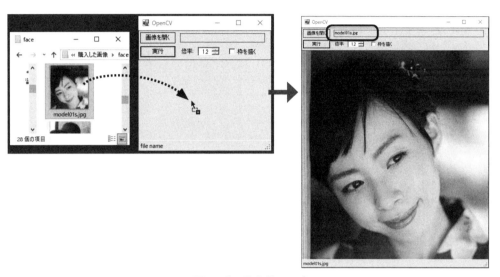

図6.56●画像をドロップ

対象範囲をマウスで指定します。失敗したときは、マウスの右ボタンを押すと、最後の指定範囲がキャンセルされます。

図6.57●対象範囲を指定

この状態で実行します。指定した目が大きくなっているのが分かります。

図6.58●実行

1.2倍では、それほど有意な差が確認できないので、「倍率」を1.5へ変更して再実行してみましょう。比較のため、「倍率」を0.8へ変更したものと並べて表示します。

図6.59●「倍率」を1.5にした結果（左）と0.8にした結果（右）

拡大・縮小の範囲を知りたかったら、「枠を描く」にチェックを入れて実行しましょう。

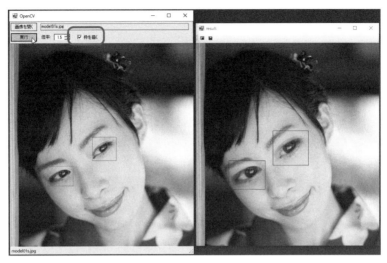

図6.60●枠を描く

倍率によって結果出力の範囲を知ることができます。

なお、本プログラムは、処理の途中で切り出し範囲を調整しますが、その範囲が画像の大きさを超えてしまう場合があります。切り出しを行う前に境界チェックを行うと良いのでしょうが、その処理を省略しています。このため、画像の境界を指定すると、例外が起きてプログラムは異常終了します。

関数の説明

■ cv::multiply

２つの入力画像（行列）の各要素の乗算を行います。

```
void cv::multiply( InputArray   src1,
                   InputArray   src2,
                   OutputArray  dst,
                   double       scale = 1,
                   int          dtype = -1 )
```

引数

src1
 1番目の入力画像（行列）です。

src2
 2番目の入力画像（行列）です。src1と同じサイズ、同じ型です。

dst
 出力画像（行列）です。入力画像（行列）と同じサイズ、同じ型です。

scale
 オプションのスケールファクタです。

dtype
 オプションのdstのビット深度指定です。すでに説明済みですので、以前の章を参照してください。

説明

2つの入力画像（行列）の各要素の乗算を行います。以下に処理の概要を示します。

 dst(I) = saturate(scale・src1(I)・src2(I))

Iは多次元のインデックスです。複数のチャンネルを持つ場合、それぞれは独立して処理されます。

■ cv::add

2つの入力画像（行列）の各要素を加算、あるいはスカラー値との加算を行います。

```
void add( InputArray   src1,
          InputArray   src2,
          OutputArray  dst,
          InputArray   mask = noArray(),
          int          dtype = -1 )
```

引数

src1
 1番目の入力画像（行列）、またはスカラー値です。

src2
> 2番目の入力画像（行列）、またはスカラー値です。

dst
> 出力画像（行列）です。入力画像（行列）と同じサイズ、同じ型です。ビット深度はdtypeの指定に従います。

mask
> オプションの処理マスクです。8ビットのシングルチャンネル画像です。

dtype
> オプションのdstのビット深度指定です。src1、src2、そしてdstはすべて同じ、あるいはすべて異なるビット深度でも構いません。例えば、src1はCV_16U、src2はCV_8S、そしてdstはCV_32Fでも構いません。dstのビット深度はdtypeで決まります。src1とsrc2のビット深度が同じで、dtypeが−1ならdstのビット深度はsrc2のビット深度と同じです。

▶説明

行列またはスカラー値との加算を行います。それぞれの行列やスカラー値は、異なるビット深度で構いません。

6.10 オブジェクト交換

2つの画像に含まれるオブジェクトを交換するプログラムを紹介します。オブジェクト検出は学習ファイル（検出器）に任せます。本プログラムは、2つの画像に含まれる両目を検出するファイルを使用し、入れ替えるプログラムです。

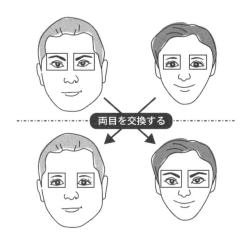

図6.61●本プログラムの動作概念

　これは単に学習ファイルに、そのような目的のファイルを選んだからであって、1つの画像にいくつのオブジェクトが存在しても同じような方法で入れ替えることができます。たまたま、画像に2つのオブジェクトが検出されるのを期待したからであって応用は無限でしょう。オブジェクトの検出は6.4節「オブジェクト検出」同様の手法を採用します。オブジェクトの交換は、つなぎ目が不自然にならないよう、6.8節「オブジェクトのサイズ変更（自動認識）」の重みテーブルを使って、2つの画像を合成するプログラムを拡張します。このように2つのプログラムを応用して本プログラムを開発します。

フォーム

　メインのフォームデザインは、これまでとかなり変更します。メインのフォームに画像の表示は行わず、ファイルの指定や実行の指示を行うのみです。読み込んだ画像や、処理結果はこれまでと同様に別フォームに表示します。以降に、フォームの様子を示します。

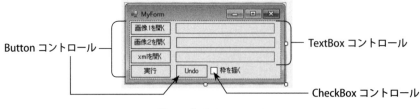

図6.62●メインフォーム

もうひとつの結果表示用のフォームはこれまでと同様ですので、説明は省きます。

ソースリストは、6.4 節や 6.8 節のプログラムと共通の部分も多いですので、本プログラムの中心部分のみを示します。

リスト6.28●MyForm.h（10swapObjs）の先頭部分

```cpp
#pragma once

#include "../../../ocvlib.h"
#include "MyForm1.h"

namespace test {

    using namespace System;
    using namespace System::Windows::Forms;
    using namespace System::Drawing;
    using namespace System::Runtime::InteropServices;

    cv::Mat mSrc[2], mDst[2];

    /// <summary>
    /// MyForm の概要
    /// </summary>
    public ref class MyForm : public System::Windows::Forms::Form
    {
    public:
        MyForm(void)
        {
            InitializeComponent();
            //
            //TODO: ここにコンストラクター コードを追加します
            //
            this->Text = "OpenCV";
            this->MaximizeBox = false;

            mTBImage[0] = tBoxFileImage0;
            mTBImage[1] = tBoxFileImage1;
            mButton[0] = bOpenImage0;
            mButton[1] = bOpenImage1;
```

```
            for (int i = 0; i < 2; i++) {
                mFm[i] = gcnew MyForm1();
                mButton[i]->Tag = i;
                mTBImage[i]->Tag = i;
            }
            mFm[0]->Text = "画像1";
            mFm[1]->Text = "画像2";
        }

    private: array<MyForm1^>^ mFm = gcnew array<MyForm1^>(2);
    private: array<TextBox^>^ mTBImage = gcnew array<TextBox^>(2);
    private: array<Button^>^ mButton = gcnew array<Button^>(2);
    private: String^ mDetector;

    protected:
        ⋮
```

　画像を2つ処理しますので、mSrc と mDst は要素数が2の配列とします。同様に、Button、TextBox そして MyForm1 もプログラムを簡単に記述できるようにインスタンスを array<T^>^ で管理します。また、Tag プロパティに値を設定し、array<T^>^ で管理しているインスタンスがどちらであるかを示すようにします。

リスト6.29●MyForm.h（10swapObjs）の中間部分より抜粋

```
        ⋮
    //-----------------------------------------------------------------
    // cv::Mat to Bitmap
    private: Bitmap^ mat2bmp(cv::Mat img) {
            ⋮
    }

    //-----------------------------------------------------------------
    // read
    private: cv::Mat readFile(String^ fname) {
            ⋮
    }

    //-----------------------------------------------------------------
    // Open File sub
```

6.10 オブジェクト交換

```cpp
private: System::Void openFile(String^ fname, int index)
{
    mSrc[index] = readFile(fname);
    if (mSrc[index].empty())
        return;

    mTBImage[index]->Text = IO::Path::GetFileName(fname);
    mFm[index]->ShowBmp(mat2bmp(mSrc[index]));
}

//--------------------------------------------------------------------
// Open
private: System::Void BOpenImage_Click(System::Object^ sender,
                                             System::EventArgs^ e) {
    OpenFileDialog^ dlg = gcnew OpenFileDialog;
    dlg->Filter = "画像ファイル(*.bmp,*.jpg,*.png)|*.bmp;*.jpg;*.png";
    if (dlg->ShowDialog() == Windows::Forms::DialogResult::Cancel)
        return;

    Button^ btn = (Button^)sender;
    int index = (int)(btn->Tag);

    openFile(dlg->FileName, index);
}

//--------------------------------------------------------------------
// Open xml
private: System::Void BOpenXml_Click(System::Object^ sender, System::EventArgs^
                                                                          e) {
        ⋮
}

//--------------------------------------------------------------------
// create cos k mat
private: cv::Mat createCosMat(const int rows, const int cols)
{
        ⋮
}

//--------------------------------------------------------------------
// mulMask
private: cv::Mat mulMat(const cv::Mat mat, const cv::Mat table)
```

第6章 オブジェクトの処理

```
    {
        ：
    }

    //----------------------------------------------------------------
    // Undo 追加
    private: System::Void BUndo_Click(System::Object^ sender, System::EventArgs^ e)
                                                                                    ↵ {
        for (int i = 0; i < 2; i++)
        {
            mFm[i]->ShowBmp(mat2bmp(mSrc[i]));
        }
    }

        ：
```

mat2bmpメソッドとreadFileメソッドは、これまでと同様です。BOpenXml_Clickメソッド、createCosMatメソッド、そしてmulMatメソッドは、6.8節「オブジェクトのサイズ変更（自動認識）」と同様です。

openFileメソッドは、これまでと違い引数がひとつ増えました。mSrcへ画像を読み込みますが、mSrcは配列です。どちらへ読み込むかは呼び出し元が決定します。また、読み込んだファイル名をTextBoxコントロールへ設定しますが、mTBImageが示すインスタンスへ設定します。これによって本メソッドは、2つの画像のどちらを読み込んでいるか意識する必要はありません。同様に、mFmが管理するフォームのShowBmpメソッドを呼び出し、読み込んだ画像を別のフォームに表示します。

BUndo_Clickメソッドは「Undo」ボタンが押されたときに呼び出されます。mat2bmpメソッドに、読み込んだ画像を指定しBitmapオブジェクトを生成します。それを引数にmFmが関するインスタンスのShowBmpメソッドを呼び出し、元の画像を表示します。

リスト6.30●MyForm.h（10swapObjs）のBEffect_Clickメソッド

```
        ：
    //----------------------------------------------------------------
    // effect
    private: System::Void BEffect_Click(System::Object^ sender, System::EventArgs^
                                                                                    ↵ e) {
```

```cpp
    if (mSrc[0].empty() || mSrc[1].empty() || mDetector == nullptr)
        return;

    // オブジェクト検出
    cv::Mat gray[2], equalize[2];
    for (int i = 0; i < 2; i++)
    {
        cv::cvtColor(mSrc[i], gray[i], cv::COLOR_RGB2GRAY);
        cv::equalizeHist(gray[i], equalize[i]);
    }

    char* pmDetector =
              (char*)Marshal::StringToHGlobalAnsi(mDetector).ToPointer();
    cv::CascadeClassifier objDetector(pmDetector); // create detector
    Marshal::FreeHGlobal(IntPtr(pmDetector));

    std::vector<cv::Rect> objs[2]; // search objects
    for (int i = 0; i < 2; i++)
    {
        objDetector.detectMultiScale(equalize[i], objs[i],
            1.2, 2, cv::CASCADE_SCALE_IMAGE, cv::Size(50, 50));

        if (objs[i].size() != 2)
            return;

        mSrc[i].copyTo(mDst[i]);
    }

    // 目の左右を揃える
    for (int i = 0; i < 2; i++)
    {
        if (objs[i].at(0).x > objs[i].at(1).x)
        {
            std::reverse(objs[i].begin(), objs[i].end());
        }
    }

    std::vector<cv::Mat> srcobjs;     //入力切り出し
    for (int i = 0; i < 2; i++)
    {
        for (int j = 0; j < 2; j++)
        {
```

```cpp
                int deltaW = mSrc[i].cols / 40; // 少し範囲を大きく
                int deltaH = mSrc[i].rows / 40;
                cv::Rect roi(objs[i].at(j).x - deltaW, objs[i].at(j).y - deltaH,
                    objs[i].at(j).width + deltaW * 2,
                    objs[i].at(j).height + deltaH * 2);
                cv::Mat srcroi(mSrc[i], roi), srcmat;
                srcroi.copyTo(srcmat);
                srcobjs.push_back(srcmat);
            }
        }

        std::vector<cv::Mat> dstobjs;    //出力切り出し
        for (int i = 0; i < 2; i++)
        {
            for (int j = 0; j < 2; j++)
            {
                int deltaW = mDst[i].cols / 40; // 少し範囲を大きく
                int deltaH = mDst[i].rows / 40;
                cv::Rect roi(objs[i].at(j).x - deltaW, objs[i].at(j).y - deltaH,
                    objs[i].at(j).width + deltaW * 2,
                    objs[i].at(j).height + deltaH * 2);
                cv::Mat dstroi(mDst[i], roi);
                dstobjs.push_back(dstroi);
            }
        }

        // 合成
        std::swap(dstobjs[0], dstobjs[2]);
        std::swap(dstobjs[1], dstobjs[3]);
        for (int i = 0; i < 2 * 2; i++)
        {
            cv::resize(srcobjs[i], srcobjs[i], cv::Size(dstobjs[i].cols,
                                                        dstobjs[i].rows));
            cv::Mat weightMat = createCosMat(srcobjs[i].rows, srcobjs[i].cols);
            cv::Mat iWeightMat = cv::Scalar::all(255) - weightMat;
            cv::Mat srcWeight = mulMat(srcobjs[i], weightMat);
            cv::Mat dstWeight = mulMat(dstobjs[i], iWeightMat);
            cv::add(dstWeight, srcWeight, dstobjs[i]);
        }

        if (cBDrawRectangle->Checked)
        {                                                    // 枠を描く
```

```
            for (int i = 0; i < 2; i++)
            {
                for (int j = 0; j < 2; j++)
                {
                    cv::Rect roi(objs[i].at(j).x, objs[i].at(j).y,
                        objs[i].at(j).width, objs[i].at(j).height);
                    cv::rectangle(mDst[i], roi, cv::Scalar(255));
                }
            }

        }
        for (int i = 0; i < 2; i++)                        // 表示
        {
            mFm[i]->ShowBmp(mat2bmp(mDst[i]));
        }
    }
```

　BEffect_Click メソッドは、本プログラムの主要部で、「実行」ボタンが押されたときに制御が移ってきます。2つの画像が読み込まれ、検出器が指定されているか調べ、読み込みや検出器の指定がなされていなければメソッドをすぐに抜けます。

　オブジェクトの検出は、これまでの 6.8 節「オブジェクトのサイズ変更（自動認識）」などと同じですが、対象画像が 2 つに増えましたので、同じことを 2 回行います。また、今回は両目を入れ替えることとしましたので、それぞれの画像で 2 つのオブジェクトを検出できないときはメソッドを抜け、処理を中断します。

　次に、2 つの画像の右目を右目、左目を左目と交換しますので、それぞれの画像から検出したオブジェクトの順序を x 座標（横方向）で並び替えます。

　次に入力と出力の画像を切り出します。合成のときに重みテーブルを用いて境界をスムーズに合成するため、両方とも少し大きめに切り出し、std::vector<cv::Mat> である srcobjs と dstobjs へ格納します。先ほどのプログラム同様、切り出す大きさを変更したときに、画像の範囲を超えたかチェックしていませんので、オブジェクトの検出が画像の隅であると例外が発生する場合があります。画像の合成も 6.8 節などと同じ手法を用います。「枠を描く」チェックボックスへチェックがなされている場合、検出したオブジェクトの周りに枠を描きます。

　最後に、処理結果を、それぞれのフォームに表示します。入力画像を表示するフォームと結果を表示するフォームを分けても良かったのですが、それでは合計のフォームが 5 つになり煩

雑になるため、同じフォームに表示するようにしました。元の画像を見たければ「Undo」ボタンを押してください。「実行：ボタンと「Undo」ボタンを交互に押せば、処理前と処理後の画像を比較できます。

実行例

以降に、実行例を示します。起動直後の様子を示します。

図6.63●起動直後

各ボタンを押して2つの画像を読み込み、検出器を指定します。

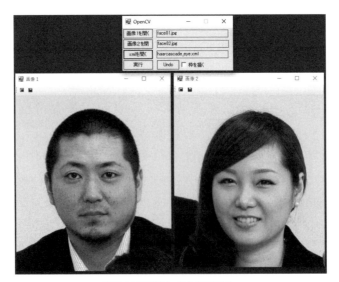

図6.64●画像などを読み込む

この状態で実行し、両目を入れ替えます。

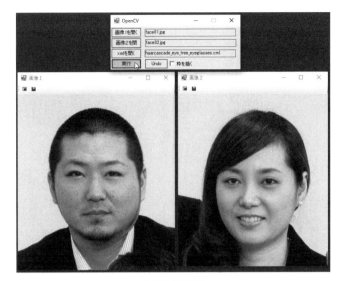

図6.65●実行

画像を入れ替えた例を示します。

図6.66●画像を入れ替えて実行

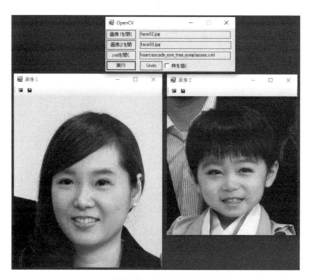

図6.67●画像を入れ替えて実行

　自動で検出された範囲がどこか知りたい場合は、「枠を描く」にチェックを入れて実行しましょう。

図6.68●枠を描く

7

応用

オブジェクトの特徴点検出、パノラマ写真の生成、画像に対する DFT や IDFT 処理など、これまでには出現していない応用プログラムを紹介します。

7.1 特徴点検出

特徴点検出を行うプログラムを紹介します。特徴量を計算するアルゴリズムは多数あります。OpenCV 2.x までのバージョンでは、SIFT、SURF、ORB などを利用できました。OpenCV 3.0 以降で、KAZE と AKAZE が追加されたので、ここでは、AKAZE、KAZE そして ORB を使用したプログラムを紹介します。AKAZE は、Accelerated-KAZE の略で、KAZE の高い認識精度と処理に必要な時間を大幅に短縮しています。従来の、SIFT や SURF には特許権が設定されており商用に難がありましたが、AKAZE は商用／非商用を問わず利用できるため、ライセンスの問題が軽減されます。

フォーム

フォームなどは、これまでに近いですが、少し変更していますので簡単に説明します。これまでは画像などの読み込みに 📁 が、処理の実行に ⚙ が存在しました。本プログラムはファイルをドロップした時点で処理を開始するため、そのようなボタンは存在しません。

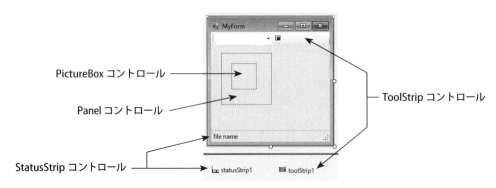

図7.1●読み込んだ画像を表示するフォーム

処理結果を表示するフォームは、これまでと同様です。以降に、ソースリストを示します。前節と同様のコードが多いため、異なる点を中心に示します。

リスト7.1●MyForm.h（01matcher）より抜粋

```cpp
#pragma once

#include "../../../ocvlib.h"
#include "MyForm1.h"

namespace test {

    using namespace System;
    using namespace System::Windows::Forms;
    using namespace System::Drawing;
    using namespace System::Runtime::InteropServices;
    using namespace System::Collections::Generic;

    cv::Mat mDst;

    /// <summary>
    /// MyForm の概要
    /// </summary>
    public ref class MyForm : public System::Windows::Forms::Form
    {
    public:
        MyForm(void)
        {
            InitializeComponent();
            //
            //TODO: ここにコンストラクター コードを追加します
            //
            this->Text = "OpenCV";

            panel1->Dock = DockStyle::Fill;
            panel1->AutoScroll = true;

            pictureBox1->Location = Point(0, 0);
            pictureBox1->SizeMode = PictureBoxSizeMode::AutoSize;

            array<String^>^ cbItems = gcnew array<String^>  // 追加
            {
                "AKAZE",
                "KAZE",
                "ORB"
```

```
                };
                for (int i = 0; i < cbItems->GetLength(0); i++)
                    tSBCB->Items->Add(cbItems[i]);
                tSBCB->SelectedIndex = 0;

                mFm1 = gcnew MyForm1();

                this->AllowDrop = true;
                this->DragEnter += gcnew DragEventHandler(this,
                                                    &MyForm::MyForm_DragEnter);
                this->DragDrop += gcnew DragEventHandler(this,
                                                    &MyForm::MyForm_DragDrop);
            }

    private: MyForm1^ mFm1;
    private: List<String^> mSrcName;          // 追加

    protected:
        ⋮
#pragma endregion

    //------------------------------------------------------------------
    // cv::Mat to Bitmap
    private: Bitmap^ mat2bmp(cv::Mat img) {
            ⋮
    }

        ⋮


    //------------------------------------------------------------------
    // drag drop
    private: System::Void MyForm_DragDrop(System::Object^ sender,
                                    System::Windows::Forms::DragEventArgs^ e) {
            array<String^>^ s = (array<String^>^)e->Data->
                GetData(::System::Windows::Forms::DataFormats::FileDrop, false);

            for (int i = 0; i < s->Length; i++)
            {
                mSrcName.Add(s[i]);
            }
            if (mSrcName.Count < 2)
            {
```

```cpp
        toolStripStatusLabel1->Text = IO::Path::GetFileName(mSrcName[0]);
        return;
    }
    if (mSrcName.Count > 2)
    {
        int removeCount = mSrcName.Count - 2;
        for (int i = 0; i < removeCount; i++)
        {
            mSrcName.RemoveAt(0);
        }
    }
    toolStripStatusLabel1->Text = IO::Path::GetFileName(mSrcName[0])
        + ", " + IO::Path::GetFileName(mSrcName[1]);

    cv::Mat srcs[2];
    for (int i = 0; i < 2; i++)
    {
        srcs[i] = readFile(mSrcName[i]);
    }

    cv::Ptr<cv::FeatureDetector> detector;
    cv::Ptr<cv::DescriptorExtractor> extractor;
    switch (tSBCB->SelectedIndex)
    {
    case 0: // akaze
        detector = cv::AKAZE::create();
        extractor = cv::AKAZE::create();
        break;
    case 1: // kaze
        detector = cv::KAZE::create();
        extractor = cv::KAZE::create();
        break;
    case 2: // ORB
        detector = cv::ORB::create();
        extractor = cv::ORB::create();
        break;
    }

    std::vector<cv::DMatch> matches;
    std::vector<cv::KeyPoint> keypoint1, keypoint2;

    // detect the keypoints using AKAZE, KAZE or ORB
```

```cpp
        detector->detect(srcs[0], keypoint1);
        detector->detect(srcs[1], keypoint2);

        // calculate descriptors
        cv::Mat descriptor1, descriptor2;
        extractor->compute(srcs[0], keypoint1, descriptor1);
        extractor->compute(srcs[1], keypoint2, descriptor2);

        // matching descriptor vectors w/ brute force
        cv::Ptr<cv::DescriptorMatcher> matcher =
                        cv::DescriptorMatcher::create("BruteForce");
        matcher->match(descriptor1, descriptor2, matches);

        // draw matches
        drawMatches(srcs[0], keypoint1, srcs[1], keypoint2, matches, mDst);

        pictureBox1->Image = mat2bmp(mDst);
        windowSize(pictureBox1);

        // xross check
        std::vector<cv::DMatch> fwdMatches, BckMatches, lastMmatchs;
        matcher->match(descriptor1, descriptor2, fwdMatches);
        matcher->match(descriptor2, descriptor1, BckMatches);
        for (size_t i = 0; i < fwdMatches.size(); i++)
        {
            cv::DMatch forward = fwdMatches[i];
            cv::DMatch backward = BckMatches[forward.trainIdx];
            if (backward.trainIdx == forward.queryIdx)
                lastMmatchs.push_back(forward);
        }
        drawMatches(srcs[0], keypoint1, srcs[1], keypoint2, lastMmatchs, mDst);
        mFm1->ShowBmp(mat2bmp(mDst));
    }

//-----------------------------------------------------------------
// window size
private: System::Void TSBSize_Click(System::Object^ sender, System::EventArgs^
                                                            e) {
    if (mDst.empty())
        return;

    windowSize(pictureBox1);
```

```
        }
      };
}
```

　コンストラクターを含む先頭部分は、これまでと大きな違いはありません。ただし、入力ファイルが複数になるため入力画像を保存する mSrc をスカラーではなく std::vector<cv::Mat> とします。また入力ファイル名も複数になるため、private な List<String^> とします。

　MyForm_DragDrop はファイルをドロップされたときに制御が渡ります。このメソッドで処理まで行います。まず、ドロップされたすべてのファイル名を mSrcName へ追加します。そして、mSrcName が 2 つ以上の値を保持しているかチェックし、そうでなければすぐにメソッドを抜けます。もし、mSrcName が 2 を超える値を保持しているときは、最後の 2 つだけを残し、ほかの値は削除します。処理対象となったファイル名をステータスバーへ表示します。その後、2 つの画像ファイルを配列 srcs へ読み込みます。

　本メソッドで物体や人物の認識や移動経路の追跡を行います。特徴点抽出、特徴記述、特徴点のマッチングについては、たくさんの実装が行われています。それぞれを共通のインターフェースで使用できるようにインターフェースが用意されています。共通インターフェースを使うと、異なる実装でも同じ記述を使用できます。特徴点抽出は FeatureDetector インターフェース、特徴記述は DescriptorExtractor インターフェース、マッチングは DescriptorMatcher インターフェースが用意されています。同じインターフェースを使用しますが、いずれのインターフェースもオブジェクト生成時に、実装（アルゴリズム）を指定することができます。どのアルゴリズムを使用するかは ComboBox の指定で切り替えます。AKAZE、KAZE あるいは ORB を利用し特徴点を KeyPoint へ抽出します。画像のキーポイントに対するディスクリプタを計算するための抽象基底クラスを使用します。これを使用して、画像のキーポイント集合に対するディスクリプタ、descriptor1 と descriptor2 を求めます。そして、ディスクリプタの 2 つの集合同士を比較する DescriptorMatcher オブジェクトの match メソッドでディスクリプタのマッチするものを DMatch オブジェクト matches に求めます。その結果を drawMatches 関数に与え、2 つの画像から得られるキーポイント同士のマッチするものを、出力画像上に描画します。このように、ほとんど何もすることなく、特徴点の移動を描画することが可能です。この結果を自身のフォームに表示します。この表示はマッチングを片方向にしか行っていないものです。

　逆方向のマッチングも行って両方に含まれるものだけを抽出すれば、精度をさらに向上させ

ることができます。先のマッチングのコードでは、次のように descriptor1 から descriptor2 のマッチングのみを行っています。これ以降で、両方向のマッチングも行い、それぞれのマッチングで一致したものだけを抽出します。まず、descriptor1 → descriptor2 を fwdMatches へ求め、descriptor2 → descriptor1 を BckMatches へ求めます。そして、for 文を使用し、一致したものだけ lastMmatchs へ push_back して取り出します。これによって、ループを抜けると lastMmatchs に精度の高い特徴点だけが残ります。最後に両方向のマッチングを行った結果を別のフォームに表示します。

TSBSize_Click メソッドはウィンドウサイズを画像のサイズに合わせるメソッドです。ここでは、自身のフォームに mDst を表示するため、これまでと違い mDst が調べ、mDst が empty なら、すぐにメソッドを抜けます。そうでなければ windowSize メソッドを呼び出しフォームのサイズを調整します。

実行例

以降に、実行例を示します。特徴点を抽出する手法をドロップダウンから選択したのち、2つの画像をフォームにドロップします。3つ以上の画像をドロップした場合、最後の2つが作用されます。既に表示中のフォームに画像をドロップすると、先に指定した画像が押し出される形で、最後の2つが処理対象になります。

本プログラムの使用法の概念図を示します。

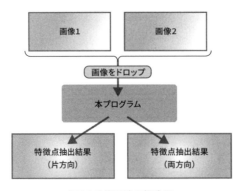

図7.2●使用法の概念図

以降に実際に2つの画像をドロップした様子を示します。

図7.3●入力画像

ドロップ後の表示を示します。

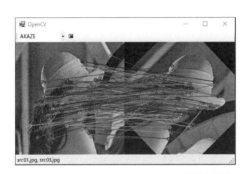
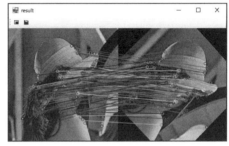

図7.4●ドロップ後の表示

タイトルバーに OpenCV と表示されているフォームがメインのフォームです。このフォームには片方向の特徴点を抽出した結果が表示されます。もうひとつのフォームには、両方向のマッチングを行って両方に含まれるものだけを抽出特徴点を抽出した結果を示します。

特徴点を抽出する手法を KAZE へ変更したものを示します。

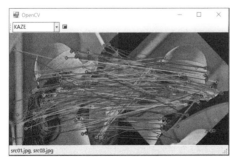

図7.5●KAZEの結果

同様に特徴点を抽出する手法を ORB へ変更したものを示します。

図7.6●ORBの結果

同じ状況で画像を変更した様子を示します。

図7.7●入力画像

ドロップ後の表示を示します。

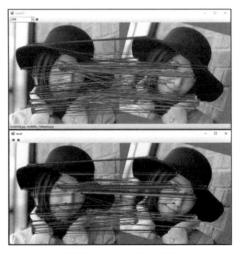

図7.8●ドロップ後の表示

7.2 パノラマ

複数の写真を合成してパノラマ写真を生成するプログラムを紹介します。ホモグラフィー変換を用いてパノラマ写真を生成することも少なくありませんが、ここでは簡便に開発できる Stitcher クラスを使用します。速度的にはホモグラフィー変換を用いる方が高速ですが、Stitcher クラスを使用すると、プログラムは非常に単純化されます。

本プログラムに多数の画像ファイルをドロップすると、ドロップされた画像が別々のフォームに表示され、さらに合成されたパノラマ写真が表示されます。パノラマ写真を合成できない場合、メインのフォームに変更はありません。

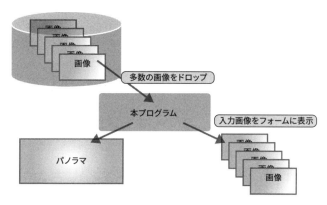

図7.9●使用法の概念図

フォームなどは、これまでに近いですので説明は省きます。フォームの配置などは実行例を参照してください。処理結果を表示するフォームは、これまでと同様です。以降に、コンストラクターなどプログラムの先頭部分のソースリストを示します。

リスト7.2●MyForm.h（02stitcher）の先頭部分より抜粋

```
#pragma once

#include "../../../ocvlib.h"
#include "MyForm1.h"

namespace test {
```

```
using namespace System;
using namespace System::Windows::Forms;
using namespace System::Drawing;
using namespace System::Runtime::InteropServices;
using namespace System::Collections::Generic;

cv::Mat mDst;
std::vector<cv::Mat> mSrc;

/// <summary>
/// MyForm の概要
/// </summary>
public ref class MyForm : public System::Windows::Forms::Form
{
public:
    MyForm(void)
    {
        InitializeComponent();
          ⋮
    }

private: List<MyForm1^> mFms;
private: List<String^> mSrcName;

protected:
  ⋮
```

コンストラクターを含む先頭部分で、これまでと異なるのは入力画像を保持する cv::Mat の mSrc を std::vector<cv::Mat> とすることです。これは、これまでと違い入力画像を複数保持する必要があるためです。なお、入力画像を別々に表示するため MyForm1 のインスタンスを管理する mFms を List<MyForm1^> へ、さらに入力画像ファイル名を保持する mSrcName も List<String^> とします。

MyForm_DragDrop メソッドへは、ファイルがドロップされたときに制御が渡ります。以降に、ソースリストを示します。

リスト7.3●MyForm.h（02stitcher）のMyForm_DragDropメソッド

```cpp
private: System::Void MyForm_DragDrop(System::Object^ sender,
                           System::Windows::Forms::DragEventArgs^ e) {
    array<String^>^ s = (array<String^>^)e->Data->
        GetData(::System::Windows::Forms::DataFormats::FileDrop, false);

    if (s->Length < 2)
        return;

    for (int i = 0; i < mFms.Count; i++)
    {
        mFms[i]->Close();
    }
    mFms.Clear();
    mSrcName.Clear();
    mSrc.clear();

    String^ fnames;
    for (int i = 0; i < s->Length; i++)
    {
        mSrcName.Add(s[i]);
        cv::Mat src = readFile(mSrcName[i]);
        mSrc.push_back(src);

        // src表示
        MyForm1^ fm= gcnew MyForm1();
        fm->ShowBmp(mat2bmp(src));
        fm->Text = IO::Path::GetFileName(mSrcName[i]);
        mFms.Add(fm);

        fnames += IO::Path::GetFileName(mSrcName[i]) + " ";
    }
    toolStripStatusLabel1->Text = fnames;

    cv::Ptr<cv::Stitcher> stt = cv::Stitcher::create(cv::Stitcher::PANORAMA);
    cv::Stitcher::Status status = stt->stitch(mSrc, mDst);
    if (status != cv::Stitcher::OK)
    {
        toolStripStatusLabel1->Text = "failed at stitch.";
        return;
    }
```

```
        pictureBox1->Image = mat2bmp(mDst);
        windowSize(pictureBox1);
    }
```

　ドロップされたファイルが2つより少ない場合、それは無視します。

　次に、既にパノラマ画像を表示していることも考えられるので、入力画像を表示していたフォーマットをすべて閉じます。そして、それらを管理していた mFms、mSrcName、そして mSrc をクリアします。

　ドロップされたファイル名を mSrcName に追加し、その画像ファイルを読み込み mSrc へ追加します。MyForm1 の新スタンスを生成し、読み込んだ画像を表示します。同時にフォームを mFms へ追加するとともに、読み込んだ画像ファイル名をフォームのタイトルに設定します。これを、ドロップされたファイルの数だけ繰り返します。

　やっとパノラマ画像生成の処理へ移ります。create メソッドで Stitcher クラスのインスタンス stt を生成します。パノラマ写真は、stt オブジェクトの stitch メソッドに、画像ベクトル（mSrc）と合成画像の結果を格納する cv::Mat である mDst を指定します。通常は、これでパノラマ写真が生成されますが、与える写真にまったく異なる画像などを与えると、パノラマ写真を生成できない場合があります。このため、stitch メソッドの返却値を検査します。正常に終了しなかった場合、メッセージをステータスバーに表示してメソッドを抜けます。パノラマ写真に生成に成功したら、それを表示します。

実行例

　以降に、実行例を示します。2つの画像をフォームにドロップします。すると、ドロップした画像からパノラマ写真が生成されます。表示中のフォームに画像をドロップすると、ドロップした画像が処理対象になります。

　以降に実際に2つの画像をドロップした様子を示します。

図7.10●2つの画像をドロップ

画像を3つドロップした例も示します。

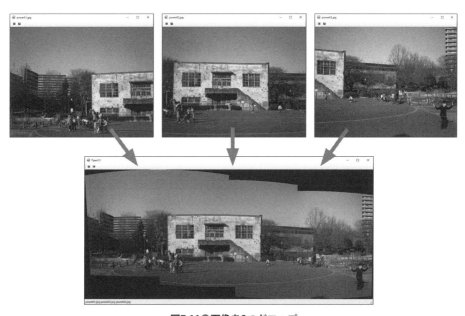

図7.11●画像を3つドロップ

パノラマ画像の生成に失敗した場合、たとえばまったく無関係な写真などをドロップした場

合は、ステータスバーにメッセージが表示されます。ただし、以前のパノラマ画像が表示されたままですので、その点は注意してください。

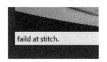

図7.12●パノラマ画像の生成に失敗

撮影対象物の大きさがアンバランスでも合成に成功します。以降に、そのような例を示します。

図7.13●撮影対象物の大きさがアンバランス

関数などの説明

■ cv::Stitcher

複数枚の画像からパノラマ画像を合成（ステッチャー）するクラスです。

```
static Ptr<Stitcher> create ( Mode mode = Stitcher::PANORAMA )
```

引数

Mode

ステッチャー処理のシナリオです。これは通常、ステッチする画像のソースとその変換によって決まります。デフォルトの引数は、指定したシナリオで選択されます。

■ **cv::Stitcher::stitch**

指定された画像からパノラマ写真を合成（ステッチ）しようとします。

```
Status cv::Stitcher::stitch(
        InputArrayOfArrays   images,
        OutputArray          pano )
```

引数

images

入力画像を std::vector<cv::Mat> へ格納したものです。

pano

最終のパノラマ画像です。

説明

与えられた画像（または他の関数呼び出しから内部的に保存された画像）を最終的なパノラマに合成しようとします。

7.3
DFT

本書では画像に FFT 処理を行うプログラムを紹介します。画像の FFT（フーリエ変換）は画像を sin、cos の要素に分解する処理です。つまり FFT は、空間ドメインから周波数ドメインへ変換を行います。画像圧縮などでは、人間の目が高周波に鈍感なことを利用し、高周波成分を削除することによってデータ量を低減する方法を採用します。FFT は、FFTW などの有名なライブラリがありますが、OpenCV も便利な関数を用意していますので、本書では OpenCV の関数を利用します。ちなみにフーリエ変換や逆フーリエ変換を、FFT や IFFT と表現します。

しかし、コンピュータでは連続したデータを処理できませんので、離散して処理します。正確にはDFTやIDFTと表現するのが正しいため、以降はDFTやIDFTと表現します。

本節で解説するプログラムは、画像に対しDFTを実施し、結果を可視化してパワースペクトルを画像として表示するプログラムです。本プログラムに画像ファイルをドロップすると、入力画像、DFTの結果、そして中心が低周波になるように象限（次象）を入れ替えたDFTのパワースペクトルを3つのフォームで示します。

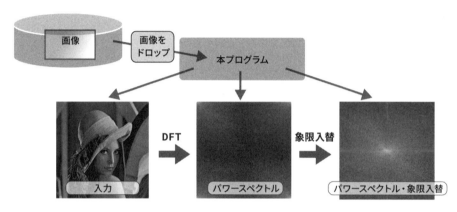

図7.14●使用法の概念図

フォームなどは、これまでに近いですので説明は省きます。フォームの配置などは実行例を参照してください。処理結果を表示するフォームは、これまでと同様です。以降に、コンストラクターなどプログラムの先頭部分のソースリストを示します。

リスト7.4●MyForm.h（03dft）の先頭部分より抜粋

```
#pragma once

    ⋮

    using namespace System::Collections::Generic;

    cv::Mat mSrc;
    cv::Mat mDFT;
    cv::Mat mDFT43218u;

    /// <summary>
    /// MyForm の概要
```

```
    /// </summary>
    public ref class MyForm : public System::Windows::Forms::Form
    {
    public:
        MyForm(void)
        {
               ⋮
        }

private: MyForm1^ mFmSrc;
private: MyForm1^ mFmInputDft;

    protected:
      ⋮
```

コンストラクターを含む先頭部分で、これまでと異なるのは入力画像を保持する cv::Mat が 3 つになることです。mSrc は入力画像を、mDFT は入力画像を DFT した結果、そして mDFT4321 は mDFT の象限を入れ替えたものを保持します。さらに、入力画像のフォームと DFT の画像を表示する 2 つのフォーム用に mFmSrc と mFmInputDft を追加します。

readFile メソッドは、これまでと同様ですが、imread 関数の第 2 引数に IMREAD_GRAYSCALE 指定し、カラー画像であろうがグレイスケールで読み込みます。

リスト7.5●MyForm.h（03dft）のreadFileメソッド

```
    private: cv::Mat readFile(String^ fname) {
        char* pStr = (char*)Marshal::StringToHGlobalAnsi(fname).ToPointer();
        cv::Mat img = cv::imread(pStr, cv::IMREAD_GRAYSCALE);
        Marshal::FreeHGlobal(IntPtr(pStr));

        return img;
    }
```

mat2Dft メソッドは、入力画像を DFT し、結果を返します。返す Mat オブジェクトは、複素数（2 チャンネル）で型は float（CV_32F）です。サイズは DFT に適したサイズへ変更されます。以降に、ソースリストを示します。

リスト7.6●MyForm.h（03dft）のmat2Dftメソッド

```cpp
    private: cv::Mat mat2Dft(const cv::Mat src)
    {
        cv::Mat srcReal;

        int dftRows = cv::getOptimalDFTSize(src.rows);
        int dftCols = cv::getOptimalDFTSize(src.cols);

        // srcRealの左隅に入力の値が格納されている、サイズを
        // DFTへ最適し拡張された部分は0で埋める。
        cv::copyMakeBorder(src, srcReal, 0, dftRows - src.rows,
            0, dftCols - src.cols, cv::BORDER_CONSTANT, cv::Scalar::all(0));

        // real と image(0)とマージして複素画像(行列)へ
        cv::Mat planes[] = { cv::Mat_<float>(srcReal),
                                    cv::Mat::zeros(srcReal.size(), CV_32F) };
        cv::Mat complex;
        cv::merge(planes, 2, complex);   // complexはrealとimaginaryを持ったMat

        // DFTの実行、結果は複素数、log(1 + sqrt(Re(DFT(I))^2 + Im(DFT(I))^2))
        cv::Mat dft;
        cv::dft(complex, dft);            // dftはDFTの結果

        return dft;
    }
```

まず、getOptimalDFTSize 関数で DFT を高速に処理できるサイズを dftRows と dftCols へ求めます。次に、この求めたサイズで Mst オブジェクト srcReal を生成し、左隅に入力画像を配置し、ボーダーに 0 を設定します。DFT 処理を行うためには Mat の type を浮動小数点、そしてチャンネルが 2 でなければなりません。まず、2 つの 1 チャンネルの Mat を作成し、配列 planes へ格納します。その後、merge 関数で、この 2 つの Mat から 2 チャンネルの Mat オブジェクト complex を生成します。この complex を dft 関数に与え DFT 処理結果を得ます。

dft2dispMat メソッドは、DFT 処理された Mat オブジェクトを表示できるように変換します。返す Mat オブジェクトは、1 チャンネルで型は unsigned char（CV_8U）です。以降に、ソースリストを示します。

リスト7.7●MyForm.h（03dft）のdft2dispMatメソッド

```
    private: cv::Mat dft2dispMat(cv::Mat complex)
    {
        cv::Mat planes[2];

        cv::split(complex, planes);           // planes[0] = real, [1] = imaginary

        // dst(x, y) = sqrt(pow(src1(x, y), 2) + pow(src2(x, y), 2))
        cv::Mat magnitude;
        cv::magnitude(planes[0], planes[1], magnitude);
                                           ↳ // planes[0] = DFT magnitude


        magnitude += cv::Scalar::all(1);     // 表示用に各ピクセル値に1.0を加算
        cv::log(magnitude, magnitude);       // 対数へ


        cv::Mat srcDFT;
        cv::normalize(magnitude, magnitude, 0, 1, cv::NORM_MINMAX);
        magnitude.convertTo(srcDFT, CV_8U, 255, 0);      // 表示用DFT

        return srcDFT;
    }
```

引数で受け取ったMatオブジェクトはDFTの結果ですので、実数部と虚数部の2チャンネルを持った複素数です。まず、split関数で実数部と虚数部をplanes配列に分離して保存します。次にmagnitude関数でxおよびy配列の対応する要素から形成される2Dベクトルの大きさを計算します。xはplanes[0]、yはplanes[1]に格納されています。magnitude関数の処理を以降に式で示します。

$$\mathrm{dst}(I) = \sqrt{\mathrm{x}(I)^2 + \mathrm{y}(I)^2}$$ x = 実数、y = 虚数

なお、この結果をそのまま正規化して線形スケール輝度で表示すると、僅か256諧調であることと低周波成分と高周波成分に大きな差がある場合、高周波成分が黒で潰れてしまいます。一般的に画像は低周波の部分に集中しますので、高周波部分の観察が困難になります。このため、見やすくなるように対数スケールを採用します。なお、log10へ与える値が1.0以下

ではマイナスの値になるため、以降の正規化で面倒が起きないように、本来の値に 1.0 を加算して log10 します。その後、normalize 関数で 0.0 〜 1.0 へ正規化します。もっと良い方法は、最小値と最大値が 0.0 〜 1.0 とは限りませんので入力 Mat オブジェクトの最小値と最大値を探したのちに正規化したほうが見やすくなることが考えられますが、ここでは 0.0 〜 1.0 の固定値を使用します。最後に、この正規化した Mat オブジェクトを CV_8U へ変更します。その際に 0.0 〜 1.0 を 0 〜 255 へスケール変換します。これがフォームに表示されます。これらに正規化やスケールは DFT 的な意味はなく、単にシンプルな方法でパワースペクトルの視認がよくなるように加えた処理です。処理には、いろいろな方法がありますので、パワースペクトルが観察しやすければ、自身で工夫して良いでしょう。

swapDft メソッドは、Mat オブジェクトの象限の入れ替えを行います。以降に、ソースリストを示します。

リスト7.8●MyForm.h（03dft）のswapDftメソッド

```
    private: cv::Mat swapDft(const cv::Mat src)
    {
        cv::Mat swap = src.clone();

        int cx = swap.cols / 2;     // center
        int cy = swap.rows / 2;     // center

        cv::Mat j1(swap, cv::Rect(0, 0, cx, cy));       // Top-Left
        cv::Mat j2(swap, cv::Rect(cx, 0, cx, cy));      // Top-Right
        cv::Mat j3(swap, cv::Rect(0, cy, cx, cy));      // Bottom-Left
        cv::Mat j4(swap, cv::Rect(cx, cy, cx, cy));     // Bottom-Right

        cv::Mat jPart;
        j1.copyTo(jPart);       // swap 1 <-> 4
        j4.copyTo(j1);
        jPart.copyTo(j4);
        j2.copyTo(jPart);       // swap 2 <-> 3
        j3.copyTo(j2);
        jPart.copyTo(j3);

        return swap;
    }
```

入力のsrcのサイズは奇数を想定しています。以降に入れ替えの様子を示します。dft関数の結果は中心部が高周波で、四隅が低周波です。ところが、一般的に画像処理では中心に低周波を表示しますので、象限を入れ替えます。図に示す数値は、いわゆる象限とは一致しません。単純に、位置の対応を示すために示した数値です。

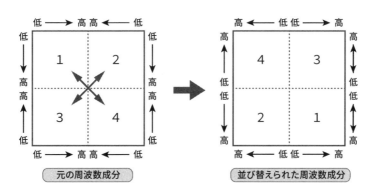

図7.15●象限の入れ替え

MyForm_DragDropメソッドへは、ファイルがドロップされたときに制御が渡ります。以降に、ソースリストを示します。

リスト7.9●MyForm.h（03dft）のMyForm_DragDropメソッド

```
private: System::Void MyForm_DragDrop(System::Object^ sender,
                                      System::Windows::Forms::DragEventArgs^ e) {
    array<String^>^ s = (array<String^>^)e->Data->
        GetData(::System::Windows::Forms::DataFormats::FileDrop, false);

    mSrc = readFile(s[0]);

    if (mFmSrc != nullptr)                      // show src image
        mFmSrc->Close();
    mFmSrc = gcnew MyForm1();
    mFmSrc->ShowBmp(mat2bmp(mSrc));
    mFmSrc->Text = IO::Path::GetFileName(s[0]);


    mDFT = mat2Dft(mSrc);                       // image to DFT

    cv::Mat dft8u = dft2dispMat(mDFT);          // DFT to display image
```

```
            if (mFmInputDft != nullptr)              // showb input DFT
                mFmInputDft->Close();
            mFmInputDft = gcnew MyForm1();
            mFmInputDft->ShowBmp(mat2bmp(dft8u));
            mFmInputDft->Text = "original DFT";


            mDFT43218u = swapDft(dft8u);             // swap: 1 <-> 4, 2 <-> 3

            pictureBox1->Image=mat2bmp(mDFT43218u);
            toolStripStatusLabel1->Text = "DFT: " + IO::Path::GetFileName(s[0]);
            windowSize(pictureBox1);
        }
```

ドロップされたファイルの先頭を readFile メソッドで、Mat オブジェクト mSrc へ読み込みます。この読み込んだ画像を表示します。表示用のフォームを生成しているか検査し、すでに表示中であれば、一旦フォームを破棄します。そして、フォームを生成後、そのフォームに入力画像を表示します。次に、入力画像を引数に、mat2Dft メソッドを呼び出して DFT 処理した結果を mDFT へ求めます。この結果を引数に dft2dispMat メソッドを呼び出し、dft8u に表示用の Mat オブジェクトを求め、この Mat オブジェクトを新しいフォームへ表示します。

最後に、先の dft8u の象限を入れ替えた Mat オブジェクト mDFT4321 を求め、それをメインのフォームに表示します。

TSBSize_Click メソッドは、■ を押したときに制御が渡ります。

リスト7.10●MyForm.h（03dft）のTSBSize_Clickメソッド

```
    private: System::Void TSBSize_Click(System::Object^ sender, System::EventArgs^
                                                                              e) {
        if (mSrc.empty())
            return;

        windowSize(pictureBox1);
    }
```

このメソッドはフォームサイズを画像全体が表示できるサイズに戻します。入力画像を読み込んだか検査し、読み込んでいたらwindowSizeメソッドの引数にPictureBoxコントロール指定して呼び出します。

TSBSave_Clickメソッドは、💾を押したときに制御が渡ります。以降に、ソースリストを示します。

リスト7.11●MyForm.h（03dft）のTSBSave_Clickメソッド

```
private: System::Void TSBSave_Click(System::Object^ sender, System::EventArgs^
                                                                            e) {
    if (mDFT43218u.empty())
        return;

    SaveFileDialog^ dlg = gcnew SaveFileDialog;
    dlg->Filter = "画像ファイル(*.bmp,*.jpg,*.png)|*.bmp;*.jpg;*.png";
    if (dlg->ShowDialog() == Windows::Forms::DialogResult::Cancel)
        return;

    writeFile(dlg->FileName, mDFT43218u);
}
```

象限を入れ替えたMatオブジェクトが空の場合、すぐにメソッドを抜けます。そうでなければ、SaveFileDialogオブジェクトを生成し、「名前を付けて保存」ダイアログを表示させます。ダイアログでキャンセルが押されたかチェックし、もしキャンセルが押されていたら、すぐにメソッドを抜けます。「名前を付けて保存」ダイアログでファイル名が指定されていたら、writeFileメソッドで象限を入れ替えたDFT画像を、名前を付けて保存します。

ほかの部分は、これまでにも出現していますので説明は省きます。

実行例

以降に実行例を示します。左から原画像、DFTを行った結果のパワースペクトル、そしてパワースペクトルの象限を入れ替えたものを示します。

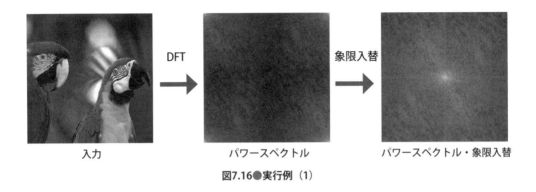

図7.16●実行例（1）

次に、この現画像にローパス処理を行い、オリジナル画像に比べ高周波成分を除去した画像へ、上記と同じ処理を行った結果を示します。

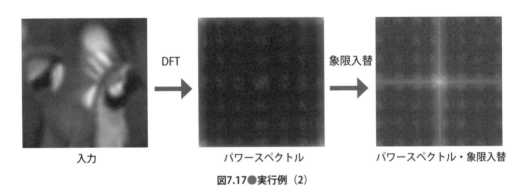

図7.17●実行例（2）

高周波成分が減り、低周波成分が多いのが分かります。当然ですが平滑化を行ったため低周波成分が増加した結果です。中心の白い部分が多くなっています。パワースペクトルは、DFTの結果を数値で観察するのが難しいため可視化しただけです。このため、値をログスケールせずに、単純に定数を乗算する、あるいはログスケールする際にオフセットを与えるなど、いろいろな方法が考えられます。要は、周波数成分の分布が観察しやすければ良いでしょう。あるいは、使用者が特定の部分を強調して識別したければ、そのような工夫を行うと良いでしょう。

関数の説明

■ cv::dft

1D または 2D 浮動小数点配列の順または逆離散フーリエ変換を実行します。

```
void cv::dft (
        InputArray    src,
        OutputArray   dst,
        Int           flags = 0,
        int           nonzeroRows = 0 )
```

引数

src
　実数または複素数の入力配列です。

dst
　サイズとタイプがフラグに依存する出力配列です。

flags=0
　DftFlags の組み合わせを表す変換フラグです。

　DFT_INVERSE
　　デフォルトの順方向変換の代わりに、逆 1D または 2D 変換を実行します。

　DFT_SCALE
　　結果を配列要素の数で除算します。通常、これは DFT_INVERSE と組み合わされます。

　DFT_ROWS
　　入力行列の各行を独立して順変換または逆変換します。このフラグを指定すると、複数のベクトルを同時に変換できます。高次元の変換などを実行するためのオーバーヘッドを低減できます。

　DFT_COMPLEX_OUTPUT
　　1D または 2D 実配列の順方向変換を実行します。結果は複素数配列ですが、複素共役対称で、入力と同じサイズの実数配列にパックできます。このフラグはデフォルトで、最も高速な指定です。

DFT_REAL_OUTPUT
1D または 2D 複素数配列の逆変換を実行します。通常、結果は同じサイズの複素配列ですが、このフラグを指定し、入力配列が共役複素対称を持っている場合、出力は実数配列になります。ただ、入力が対称かチェックせず対称を仮定して実際の出力配列を生成します。

DFT_COMPLEX_INPUT
入力が複素数入力であることを指定します。このフラグが設定されている場合、入力には 2 つのチャンネルが必要です。入力配列に 2 つのチャンネルがある場合、バックワードコンパティビリティから入力は複素数であると見なされます。

DCT_INVERSE
デフォルトの順方向変換の代わりに、逆 1D または 2D 変換を実行します。

DCT_ROWS
入力行列の各行を独立して順方向または逆方向変換します。このフラグを使用すると、複数のベクトルを同時に変換でき、3D および高次元の変換などを実行するためにオーバーヘッドを低減できます。

nonzeroRows=0
引数が 0 以外の場合、関数は入力配列の最初の nonzeroRows 行のみ（DFT_INVERSE が設定されていない）、または出力配列の最初の nonzeroRows のみ（DFT_INVERSE が設定されている）に 0 以外が含まれていると想定します。残りの行をより効率的に処理し、時間を節約します。

> 説明

1D または 2D 浮動小数点配列の順または逆離散フーリエ変換を実行します。

■ cv::magnitude

2D ベクトルの大きさを計算します。

```
void cv::magnitude(
      InputArray    x,
      InputArray    y,
      OutputArray   magnitude )
```

引数

x
 ベクトルの x 座標の浮動小数点配列です。

y
 ベクトルの y 座標の浮動小数点配列です。x と同じサイズでなければなりません。

magnitude
 x と同じサイズとタイプの出力配列です。

説明

x および y 配列の対応する要素から形成される 2D ベクトルの大きさを計算します。

$$\mathrm{dst}(I) = \sqrt{\mathrm{x}(I)^2 + \mathrm{y}(I)^2}$$

■ cv::log

すべての配列要素の自然対数を計算します。

```
void cv::log(
        InputArray    src,
        OutputArray   dst )
```

引数

src
 入力配列です。

dst
 src と同じサイズとタイプの出力配列です。

説明

入力配列のすべての要素の自然対数を計算します。

$$\mathrm{dst}(I) = \log(\mathrm{src}(I))$$

0、マイナスの値、および特別な値(NaN、Inf)の場合、出力は未定義です。

■ cv::normalize

ノルムまたは配列の値の範囲を正規化します。

```
void cv::normalize(
        InputArray        src,
        InputOutputArray  dst,
        double            alpha = 1,
        double            beta = 0,
        int               norm_type = NORM_L2,
        int               dtype = -1,
        InputArray        mask = noArray() )
```

引数

src

入力配列です。

dst

src と同じサイズの出力配列です。

alpha

正規化するノルム値、または範囲の正規化の場合の範囲の下限です。

beta

範囲の正規化の場合の範囲の上限です。ノルム正規化には使用されません。

norm_type

正規化タイプです。詳細は OpenCV（cv::NormTypes）を参照してください。

dtype

負の場合、出力配列のタイプは src と同じです。それ以外の場合、src と同じ数のチャンネルと depth = CV_MAT_DEPTH（dtype）を持ちます。

mask

オプションの操作マスクです。

説明

ノルムまたは配列の値の範囲を正規化します。

7.4 DFT と IDFT

先のプログラムを少し拡張し、DFT したデータを IDFT し元の画像に戻ることを確認します。本プログラムは、画像に対し DFT を実施し、結果を可視化します。さらに、IDFT し、元の画像に戻ることを示します。これらを 3 つのフォームで示します。

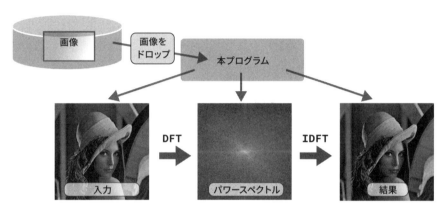

図7.18●使用法の概念図

フォームは、前節のプログラムと同じです。ソースリストも、少ししか違いがないため、その部分のみを示します。

リスト7.12●MyForm.h（04dftidft）より抜粋

```
    ⋮
public ref class MyForm : public System::Windows::Forms::Form
{
public:
    MyForm(void)
    {
        ⋮
    }

private: MyForm1^ mFmSrc;
private: MyForm1^ mFmIDft;
```

```cpp
protected:

    ⋮


//------------------------------------------------------------------
// DFT to IDFT
private: cv::Mat dft2idft8u(const cv::Mat dft, const cv::Mat src)
{
    cv::Mat temp;
    cv::idft(dft, temp);              // IDFT

    // 複素画像の実部と虚部を2枚の画像に分離する。
    cv::Mat readImage[2];
    split(temp, readImage);           // [0]-> Real, [1]->imaginary

    // 実部について正規化を行う。入力画像のサイズはDFT用に
    // 拡大されているので、原画像の同サイズにROIを設定して縮小する。
    cv::Mat idft;
    readImage[0](cv::Rect(0, 0, src.cols, src.rows)).copyTo(idft);
    cv::normalize(idft, idft, 0, 1, cv::NORM_MINMAX);
    idft.convertTo(idft, CV_8UC1, 255.0, 0);

    return idft;
}


//------------------------------------------------------------------
// drag drop
private: System::Void MyForm_DragDrop(System::Object^ sender,
                         System::Windows::Forms::DragEventArgs^ e) {
    array<String^>^ s = (array<String^>^)e->Data->
        GetData(::System::Windows::Forms::DataFormats::FileDrop, false);

    mSrc = readFile(s[0]);

    if (mFmSrc == nullptr)                      // show src image
        mFmSrc = gcnew MyForm1();
    mFmSrc->ShowBmp(mat2bmp(mSrc));
    mFmSrc->Text = IO::Path::GetFileName(s[0]);


    mDFT = mat2Dft(mSrc);                       // image to DFT
```

```
            cv::Mat idft8u = dft2idft8u(mDFT, mSrc);      // DFT to IDFT

            if (mFmIDft == nullptr)                       // show IDFT
                mFmIDft = gcnew MyForm1();
            mFmIDft->ShowBmp(mat2bmp(idft8u));
            mFmIDft->Text = "IDFT";


            cv::Mat dft8u = dft2dispMat(mDFT);            // DFT to display image

            mDFT43218u = swapDft(dft8u);                  // swap: 1 <-> 4, 2 <-> 3

            pictureBox1->Image = mat2bmp(mDFT43218u);
            toolStripStatusLabel1->Text = "DFT: " + IO::Path::GetFileName(s[0]);
            windowSize(pictureBox1);
        }
         :
```

　ファイルの先頭で宣言しているフォームのオブジェクトを管理するフィールド名を、実際の表示画像に合わせ、mFmIDftへ変更します。このフォームはDFT後IDFTを行い、元の画像と同じになった画像を表示するフォームです。

　dft2idftメソッドは、入力画像をDFTしたMatオブジェクトへIDFT処理を行い、その結果のMatオブジェクト返します。引数にDFTしたMatオブジェクトと入力画像を格納したMatオブジェクトを受け取ります。一般的にDFTしたMatオブジェクトのみでIDFTは可能と思うでしょうが、本プログラムはDFTを行う際に高速に処理できるようにMatオブジェクトのサイズを調整しています。このため、何も考えずにIDFTを行うと、入力画像サイズと異なったサイズのMatオブジェクトを返してしまうことが考えられます。これを避けるために、入力画像も引数で受け取ります。この入力画像はサイズしか使用しませんので、Matオブジェクトではなく、引数をサイズへ変更するのも悪くないでしょう。まず、このメソッドはidft関数でIDFT処理を行います。次に、split関数でIDFTの結果をMat配列であるreadImageへ分割します。この配列の[0]には実数部が、[1]には虚数部が格納されています。次に、実数部の左隅から入力画像に対応する範囲をcopyToメソッドでMatオブジェクトidftを取り出します。次に、normalize関数で0.0～1.0へ正規化します。最後に、この正規化したMatオブジェクトをCV_8Uへ変更します。その際に0.0～1.0を0～255への変更も行います。こ

の Mat オブジェクトを呼び出し元へ返します。

MyForm_DragDrop メソッドへは、ファイルがドロップされたときに制御が渡ります。先のプログラムと異なるのは網掛した部分のみです。DFT した結果を IDFT し、それを Mat オブジェクト idft へ格納します。これを別のフォームへ表示します。

実行例

以降に実行例を示します。左から原画像、パワースペクトル、そして IDFT で戻した画像を示します。

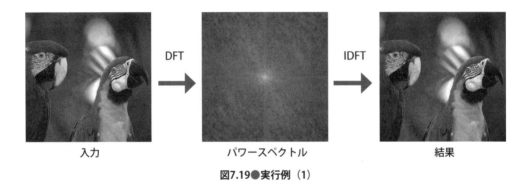

入力　　　　　　　　パワースペクトル　　　　　　　　結果

図7.19●実行例（1）

次に、この現画像にローパス処理を行った画像を入力に使用したものを示します。先の画像に比べ高周波成分を除去した画像を処理させたためパワースペクトルの低周波成分が増加したのを観察できます。

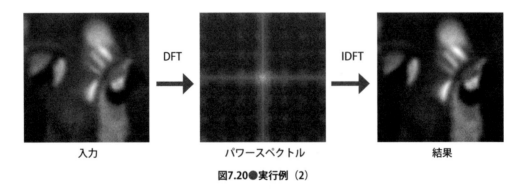

入力　　　　　　　　パワースペクトル　　　　　　　　結果

図7.20●実行例（2）

平滑化を行った画像のパワースペクトルを観察すると、オリジナル画像に比べ低周波成分が

多いのが分かります。当然ですが平滑化を行ったため低周波成分が増加した結果です。

いくつか画像を変えてみます。細かい模様のある（高周波成分の多い）画像と、そうでない画像のパワースペクトルを観察すると、低周波成分で構成される画像は、中心に集中し、そうでない画像は周辺部も白くなります。

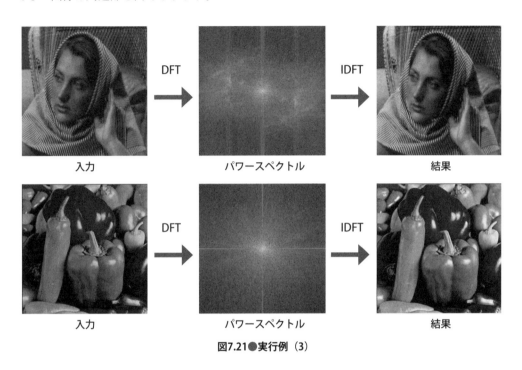

図7.21●実行例（3）

関数の説明

■ cv::idft

1Dまたは2D配列の逆離散フーリエ変換を計算します。

```
void cv::idft(
      InputArray    src,
      OutputArray   dst,
      int           flags = 0,
      int           nonzeroRows = 0 )
```

引数

src
　入力浮動小数点の実数または複素数配列です。

dst
　出力配列です。大きさと型は flags に依存します。

flags
　処理フラグです。詳細は OpenCV（dft および DftFlags）の資料を参照してください。

nonzeroRows
　処理する dst 行数です。残りの行の内容は未定義です。

説明

1D または 2D 配列の逆離散フーリエ変換を計算します。

idft（src、dst、flags）は dft（src、dst、flags | DFT_INVERSE）と同等です。

注意

デフォルトでは、dft と idft は結果をスケーリングしません。このため明示的に DFT_SCALE を dft か idft へ渡してください。

7.5 マウスで DFT の成分表示

　パワースペクトルをマウスで指すことで、その成分を表示するプログラムを紹介します。先のプログラムを少し拡張し、パワースペクトルをマウスでクリックすることによって、そこの成分をウィンドウに表示します。

7.5 マウスでDFTの成分表示

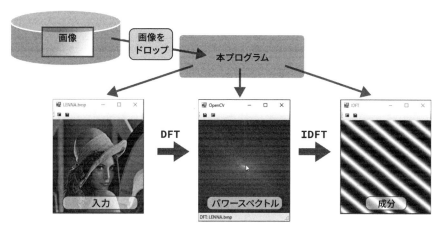

図7.22●使用法の概念図

　フォームは、前節のプログラムと同じです。ソースリストも、少ししか違いがないため、その部分のみを示します。

リスト7.13●MyForm.h（05dftidftMouse）より抜粋

```
    ⋮
public ref class MyForm : public System::Windows::Forms::Form
{
public:
    MyForm(void)
    {
        InitializeComponent();
         ⋮
        this->DragEnter += gcnew DragEventHandler(this,
                                        &MyForm::MyForm_DragEnter);
        this->DragDrop += gcnew DragEventHandler(this,
                                        &MyForm::MyForm_DragDrop);
        pictureBox1->MouseDown += gcnew MouseEventHandler(this,
                                        &MyForm::myMouseDown);
    }

private: MyForm1^ mFmSrc;
private: MyForm1^ mFmIDft;

protected:
```

```
        ⋮
//-------------------------------------------------------------------
// Mouse Down
private: System::Void myMouseDown(System::Object^ sender,
    System::Windows::Forms::MouseEventArgs^ e)
{
    if (mSrc.empty())
        return;

    // マウスの左ボタン以外なら無視
    if (e->Button != System::Windows::Forms::MouseButtons::Left)
        return;

    Control^ control = dynamic_cast<Control^>(sender);

    // マウスの左ボタンならイベント登録
    control->MouseMove += gcnew
        MouseEventHandler(this, &MyForm::myMouseMove);
    control->MouseUp += gcnew
        MouseEventHandler(this, &MyForm::myMouseUp);

    myMouseMove(sender, e);
}

//-------------------------------------------------------------------
// Mouse Move
private: System::Void myMouseMove(System::Object^ sender,
    System::Windows::Forms::MouseEventArgs^ e)
{
    Control^ control = dynamic_cast<Control^>(sender);
    if (e->Y < 0 || e->Y >= control->Height
                        || e->X < 0 || e->X >= control->Width)
        return;

    int cY = e->Y;
    int cX = e->X;

    int centerX = mDFT.cols / 2;         // transform 4321 coods. to 1234 coods.
    int centerY = mDFT.rows / 2;
    int mx = cX, my = cY;
    mx += mx < centerX ? centerX : -centerX;
```

```
        my += my < centerY ? centerY : -centerY;
        cv::Mat dft = cv::Mat::zeros(mDFT.size(), mDFT.type());
        dft.at<cv::Vec2f>(my, mx) = mDFT.at<cv::Vec2f>(my, mx);

        cv::Mat idft8u = dft2idft8u(dft, mSrc); // image to DFT
        if (mFmIDft == nullptr)                 // show IDFT
            return;
        mFmIDft->ShowBmp(mat2bmp(idft8u));
    }

    //------------------------------------------------------------------
    // Mouse Up
    private: System::Void myMouseUp(System::Object^ sender,
        System::Windows::Forms::MouseEventArgs^ e)
    {
        Control^ control = dynamic_cast<Control^>(sender);

        // イベントをリセット
        control->MouseMove -= gcnew
            MouseEventHandler(this, &MyForm::myMouseMove);
        control->MouseUp -= gcnew
            MouseEventHandler(this, &MyForm::myMouseUp);
    }
        ⋮
```

　マウスの処理以外、先のプログラムと共通です。まず、コンストラクターで、PictureBox コントロール上でマウスの左ボタンを押したときに制御の渡るメソッドを登録します。

　myMouseDown メソッドは、PictureBox コントロール上でマウスボタンが押されたときに呼び出されるメソッドです。

　画像が読み込まれていない、あるいは押されたマウスボタンが左ボタンでない場合、すぐにメソッドを抜けます。そうでなければ、対応するコントロールに対する MouseMove イベントと MouseUp イベントに対するハンドラを登録します。そして、PictureBox コントロール上でマウスが移動したときに呼び出される myMouseMove メソッドを呼び出します。

　myMouseMove メソッドは、pictureBox1 上でマウスが移動したときに呼び出されるメソッドです。まず、渡された座標がコントロールの範囲内であるかチェックします。もし、範囲外であったら、すぐにメソッドを抜けます。これは、PictureBox コントロール上でマウスボタ

ンを押し、そのままマウスをフォーム外まで移動したときでも本メソッドに制御が渡ってくるため、このようなチェックが必要です。次の数行で画面上の座標をDFTの座標へ変換しています。表示しているパワースペクトル（DFT）と本来のDFTは象限入れ替えを行っているため、座標変換が必要です。次に、内容が空っぽのDFT用のMatオブジェクトを生成し、それに読み込んだ画像から生成したDFT（mDFT）の対応する値を代入します。それをIDFTすることによってマウスで指したパワースペクトルの成分を表示します。本メソッドでは、汎用性を持たせるためイベントの引数senderをdynamic_castしています。このため、ほかのコントロールを使用する際も、ほぼこのまま使用することが可能です。しかし、本プログラムに限れば、このイベントが発生するのはPictureBoxコントロールpictureBox1に限るので、control->の部分はpictureBox1->と記述したのと等価です。

　myMouseUpメソッドは、pictureBox1上でマウスボタンが離されたときに呼び出されるメソッドです。単純に、MouseMoveイベントとMouseUpイベントに対するハンドラをリセットします。

実行例

以降に実行例を示します。最初に、起動直後の様子を示します。

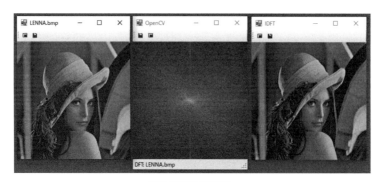

図7.23●起動直後

以降に、マウスで異なる座標を指した様子を、いくつか示します。

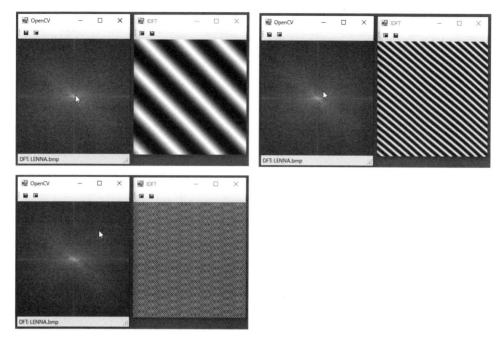

図7.24●中心部分から右上へ

　中心から離れるにしたがってカーブのピッチが狭くなっていくのが分かります。つまり、中心部は低周波成分を、外周になるほど高周波成分を保持しているのを確認できます。以降にパワースペクトルと周波数の関係を示します。

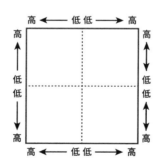

図7.25●パワースペクトルと周波数

異なる象限を指してみましょう。

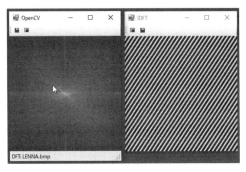

図7.26●異なる象限

　異なる象限を指すとカーブの方向が変わります。紙面では伝わりにくいため、動作させてマウスでいろんなところを指してみると良いでしょう。

　高周波成分を保持すると思われるパワースペクトルの隅を指してみます。

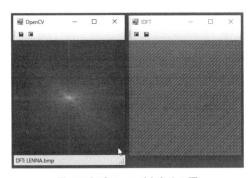

図7.27●パワースペクトルの隅

　高周波成分を保持するためカーブのピッチが狭いと表現するより、全体が薄い灰色に見えると言った方が良いでしょう。

7.6 マウスで指定した帯域を阻止

先ほどのプログラムを応用し、パワースペクトルの特定の部分をマウスで指定し、その帯域の通過を阻止するものを開発します。以降に動作の概要を示します。この例ではパワースペクトルの外周、つまり高周波成分を阻止する様子を示します。

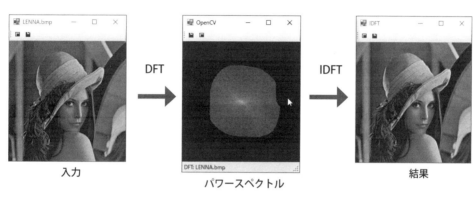

図7.28●使用法の概念図

パワースペクトルの外周を阻止するということは、いわゆるローパスフィルタ処理と同様です。人間の目は高周波成分には鈍感な傾向があります。前図を見る限り、帯域制限した結果と、入力画像に大きな違いは観察できません。画像圧縮などのアルゴリズムは、このような特徴を利用し高周波成分を削除することによって、画像サイズを低減します。フォームは、前節のプログラムと同じです。ソースリストも、少ししか違いがないため、その部分のみを示します。

リスト7.14●MyForm.h（06dftidftMouse2）より抜粋

```
    ︙
private: System::Void myMouseMove(System::Object^ sender,
    System::Windows::Forms::MouseEventArgs^ e)
{
    const int radius = mDFT43218u.cols / 10;
    cv::circle(mDFT43218u, cv::Point(e->X, e->Y), radius, cv::Scalar(32),
                                                          cv::FILLED);
    pictureBox1->Image = mat2bmp(mDFT43218u);
```

```
                cv::Mat dftswap = swapDft(mDFT);          // swap: 1 <-> 4, 2 <-> 3
                cv::circle(dftswap, cv::Point(e->X, e->Y), radius, cv::Scalar(0.0, 0.0),
                                                                     cv::FILLED);
                mDFT = swapDft(dftswap);                  // swap: 1 <-> 4, 2 <-> 3

                cv::Mat idft8u = dft2idft8u(mDFT, mSrc);  // image to DFT
                if (mFmIDft == nullptr)                   // show IDFT
                    return;
                mFmIDft->ShowBmp(mat2bmp(idft8u));
            }
             ⋮
```

　先のプログラムと異なるのは、myMouseDown メソッドのみです。本メソッドは、PictureBox コントロール上でマウスボタンが押されたときに呼び出されるメソッドです。マウスで指定した座標位置を中心に、半径 radius の範囲を阻止します。radius は読み込んだ画像の横幅を 10 で除算した値を採用します。この値に特に意味はありません。大きすぎると細かい指定ができず、小さすぎると阻止する範囲を指定するのに多くの時間を必要とします。この値は、プログラムを開発するときに適当に変更すると良いでしょう。あるいは、せっかく GUI を充実させるために C++/CLI を使用したのですから、外部から与えるようにするのも悪くないでしょう。

　まず、mDFT43218u に塗りつぶした円を描きます。ここでは塗りつぶす値に cv::Scalar(32) を使用します。これは単に使用者に、どの帯域を阻止するかを見せるためです。単に使用者にパワースペクトルの画像で阻止帯域を示すだけです。次に、画像を DFT 処理した値を保持する Mat オブジェクト mDFT を同じように塗りつぶします。ところが、mDFT と mDFT43218u は象限が異なっています。そこで mDFT の象限を、mDFT43218u の象限に合わせたものを、dftswap に求めます。そして、先ほどと同様に cv::circle で、dftswap に塗りつぶした円を描きます。このとき塗りつぶす値に cv::Scalar(0.0, 0.0) を与えます。帯域を阻止するため値は 0.0 であること、そして DFT の結果は実数部と虚数部で成り立っていることを忘れないでください。この求めた dftswap を再度、象限を入れ替え mDFT へ格納します。これを IDFT 処理し、フォームに表示します。

実行例

以降に実行例を示します。最初に、起動直後の様子を示します。

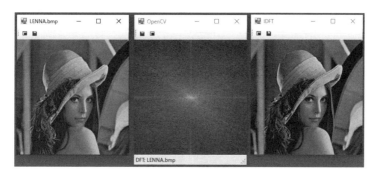

図7.29●起動直後

　中心部を阻止した例を示します。中心部は低周波成分ですので、ハイパスフィルタ処理を行ったことになります。

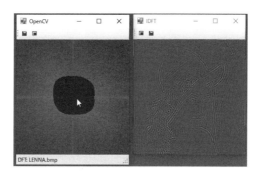

図7.30●中心部を阻止

　パワースペクトルの外周部を阻止した例を示します。外周を阻止するということは、いわゆるローパスフィルタ処理と同様です。

図7.31●外周部を阻止

人間の目は高周波成分には鈍感な傾向があります。どの程度まで阻止すると不自然になるか試してみます。

図7.32●外周部をさらに阻止

以降に、すべての周波数帯域を阻止した様子を示します。当然ですが、画像は何も表示されなくなります。

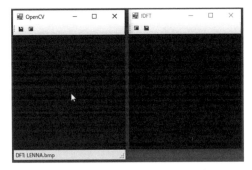

図7.33●すべての周波数帯域を阻止

7.7
マウスで指定した帯域を通過

前節のプログラムとは逆に、パワースペクトルの一定の部分をマウスで指定し、その帯域のみを通過させるものを開発します。以降に動作の概要を示します。この例ではパワースペクトルの中心、つまり低周波成分を通過させる様子を示します。

7.7 マウスで指定した帯域を通過

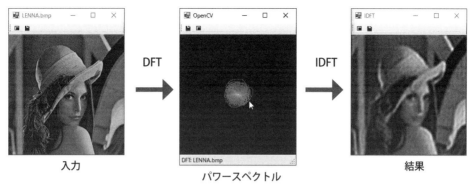

入力　　　　　　パワースペクトル　　　　　結果

図7.34●使用法の概念図

　パワースペクトルの中心部を通過させるということは、いわゆるローパスフィルタ処理と同様です。人間の目は高周波成分には鈍感な傾向があります。フォームは、前節のプログラムと同じです。ソースリストも、少ししか違いがないため、その部分のみを示します。

リスト7.15●MyForm.h（07dftidftMouse3）より抜粋

```
    ⋮
namespace test {

    using namespace System;
    using namespace System::Windows::Forms;
    using namespace System::Drawing;
    using namespace System::Runtime::InteropServices;
    using namespace System::Collections::Generic;

    cv::Mat mSrc;
    cv::Mat mDFT;
    cv::Mat mDFTcur;

    cv::Mat mDFT43218u;
    cv::Mat mDFT43218ucur;

    /// <summary>
    /// MyForm の概要
    /// </summary>
    public ref class MyForm : public System::Windows::Forms::Form
    {
    public:
```

```cpp
        MyForm(void)
        {
            InitializeComponent();
            //
            //TODO: ここにコンストラクター コードを追加します
            //
            this->Text = "OpenCV";

            panel1->Dock = DockStyle::Fill;
            panel1->AutoScroll = true;

            pictureBox1->Location = Point(0, 0);
            pictureBox1->SizeMode = PictureBoxSizeMode::AutoSize;

            this->AllowDrop = true;
            this->DragEnter += gcnew DragEventHandler(this,
                                                ↳ &MyForm::MyForm_DragEnter);
            this->DragDrop += gcnew DragEventHandler(this,
                                                ↳ &MyForm::MyForm_DragDrop);
            pictureBox1->MouseDown += gcnew MouseEventHandler(this,
                                                ↳ &MyForm::myMouseDown);
        }

private: MyForm1^ mFmSrc;
private: MyForm1^ mFmIDft;

private: int mRadius;

protected:

    ⋮

//-------------------------------------------------------------------
// Mouse Down
private: System::Void myMouseDown(System::Object^ sender,
    System::Windows::Forms::MouseEventArgs^ e)
{
    if (mSrc.empty())
        return;

    // マウスの左右ボタン以外なら無視
    if (e->Button != System::Windows::Forms::MouseButtons::Left &&
```

```
            e->Button != System::Windows::Forms::MouseButtons::Right)
            return;

    if (e->Button == System::Windows::Forms::MouseButtons::Left)
        mRadius = 0;
    if (e->Button == System::Windows::Forms::MouseButtons::Right)
        mRadius = mDFT.cols / 20;

    Control^ control = dynamic_cast<Control^>(sender);

    // マウスの左ボタンならイベント登録
    control->MouseMove += gcnew
        MouseEventHandler(this, &MyForm::myMouseMove);
    control->MouseUp += gcnew
        MouseEventHandler(this, &MyForm::myMouseUp);

    myMouseMove(sender, e);
}

//-----------------------------------------------------------------
// Mouse Move
private: System::Void myMouseMove(System::Object^ sender,
    System::Windows::Forms::MouseEventArgs^ e)
{
    Control^ control = dynamic_cast<Control^>(sender);
    if (e->Y < 0 || e->Y >= control->Height
                        || e->X < 0 || e->X >= control->Width)
        return;

    for (int y = -mRadius; y <= mRadius; y++)
    {
        int cY = e->Y + y;
        for (int x = -mRadius; x <= mRadius; x++)
        {
            int cX = e->X + x;

            if (cY < 0 || cY >= control->Height || cX < 0
                                        ↳ || cX >= control->Width)
                continue;

            mDFT43218ucur.at<unsigned char>(cY, cX) =
```

第7章 応用

```
                                      ┗ mDFT43218u.at<unsigned char>(cY, cX);
            int centerX = mDFT.cols / 2;// transform 4321 coods. to 1234 coods.
            int centerY = mDFT.rows / 2;
            int mx = cX, my = cY;
            mx += mx < centerX ? centerX : -centerX;
            my += my < centerY ? centerY : -centerY;
            mDFTcur.at<cv::Vec2f>(my, mx) = mDFT.at<cv::Vec2f>(my, mx);
        }
    }
    pictureBox1->Image = mat2bmp(mDFT43218ucur);

    cv::Mat idft8u = dft2idft8u(mDFTcur, mSrc); // image to DFT
    if (mFmIDft == nullptr)                     // show IDFT
        return;
    mFmIDft->ShowBmp(mat2bmp(idft8u));
}

  ⋮

private: System::Void MyForm_DragDrop(System::Object^ sender,
                         ┗ System::Windows::Forms::DragEventArgs^ e) {
    array<String^>^ s = (array<String^>^)e->Data->
        GetData(::System::Windows::Forms::DataFormats::FileDrop, false);

    mSrc = readFile(s[0]);

    if (mFmSrc == nullptr)                      // show src image
        mFmSrc = gcnew MyForm1();
    mFmSrc->ShowBmp(mat2bmp(mSrc));
    mFmSrc->Text = IO::Path::GetFileName(s[0]);


    mDFT = mat2Dft(mSrc);                       // image to DFT


    cv::Mat idft8u = dft2idft8u(mDFT, mSrc);    // DFT to IDFT

    if (mFmIDft == nullptr)                     // show IDFT
        mFmIDft = gcnew MyForm1();
    mFmIDft->ShowBmp(mat2bmp(idft8u));
    mFmIDft->Text = "IDFT";
```

```
        cv::Mat dft8u = dft2dispMat(mDFT);             // DFT to display image

        mDFT43218u = swapDft(dft8u);                   // swap: 1 <-> 4, 2 <-> 3
        mDFTcur = cv::Mat::zeros(mDFT.size(), mDFT.type());
        mDFT43218ucur = cv::Mat::zeros(mDFT43218u.size(), mDFT43218u.type());

        pictureBox1->Image = mat2bmp(mDFT43218ucur);
        toolStripStatusLabel1->Text = "DFT: " + IO::Path::GetFileName(s[0]);
        windowSize(pictureBox1);
    }
        ⋮
```

プログラムの先頭で2つのcv::Matを宣言します。新たに追加した、mDFT43218ucurは、マウスで指定した透過する帯域を表示するためのオブジェクトです。また、mDFTcurは、mDFT43218ucurに対応する実際のDFTを保持するオブジェクトです。これらは、マウスで領域を指定したときに、それぞれ当該の値をmDFTとmDFT43218から転送します。

同時にprivateフィールドmRadiusを追加します。このフィールドはマウスで通過帯域を指定するときに、マウスがポイントした座標周辺を通過させますが、その際の範囲を保持します。本プログラムは、マウスの右ボタンを押したときと、左ボタンを押したときで通過させる範囲を変更したため、このようなフィールドが必要になります。詳細については動作とプログラムの説明を参照してください。

myMouseDownメソッドは、PictureBoxコントロール上でマウスボタンが押されたときに呼び出されるメソッドです。押されたマウスボタンが左ボタンか右ボタンでない場合、すぐにメソッドを抜けます。左ボタンを押されていたときは、mRadiusに0を設定します。これは、マウスが指示した座標のみを対象とすることを意味します。右ボタンを押されていたときは、mRadiusにパワースペクトルの幅を20で除した値を設定します。これは、マウスが指示した座標の周辺も対象とすることを意味します。以降の処理は直前のプログラムと同様です。

myMouseMoveメソッドは、pictureBox1上でマウスが移動したときに呼び出されるメソッドです。まず、渡された座標がコントロールの範囲内であるかチェックします。もし、範囲外であったら、すぐにメソッドを抜けます。これは、PictureBoxコントロール上でマウスボタンを押し、そのままマウスをフォーム外まで移動したときでも本メソッドに制御が渡って

くるため、このようなチェックが必要です。次に、for ループを使用し、マウスが指定した座標を中心に、mDFT43218ucur の値をクリアします。そして mDFTcur に mDFT に対応する要素をコピーしますが、mDFT43218ucur と mDFT は象限を入れ替えてあるため、座標変換が必要です。先のプログラムは、表示するパワースペクトルと DFT を同じ座標系に変換し、cv::circle で塗りつぶした円を描いたのち、再度 DFT の値を保持する Mat オブジェクトの象限を戻しています。このプログラムは直接、処理対象座標を変換していますので、こちらの方が速度やリソースの節約になると予想されます。なお、mDFTcur に mDFT の対応する要素をコピーする際は、2 チャンネル（複素数）のため cv::Vec2f を指定します。

実行例

以降に実行例を示します。最初に、起動直後の様子を示します。

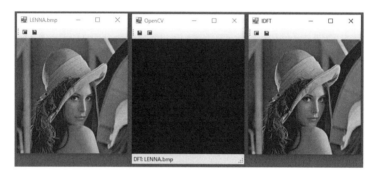

図7.35●起動直後

左マウスボタンを押した状態で、パワースペクトルが表示される予定の場所をなぞります。すると、マウスが指定した部分の DFT を通過させ、IDFT した画像が現れます。

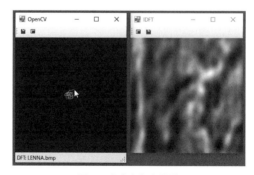

図7.36●中心部を通過

通過させる帯域を徐々に大きくした様子を示します。右側に表示されている画像が徐々に鮮明になるのを観察できます。

図7.37●中心部を阻止

左マウスボタンでは、1ピクセル単位で通過帯域を指定するため、細かい指定はできますが、時間がかかります。そこで、マウスの右ボタンを押した状態で同じことを行います。右ボタンを使用すると、一回で多くの範囲を対象とすることができます。

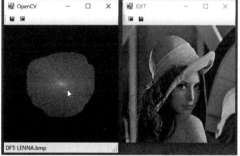

図7.38●右マウスボタンを使用

画像を変えた例も示します。先のプログラムでも示しましたが、中心部の低周波成分を通過させると、少ない領域であっても原画像に近い結果を得ることを観察できます。

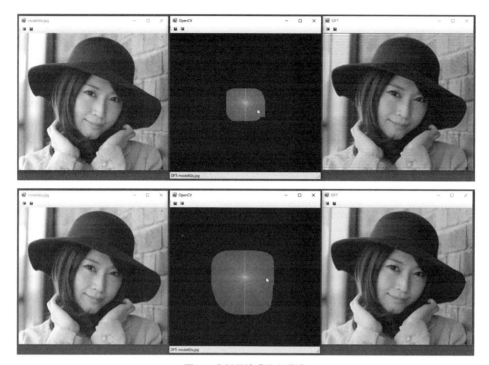

図7.39●低周波成分を通過

今度は外周部の高周波成分を通過させた例を示します。比較的多くの領域を通過させても、原画像とは、かなり異なる結果しか得られません。入力する画像にも依存しますが、低周波成分を通過させた方が、原画像に近い結果を得ることを観察できます。

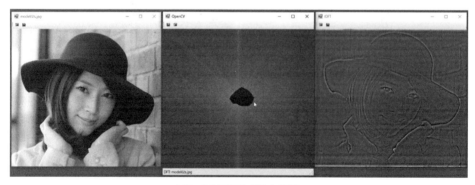

図7.40●高周波成分を通過

動画処理

　パソコンに接続したカメラで映像を表示するプログラムなどを紹介します。カメラからの動画表示、動画へのリアルタイム画像処理、オブジェクトの検出など、いくつかのプログラムを紹介します。

8.1 カメラ表示

最も単純と思われる動画処理のプログラムを紹介します。本プログラムは、パソコンに接続されているカメラから連続的に映像を取り出し、それを表示します。

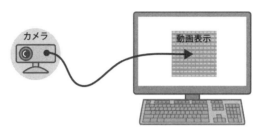

図8.1●動作の様子

フォームは、第2章「アフィン変換」などで使用した、ごく一般的なものです。メニューが異なりますので、メニューのみ紹介します。

図8.2●メニューの様子

［ファイル］メニューに、［開く］メニュー項目と［閉じる］メニュー項目を追加します。［開く］メニュー項目を選ぶと、パソコンに接続されており、最初に見つかったカメラの画像がフォームに表示されます。［閉じる］メニュー項目を選ぶと、フォームへの表示を中止し、プログラムを終了します。前章のプログラムは、初めて動画を扱うプログラムです。以降に、ソースリストを示します。

リスト8.1●MyForm.h（01camera）

```
#pragma once

#include "../../../ocvlib.h"

namespace test {
```

```
    using namespace System;
    using namespace System::Windows::Forms;
    using namespace System::Drawing;
    using namespace System::Drawing::Imaging;

    /// <summary>
    /// MyForm の概要
    /// </summary>
    public ref class MyForm : public System::Windows::Forms::Form
    {
    public:
        MyForm(void)
        {
            InitializeComponent();
            //
            //TODO: ここにコンストラクター コードを追加します
            //
            this->Text = "OpenCV";

            panel1->Dock = DockStyle::Fill;
            panel1->AutoScroll = true;

            pictureBox1->Location = Point(0, 0);
            pictureBox1->SizeMode = PictureBoxSizeMode::AutoSize;
        }

    private: bool mPlayFlag;                                    // 追加

    protected:
          ⋮
#pragma endregion

    //-------------------------------------------------------------------
    // set window size
    private: System::Void windowSize(cv::Mat mat)
    {
        this->ClientSize = Drawing::Size(mat.cols, mat.rows
            + menuStrip1->Height + statusStrip1->Height);
    }

    //-------------------------------------------------------------------
```

```cpp
    // Open
    private: System::Void FileMenuOpenItem_Click(System::Object^ sender,
                                                 System::EventArgs^ e) {
        cv::Mat frame;

        cv::VideoCapture cap(0);            // open the default camera
        if (!cap.isOpened())                // check if we succeeded
        {
            toolStripStatusLabel1->Text = "no camera #0";
            return;
        }

        while (frame.empty())
            cap >> frame;                   // get a frame from camera
        windowSize(frame);

        FileMenuOpenItem->Enabled = false;

        mPlayFlag = true;
        toolStripStatusLabel1->Text = "start";
        while (mPlayFlag)
        {
            Application::DoEvents();

            cap >> frame;                   // get a new frame from camera
            if (frame.empty())
                continue;

            Bitmap^ bmp = gcnew Bitmap(frame.cols, frame.rows,
                static_cast<int>(frame.step), PixelFormat::Format24bppRgb,
                IntPtr(frame.data));

            pictureBox1->Image = bmp;
        }
        cap.release();
    }

    //-------------------------------------------------------------------
    // Close
    private: System::Void FileMenuCloseItem_Click(System::Object^ sender,
                                                  System::EventArgs^ e) {
        this->Close();
```

```
    }

    //----------------------------------------------------------------
    // Closing
    private: System::Void MyForm_FormClosing(System::Object^ sender,
                      System::Windows::Forms::FormClosingEventArgs^ e) {
        mPlayFlag = false;
    }

    };
}
```

コンストラクターはこれまでと同様です。継続して映像表示を行いますが、その停止のタイミングを保持する bool 型の mPlayFlag を private で宣言します。

FileMenuOpenItem_Click メソッドは、［ファイル▶開始］を選択したときに制御が渡ってきます。まず、カメラから映像を得るために VideoCapture オブジェクト cap を生成します。カメラの番号に 0 を指定して、パソコンにカメラが複数接続されていても、必ず最初に見つかったカメラを使用します。カメラが存在しない場、VideoCapture オブジェクトの生成は失敗します。次に、VideoCapture オブジェクトを生成できたら、カメラがオープン状態であるかチェックします。もし、カメラがオープン状態でない場合、すぐにメソッドを抜けます。

次に、cap オブジェクトから映像を 1 フレーム読み込み、取り出した Mat オブジェクトを windowSize メソッドに渡し、ウィンドウサイズをフレームサイズに合わせます。

本来なら以降のコードでよいはずです。

```
cap >> frame;
windowSize(frame);
```

ところが、使用するカメラによってはセットアップに時間がかかるのか、しばらくカメラから映像を返さないものが存在します。そのようなカメラを使用すると、ウィンドウサイズを正確に設定できません。そこで、確実に映像を得られるように、下記のように記述します。映像を得られるまで、while ループを繰り返します。タイムアウトなどの機構は設けていませんので、永久ループに陥ってしまう可能性がゼロではありません。このため、タイムアウト機構を組み込むのもよいでしょう。

```
while (frame.empty())
```

```
    cap >> frame;
windowSize(frame);
```

　あるいは、このような方法を採用せず、VideoCapture の get メソッドを使用しフレームの横サイズと縦サイズを得て、ウィンドウサイズをフレームサイズに合わせる方法を採用するのもよいでしょう。これについては後述します。

　［開始］メニューが多重に押されるのを避けるため、ループに入る前にメニューを無効化します。さらに while ループの継続条件である mPlayFlag に true を設定します。mPlayFlag が true である限り、本プログラムは while ループから抜けることはできません。このようにメソッド内でループすると、ウィンドウへのイベントを一切受け付けなくなるので、ループの先頭で DoEvents メソッドを呼び出し、当該メソッドが CPU を占有するのを避けます。次に cap オブジェクトから 1 フレーム取り出し、それを Bitmap オブジェクトへ変換し、PictureBox コントロールの Image プロパティに設定します。この一連の作業を繰り返します。

　使用するカメラによってはセットアップに時間がかかり、映像を得るまでに長時間を要する場合があります。このため、フレームが空かチェックします。カメラによっては、最初の 1 フレームだけはカメラが保持している映像を返しますが、それ以降の映像取得に時間がかかるものが存在しますので、このようなコードとしました。十分高速なカメラの場合、このようなコードは不要です。

　FileMenuCloseItem_Click メソッドは、［ファイル▶閉じる］を選択したときに制御が渡ってきます。単純にフォームを閉じます。

　MyForm_FormClosing メソッドは、フォームが閉じられようとしたときに制御が渡ってきます。単純に bool 型の mPlayFlag に false を設定します。このフィールドは FileMenuOpenItem_Click メソッド内の while ループで参照されています。つまり、［ファイル▶閉じる］を選択すると、フォームが閉じられようとします。すると間接的に本メソッドに制御が渡ります。このメソッドで bool 型の mPlayFlag に false が設定されるため、FileMenuOpenItem_Click メソッド内の while ループが終了に向かいます。これで、while ループが取り残される可能性を排除します。

　本プログラムでは対応していませんが、VideoCapture オブジェクトを生成するときに、引数にファイル名を指定すると動画ファイルを再生できます。また、引数の値を変えるとカメラが複数台あるときに特定のカメラから映像を取得できます。これらについては後述します。

実行例

以降に、実行例を示します。[ファイル▶開始]を押すと動画が表示されます。適当な題材がなかったため油性ペンを撮影してみます。

図8.3●動画表示開始

表示をやめる場合、[ファイル▶閉じる]を押します。[閉じる]を押すと、プログラムは終了します。

図8.4●プログラム終了

関数の説明

■ cv::VideoCapture::VideoCapture

ビデオファイルやカメラからキャプチャーを行うためのクラスです。

```
VideoCapture::VideoCapture( int device )
VideoCapture::VideoCapture( const string& filename )
```

引数

device
　使用するカメラの番号です。カメラが一台しかないときは 0 を指定します。

filename
　使用する動画ファイル名です。

説明

　引数の存在しないコンストラクターで VideoCapture オブジェクトを生成した場合、映像を得る前に Open メソッドでデバイスをオープンする必要があります。

■ cv::VideoCapture::isOpened

キャプチャーデバイスが初期化されていたら true を返します。

```
bool VideoCapture::isOpened()
```

説明

　キャプチャーデバイスが初期化されていたら true を返します。VideoCapture のコンストラクターが成功し、そして VideoCapture オブジェクトの open メソッドが成功していたら true が返されます。

■ cv::VideoCapture& cv::VideoCapture::operator>>(Mat& image)

次のフレームを取り込み、エンコードします。

```
VideoCapture& VideoCapture::operator>>(Mat& image)
```

引数

image
　取得した画像（行列）です。

説明

　本メソッドは、VideoCapture.grab と VideoCapture.retrieve を連続で呼んだのと等価です。grab メソッドと retrieve メソッドを使用しても構いませんが、特別な理由がない限り本メソッ

ドを使用する方が簡単です。もし、次のフレームを取得できなかった場合（カメラが外された場合や、ファイルの最終に達した場合など）、false を返し、引数には NULL ポインタが設定されます。

8.2 動画ファイル表示

先のプログラムを変更し、カメラの表示を動画ファイルの表示に対応させます。

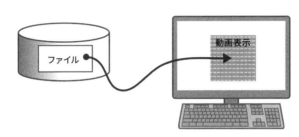

図8.5●動作の様子

フォームは、前節のプログラムとほとんど同様ですがメニューが異なります。そこで、メニューのみ紹介します。

図8.6●メニューの様子

［ファイル］メニューに［開く］メニュー項目と［閉じる］メニュー項目を追加します。また、［操作］メニューに［再生］メニュー項目と［停止］メニュー項目を追加します。［開く］メニュー項目を選ぶと、［開く］ダイアログが現れますので動画ファイルを選択します。［閉じる］メニュー項目を選ぶと、プログラムは終了します。［操作▶再生］メニュー項目を選ぶと、開いておいた動画ファイルが再生され、［停止］メニュー項目を選ぶと、再生が終了します。

以降に、ソースリストを示します。

リスト8.2●MyForm.h (02playfile)

```cpp
#pragma once

#include "../../../ocvlib.h"

namespace test {

    using namespace System;
    using namespace System::Windows::Forms;
    using namespace System::Drawing;
    using namespace System::Drawing::Imaging;
    using namespace System::Runtime::InteropServices;

    /// <summary>
    /// MyForm の概要
    /// </summary>
    public ref class MyForm : public System::Windows::Forms::Form
    {
    public:
        MyForm(void)
        {
            InitializeComponent();
            //
            //TODO: ここにコンストラクター コードを追加します
            //
            this->Text = "OpenCV";

            panel1->Dock = DockStyle::Fill;
            panel1->AutoScroll = true;

            pictureBox1->Location = Point(0, 0);
            pictureBox1->SizeMode = PictureBoxSizeMode::AutoSize;
        }

    private: bool mPlayFlag;
    private: String^ mFileName;

    protected:
           ⋮
#pragma endregion
```

```cpp
//-----------------------------------------------------------------
// set window size
private: System::Void windowSize(cv::Mat mat)
{
    this->ClientSize = Drawing::Size(mat.cols, mat.rows
            + menuStrip1->Height + statusStrip1->Height);
}


//-----------------------------------------------------------------
// Open
private: System::Void FileMenuOpenItem_Click(System::Object^ sender,
                                              System::EventArgs^ e) {
    OpenFileDialog^ dlg = gcnew OpenFileDialog;
    dlg->Filter =
     "画像ファイル(*.avi,*.wav,*.mp4)|*.avi;*.wav;*.mp4|All Files (*.*)|*.*";
    if (dlg->ShowDialog() == Windows::Forms::DialogResult::Cancel)
        return;

    mFileName = dlg->FileName;

    toolStripStatusLabel1->Text = IO::Path::GetFileName(mFileName);
}


//-----------------------------------------------------------------
// play
private: System::Void ToolMenuPlayItem_Click(System::Object^ sender,
                                              System::EventArgs^ e) {
    cv::Mat frame;
    cv::VideoCapture cap;           // open the default camera

    if (mFileName == nullptr)
        return;

    char* pStr = (char*)Marshal::StringToHGlobalAnsi(mFileName).ToPointer();
    cap = cv::VideoCapture(pStr);
    Marshal::FreeHGlobal(IntPtr(pStr));

    if (!cap.isOpened())            // check if we succeeded
    {
        toolStripStatusLabel1->Text = "error";
        return;
    }
```

```cpp
        while (frame.empty())
            cap >> frame;                   // get a frame from file
        windowSize(frame);

        FileMenuOpenItem->Enabled = false;
        ToolMenuPlayItem->Enabled = false;

        mPlayFlag = true;
        toolStripStatusLabel1->Text = "start";
        while (mPlayFlag)
        {
            Application::DoEvents();

            cap >> frame;                   // get a new frame from camera
            if (frame.empty())
                break;

            Bitmap^ bmp = gcnew Bitmap(frame.cols, frame.rows,
                static_cast<int>(frame.step), PixelFormat::Format24bppRgb,
                IntPtr(frame.data));

            pictureBox1->Image = bmp;

            cv::waitKey(33);
        }
        cap.release();
        pictureBox1->Image = nullptr;
        FileMenuOpenItem->Enabled = true;
        ToolMenuPlayItem->Enabled = true;
        toolStripStatusLabel1->Text = "stop";
    }

    //------------------------------------------------------------------
    // stop
    private: System::Void ToolMenuStopItem_Click(System::Object^ sender,
                                                 System::EventArgs^ e) {
        mPlayFlag = false;
    }

    //------------------------------------------------------------------
    // Close
    private: System::Void FileMenuCloseItem_Click(System::Object^ sender,
                                                  System::EventArgs^ e) {
```

```
        this->Close();
    }

    //------------------------------------------------------------------
    // Closing
    private: System::Void MyForm_FormClosing(System::Object^ sender,
                            System::Windows::Forms::FormClosingEventArgs^ e) {
        mPlayFlag = false;
    }

    };
}
```

コンストラクターは前節と同様です。動画ファイル名を保持する String^ 型の mFileName を private で追加します。

windowSize メソッドは、前節と同様です。

FileMenuOpenItem_Click メソッドは、［ファイル▶開く］を選択したときに制御が渡ってきます。OpenFileDialog のオブジェクトを生成し、「開く」ダイアログを表示させます。ダイアログでキャンセルが押されるか読み込みに失敗したら、すぐにメソッドを抜けます。「開く」ダイアログでファイル名が選択されたら、取得した画像ファイル名を mFileName へ設定し、ステータスバーにファイル名のみを表示します。

ToolMenuPlayItem_Click メソッドは、［操作▶再生］を選択したときに制御が渡ってきます。再生するファイル名が指定されていない場合、すぐにメソッドを抜けます。そうでなければ、ファイル名を指定して VideoCapture オブジェクトを生成します。VideoCapture オブジェクト cap を生成できたら、カメラがオープン状態であるかチェックします。もし、カメラがオープン状態でない場合、すぐにメソッドを抜けます。次に、cap オブジェクトから映像を 1 フレーム Mat へ読み込み、その Mat オブジェクトを windowSize メソッドに渡し、ウィンドウサイズを映像サイズに合わせます。while ループで映像を連続表示しますが、その前に多重に再生メニューなどを押さないように、いくつかのメニューを無効化します。while ループの先頭で DoEvents メソッドを呼び出し、使用者がメニューを操作できるようにします。この呼び出しがないと、GUI が反応できなくなります。理想的にはスレッドや非同期などで記述するのが良いのでしょうが、本筋と違った解説が必要になるため簡単な方法を採用します。次に、cap オブジェクトから 1 フレーム取り出した後、フレームが空でないか検査します。これは、動画ファイルが終端に達したかの判断に使用します。フレームが空でなければ、それを

Bitmap オブジェクトへ変換し、フォームに表示します。そして waitKey 関数の引数に 33 を指定して再生速度を調整します。動画ファイルのフレームレートが 30 fps であることを前提に、waitKey 関数の引数に 33 を指定します。本来なら、ファイルからフレームレートを取得し、その値から waitKey 関数の引数を指定すると良いのですが、ここでは簡易な方法を採用します。

ToolMenuStopItem_Click メソッドは、[操作▶停止]を選択したときに制御が渡ってきます。mPlayFlag フラグに false を設定するのみです。このフラグは ToolMenuPlayItem_Click メソッドの while ループで使用されています。これを false に設定すると while ループを抜け、ToolMenuPlayItem_Click メソッドも終了します。間接的ですが再生を停止できます。

FileMenuCloseItem_Click メソッドは、[ファイル▶閉じる]を選択したときに制御が渡ってきます。単純にフォームを閉じます。ただし、再生中であると ToolMenuPlayItem_Click メソッドが取り残されてしまいます。そこで、フォームが閉じられるときに呼び出されるメソッドで、ToolMenuPlayItem_Click メソッドが取り残されないような処理を行います。

MyForm_FormClosing メソッドは、フォームが閉じられようとしたときに制御が渡ってきます。単純に bool 型の mPlayFlag に false を設定します。このフィールドは FileMenuOpenItem_Click メソッド内の while ループで参照されています。つまり、[ファイル▶閉じる]を選択すると、フォームが閉じられようとします。すると間接的に本メソッドに制御が渡ります。このメソッドで bool 型の mPlayFlag に false が設定されるため、FileMenuOpenItem_Click メソッド内の while ループが終了に向かいます。これで、while ループが取り残される可能性を排除します。

実行例

以降に、実行例を示します。プログラムを起動し、[ファイル▶開く]を押します。

図8.7● [開く] を押す

すると「開く」ダイアログが表示されますので、適切なファイルを開きます。

図8.8●「開く」ダイアログ

動画ファイルを指定したので、[操作▶再生] を押すと、動画ファイルが再生されます。

図8.9●動画ファイルが再生される

再生を停止したい場合は、[操作▶停止] を押します。すると、再生が止まります。

図8.10●[停止] を押す

プログラムを終了させたい場合は、[ファイル▶閉じる]を押します。

図8.11●[閉じる]を押す

すると、プログラムは終了します。

8.3
キャプチャー

これまでは、カメラやファイルから得た映像を表示するだけでした。ここでは表示した映像を動画ファイルとして保存するプログラムを紹介します。以降に、動作の概要を示します。

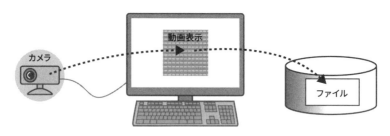

図8.12●動作の様子

最も単純と思われる動画保存のプログラムを紹介します。本プログラムは、パソコンに接続されたカメラから映像を取り出し、画面へ表示すると共に、ファイルに保存します。以降に、ソースリストを示します。フォームは、ごく一般的なものですので説明は省略します。以降に、ソースリストを示します。

リスト8.3●MyForm.h（03captureBasic）

```
    ︙
    private: bool mCaptureFlag;                              // 追加

    protected:
```

```
        ⋮
#pragma endregion

    //-----------------------------------------------------------------
    // set window size
    private: System::Void windowSize(const int width, const int height)
    {
        this->ClientSize = Drawing::Size(width, height
            + menuStrip1->Height + statusStrip1->Height);
    }

    //-----------------------------------------------------------------
    // Capture
    private: System::Void FileMenuCaptureItem_Click(System::Object^ sender,
                                                    System::EventArgs^ e) {
        cv::Mat frame;

        cv::VideoCapture cap(0);            // open the default camera
        if (!cap.isOpened())                // check if we succeeded
        {
            toolStripStatusLabel1->Text = "no camera #0";
            return;
        }

        int width = static_cast<int>(cap.get(cv::CAP_PROP_FRAME_WIDTH));
        int height = static_cast<int>(cap.get(cv::CAP_PROP_FRAME_HEIGHT));
        windowSize(width, height);

        double fps = cap.get(cv::CAP_PROP_FPS);
        fps = fps > 0.0 ? fps : 30.0;
        cv::VideoWriter save("dst.avi", cv::VideoWriter::fourcc('M','J','P','G'),
            fps, cv::Size(width, height), true);
        if (!save.isOpened())
        {
            toolStripStatusLabel1->Text = "VideoWriter failed to open!";
            return;
        }

        FileMenuCaptureItem->Enabled = false;
        mCaptureFlag = true;

        toolStripStatusLabel1->Text = "start";
```

```
        while (mCaptureFlag)
        {
            Application::DoEvents();

            cap >> frame;                   // get a new frame from camera
            if (frame.empty())
                continue;

            Bitmap^ bmp = gcnew Bitmap(frame.cols, frame.rows,
                static_cast<int>(frame.step), PixelFormat::Format24bppRgb,
                IntPtr(frame.data));

            pictureBox1->Image = bmp;

            save << frame;
        }
        cap.release();
        save.release();
    }

    //-------------------------------------------------------------------
    // Close
    private: System::Void FileMenuCloseItem_Click(System::Object^ sender,
                                                  System::EventArgs^ e) {
        this->Close();
    }

    //-------------------------------------------------------------------
    // Closing
    private: System::Void MyForm_FormClosing(System::Object^ sender,
                    System::Windows::Forms::FormClosingEventArgs^ e) {
        mCaptureFlag = false;
    }

    };
}
```

　コンストラクターはこれまでと同様です。継続して映像をキャプチャーしますが、その停止のタイミングを保持する bool 型の変数名を mCaptureFlag へ変更します。

　FileMenuCaptureItem_Click メソッドは、［ファイル▶キャプチャー］を選択したときに制

御が渡ってきます。まず、カメラから映像を得るために VideoCapture オブジェクト cap を生成します。カメラの番号に 0 を指定して、パソコンにカメラが複数接続されていても、必ず最初に見つかったカメラを使用します。カメラが存在しない場、VideoCapture オブジェクトの生成は失敗します。VideoCapture オブジェクトを生成できたら、カメラがオープン状態であるかチェックします。もし、カメラがオープン状態でない場合、すぐにメソッドを抜けます。

次に、VideoCapture の get メソッドに、CAP_PROP_FRAME_WIDTH と CAP_PROP_FRAME_HEIGHT を指定し、フレームの横サイズと縦サイズを取り出します。この値を、windowSize メソッドの引数で渡し、映像がぴったり表示できるようにフォームのサイズを調整します。動画を格納するときはフレームレートも指定しなければならないため、get メソッドに CAP_PROP_FPS を指定しカメラのフレームレートを float 型の fps に取り出します。もし、フレームレートに 0 が返ってきたら 30 fps を使用します。カメラによってはフレームレートを返さない可能性があるため、このような方法を採用します。これらの情報をもとに、VideoWriter オブジェクト save を生成します。格納ファイル名は「dst.avi」で固定とし、エンコードは VideoWriter::fourcc('M', 'J', 'P', 'G') を指定します。エンコードは多数の種類が存在します。エンコード方式の種類については OpenCV のドキュメントを参照してください。VideoWriter オブジェクトの生成に成功したかチェックし、失敗したときは、すぐにメソッドを抜けます。

これで、動画書き込みの準備ができました。while ループで映像を連続表示・保存しますが、ループに入る前に namedWindow 関数でウィンドウを作成します。capture オブジェクトから 1 フレーム取り出し Mat オブジェクト src へ格納します。この src を imshow 関数で表示します。その後、VideoWriter オブジェクト save へ書き込みます。このままでは、while ループが永遠に終わらないため、waitKey 関数でキーを監視し、何かキーが押されたらループを抜けます。このプログラムは何かキーを押すまで終わりません。何もキーを押さないと、大きな動画ファイルが生成されます。もし、ディスクの容量などが心配なら、ループ回数などを制限すると良いでしょう。

VideoCapture オブジェクトや VideoWriter オブジェクトなどの、各種オブジェクトの破棄はデストラクターに任せ、明示的な解放は行いません。

while ループで映像を連続キャプチャーしますが、［キャプチャー］メニュー項目を多重に押されるのを避けるため、ループに入る前にメニューを無効化します。さらに while ループの継続条件である mCaptureFlag に true を設定します。mCaptureFlag が true である限り、本プログラムは while ループから抜けることはできません。このようにメソッド内でループすると、ウィンドウへのイベントを一切受け付けなくなるので、ループの先頭で DoEvents メソッ

ドを呼び出し、当該メソッドがCPUを占有するのを避けます。次にcapオブジェクトから1フレーム取り出し、それをBitmapオブジェクトへ変換し、PictureBoxコントロールのImageプロパティに設定し、フォームに表示します。その後、VideoWriterオブジェクトsaveへ書き込みます。この一連の作業を繰り返します。

whileループを抜けたら、VideoCaptureオブジェクトとVideoWriterオブジェクトのreleaseメソッドを呼び出し、オブジェクトを解放します。

FileMenuCloseItem_Clickメソッドは、［ファイル▶閉じる］を選択したときに制御が渡ってきます。単純にフォームを閉じます。

MyForm_FormClosingメソッドは、フォームが閉じられようとしたときに制御が渡ってきます。単純にbool型のmCaptureFlagにfalseを設定します。このフィールドはFileMenuCaptureItem_Clickメソッド内のwhileループで参照されています。つまり、［ファイル▶閉じる］を選択すると、フォームが閉じられようとします。すると間接的に本メソッドに制御が渡ります。このメソッドでbool型のmCaptureFlagにfalseが設定されるため、FileMenuCaptureItem_Clickメソッド内のwhileループが終了に向かいます。これで、whileループが取り残される可能性を排除します。

実行例

以降に、実行例を示します。［ファイル▶キャプチャー］を押すと動画が表示され、それが動画としてファイルへ保存されます。

図8.13●動画表示と保存開始

表示をやめる場合、[ファイル▶閉じる]を押します。すると、プログラムは終了します。

図8.14●プログラム終了

このプログラムを起動したフォルダーには、dst.avi の名前でキャプチャーした動画がファイルとして格納されます。

関数の説明

■ cv::VideoWriter

ビデオライタクラスです。

```
VideoWriter(
        const String&   filename,
        int             fourcc,
        double          fps,
        Size            frameSize,
        bool            isColor = true )
```

引数

filename

　　出力するビデオファイルの名前です。

fourcc

　　フレームを圧縮するためのコーデックを表す 4 文字です。以降に例を示します。

　　VideoWriter::fourcc('P','I','M','1') : MPEG-1 コーデック

　　VideoWriter::fourcc('M','J','P','G') : motion-jpeg コーデック

　　他にも、指定可能な引数値が存在します。詳細は OpenCV のリファレンスを参照してください。プラットフォームや環境に依存しますので、明示的に指定する場合、自身の環境で使えるコーデックか事前に調べると良いでしょう。

fps
 ビデオストリームのフレームレートです。

frameSize
 ビデオフレームのサイズです。

isColor
 0 でない場合は、エンコーダはカラーフレームとしてエンコードします。そうでない場合、グレイスケールとしてエンコードします。現在、このフラグは一部のプラットフォームのみで有効です。

説明

この関数は、ビデオライタ構造体を作成します。どのようなコーデックや、ファイルフォーマットがサポートされるかは、ライブラリに依存します。

■ cv::VideoWriter::write

フレームをビデオファイルに書き込みます。

```
void VideoWriter::write( const Mat& image )
```

```
VideoWriter& VideoWriter::operator<< ( const Mat& image )
```

引数

writer
 ビデオライタ構造体です。

image
 書き込まれるフレームです。

説明

本メソッドは、1 つのフレームをビデオファイルに書き込む、もしくは追加します。フレームのサイズは VideoWriter を生成したときと同じサイズでなければなりません。

8.4 動画にフィルタ処理

動画にフィルタ処理を行うプログラムを紹介します。GUIは第5章「フィルタ処理」のプログラムを拡張したものとします。以降に、フォームの様子を示します。

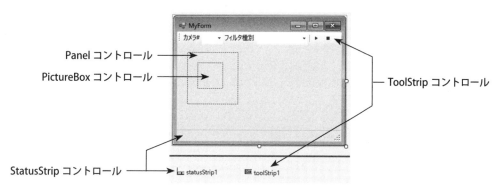

図8.15●フォームの様子

これまでのメニューの代わりにToolStripコントロールを採用します。左からカメラ番号の指定、フィルタ種別の指定、再生、そしてストップ用のToolStripLabel、ToolStripComboBoxやToolStripButtonを配置します。ToolStripButtonにイメージを設定しますが、第5章で紹介したものと同じ方法を採用します。また、ツールバーのボタンへマウスを移動したときに表示するツールチップ（ToolTipText）も設定します。

表8.1●イメージとファイル名、およびToolTipTextプロパティの対応（ファイルはVisual Studio 2013 Image Library¥2013_VS Icon Refresh¥ ConceptIcons¥PNG¥以下を参照）

イメージ	ファイル名	ToolTipText プロパティ
▶	Symbols_Play_32xLG.png	Play
■	Symbols_Stop_32xLG.png	Stop

さて、フォームの配置については説明が完了しましたので、ソースリストを示します。

リスト8.4●MyForm.h（04filter）より抜粋

```cpp
#pragma once

#include "../../../ocvlib.h"

namespace test {

    using namespace System;
    using namespace System::Windows::Forms;
    using namespace System::Drawing;
    using namespace System::Drawing::Imaging;
    using namespace System::Runtime::InteropServices;

    /// <summary>
    /// MyForm の概要
    /// </summary>
    public ref class MyForm : public System::Windows::Forms::Form
    {
    public:
        MyForm(void)
        {
            InitializeComponent();
            //
            //TODO: ここにコンストラクター コードを追加します
            //
            this->Text = "OpenCV";

            panel1->Dock = DockStyle::Fill;
            panel1->AutoScroll = true;

            pictureBox1->Location = Point(0, 0);
            pictureBox1->SizeMode = PictureBoxSizeMode::AutoSize;

            array<String^>^ cbItems = gcnew array<String^>   // 追加
            {
                "normal",
                    "bitwise not",
                    "blur",
                    "gaussianBlur",
                    "laplacian",
                    "sobel",
```

8.4 動画にフィルタ処理

```
                    "canny",
                    "dilate",
                    "erode"
            };
            for (int i = 0; i < cbItems->GetLength(0); i++)
                tSBCB->Items->Add(cbItems[i]);
            tSBCB->SelectedIndex = 0;
```

```
            for (int i = 0; i < 7; i++)            // camera#
                tSBCBCamNum->Items->Add(i);
            tSBCBCamNum->SelectedIndex = 0;
        }
```

```
    private: bool mPlayFlag;

    protected:
            ⋮
#pragma endregion
```

```
    //-------------------------------------------------------------------
    // set window size
    private: System::Void windowSize(cv::Mat mat)
    {
        this->ClientSize = Drawing::Size(mat.cols, mat.rows
            + toolStrip1->Height + statusStrip1->Height);
    }
```

```
    //-------------------------------------------------------------------
    // play
    private: System::Void TSBPlay_Click(System::Object^ sender, System::EventArgs^
                                                                              e) {
        cv::Mat frame, dst;

        int CameraNum = tSBCBCamNum->SelectedIndex;

        cv::VideoCapture capture(CameraNum);     // open the camera
        if (!capture.isOpened())                 // check if we succeeded
        {
            toolStripStatusLabel1->Text = "no camera: " + CameraNum;
            return;
        }
```

```cpp
        while (frame.empty())
            capture >> frame;                       // get a frame from camera
    windowSize(frame);

    tSBPlay->Enabled = false;
    tSBCB->Enabled = false;
    tSBCBCamNum->Enabled = false;
    toolStripStatusLabel1->Text = "start";

    mPlayFlag = true;
    while (mPlayFlag)
    {
        Application::DoEvents();

        capture >> frame;                           // get a new frame from camera
        if (frame.empty())
            continue;


        switch (tSBCB->SelectedIndex)
        {
        case 0: //"normal"
            dst = frame.clone();
            break;

        case 1: //"bitwise not"
            cv::bitwise_not(frame, dst);
            break;

        case 2: //"blur"
        {
            const int ksize = 11;
            cv::blur(frame, dst, cv::Size(ksize, ksize));
        }
        break;

        case 3: //"gaussianBlur"
        {
            const int ksize1 = 11, ksize2 = 11;
            const double sigma1 = 10.0, sigma2 = 10.0;
            cv::GaussianBlur(frame, dst, cv::Size(ksize1, ksize2), sigma1,
                                                                    ↳ sigma2);
```

```
            }
            break;

        case 4: //"laplacian"
            Laplacian(frame, dst, 0);
            break;

        case 5: //"sobel"
            cv::Sobel(frame, dst, -1, 0, 1);
            break;

        case 6: //"canny"
        {
            const double threshold1 = 40.0, threshold2 = 200.0;
            cv::Canny(frame, dst, threshold1, threshold2);
            cv::cvtColor(dst, dst, cv::COLOR_RGB2BGR);
        }
        break;

        case 7: //"dilate"
            cv::dilate(frame, dst, cv::Mat());
            break;

        case 8: //"erode"
            cv::erode(frame, dst, cv::Mat());
            break;
        }
        Bitmap^ bmp = gcnew Bitmap(dst.cols, dst.rows,
            static_cast<int>(dst.step), PixelFormat::Format24bppRgb,
            IntPtr(dst.data));

        pictureBox1->Image = bmp;
    }
    capture.release();
    pictureBox1->Image = nullptr;
    tSBPlay->Enabled = true;
    tSBCB->Enabled = true;
    tSBCBCamNum->Enabled = true;
    toolStripStatusLabel1->Text = "stop";
}

//-----------------------------------------------------------------
```

```
    // stop
    private: System::Void TSBStop_Click(System::Object^ sender, System::EventArgs^
                                                                                e) {
        mPlayFlag = false;
    }

    };
}
```

コンストラクターで、フィルタ種別とカメラ番号を選択する ToolStripComboBox の設定を行います。

TSBPlay_Click メソッドは、▶ を押したときに制御が渡ります。このメソッドは、ToolStripComboBox である tSBCBCamNum の SelectedIndex が示す値のカメラを入力として使用します。フィルタ処理は、同様に ToolStripComboBox である tSBCB の SelectedIndex に従ったフィルタ処理を行います。以降に、SelectedIndex が示す値とフィルタの種別を表で示します。

表8.2●SelectedIndexとフィルタ処理の対応

SelectedIndex	表示	フィルタ処理
0	normal	-
1	bitwise not	画像反転
2	blur	ブラー
3	gaussianBlur	ガウシアン
4	laplacian	ラプラシアン
5	sobel	Sobel
6	canny	Canny
7	dilate	膨張
8	erode	収縮

フィルタ処理は、入力が画像から動画に変わるだけで第 5 章「フィルタ処理」と同じです。while ループなどは、これまでの動画を対象としたプログラムと同様ですので、説明は省略します。

実行例

プログラムを起動し、カメラを選び再生ボタンを押します。

図8.16●カメラを選び再生ボタンを押す

再生して様子を示します。ComboBoxからnormalを選んでいるため、入力映像がそのまま表示されます。

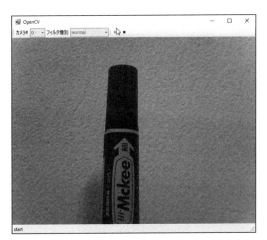

図8.17●normal

再生を止めたい場合は停止ボタンを押します。

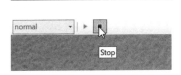

図8.18●停止ボタン

撮影対象を変更し、そのまま、反転、ブラー、ガウシアン、ラプラシアン、Sobel、Canny、膨張、そして収縮を行った結果を示します。良さそうな対象物がなかったため、写真を印刷し、それを撮影します。

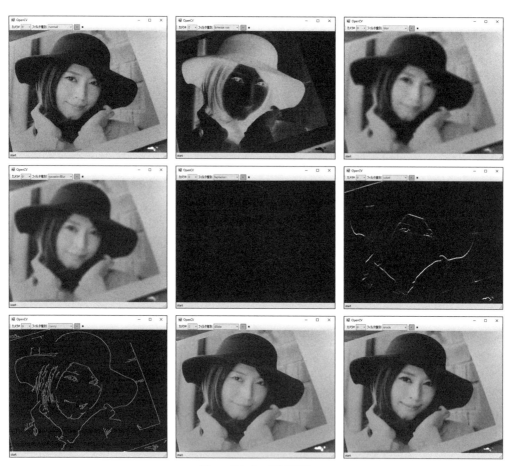

図8.19●ほかの処理結果

8.5 動画のオブジェクト検出

動画の特定のオブジェクトを検出するプログラムを紹介します。本プログラムは、6.4 節「オブジェクト検出」の動画対応バージョンです。どのオブジェクトを検出するかは、与えるファイルで決定します。

フォーム

フォームのデザインはこれまでとかなり変わります。上部の Panel コントロールの上に Button、TextBox、そして NumericUpDown コントロールを配置します。下部の Panel コントロールに PictureBox コントロールを配置するのは、これまでと同様です。以降に、フォームの様子を示します。

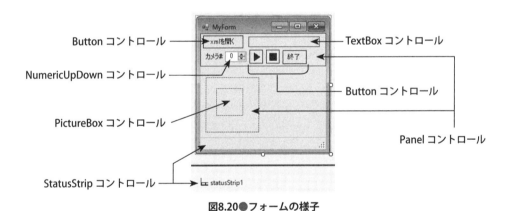

図8.20●フォームの様子

TextBox コントロールは ReadOnly とします。デザイン時にコントロールのプロパティの設定も行いますが、特に注するようなことは多くないので説明は省きます。

以降に、ソースリストを示します。

リスト8.5●MyForm.h（05detectObjects）より抜粋

```cpp
    ⋮
    public ref class MyForm : public System::Windows::Forms::Form
    {
    public:
        MyForm(void)
        {
            InitializeComponent();
            //
            //TODO: ここにコンストラクター コードを追加します
            //
            this->Text = "OpenCV";

            panel1->Dock = DockStyle::Fill;
            panel1->AutoScroll = true;

            pictureBox1->Location = Point(0, 0);
            pictureBox1->SizeMode = PictureBoxSizeMode::AutoSize;

            this->AllowDrop = true;
            this->DragEnter += gcnew DragEventHandler(this,
                                                  ↳ &MyForm::MyForm_DragEnter);
            this->DragDrop += gcnew DragEventHandler(this,
                                                  ↳ &MyForm::MyForm_DragDrop);
        }

    private: bool mPlayFlag;
    private: String^ mDetector;

    protected:
        ⋮
#pragma endregion

    //---------------------------------------------------------------
    // set window size
    private: System::Void windowSize(cv::Mat mat)
    {
        this->ClientSize = Drawing::Size(mat.cols, mat.rows
            + statusStrip1->Height + panel2->Height);
    }
```

```cpp
//--------------------------------------------------------------------
// drag enter
private: System::Void MyForm_DragEnter(System::Object^ sender,
                            System::Windows::Forms::DragEventArgs^ e) {
    if (e->Data->GetDataPresent(DataFormats::FileDrop))
        // ファイルだったら
        e->Effect = DragDropEffects::Copy;          // mouse -> [+]
}


//--------------------------------------------------------------------
// drag drop
private: System::Void MyForm_DragDrop(System::Object^ sender,
                            System::Windows::Forms::DragEventArgs^ e) {
    array<String^>^ s = (array<String^>^)e->Data->
        GetData(::System::Windows::Forms::DataFormats::FileDrop, false);

    String^ ext = IO::Path::GetExtension(s[0]);
    if (ext->CompareTo(".xml") == 0)
    {
        mDetector = s[0];
        tBoxFileXml->Text = IO::Path::GetFileName(mDetector);
    }
}


//--------------------------------------------------------------------
// Open xml
private: System::Void BOpenXml_Click(System::Object^ sender, System::EventArgs^
                                                                            e) {
    OpenFileDialog^ dlg = gcnew OpenFileDialog;
    dlg->Filter = "画像ファイル(*.xml)|*.xml";
    if (dlg->ShowDialog() == Windows::Forms::DialogResult::Cancel)
        return;

    mDetector = dlg->FileName;
    tBoxFileXml->Text = IO::Path::GetFileName(dlg->FileName);
}


//--------------------------------------------------------------------
// play
private: System::Void BEffect_Click(System::Object^ sender, System::EventArgs^
                                                                            e) {
    if (mDetector == nullptr)
```

```
        {
            toolStripStatusLabel1->Text = "no xml file.";
            return;
        }

        cv::Mat frame, gray, equalize;

        char* pmDetector =
                    ↳ (char*)Marshal::StringToHGlobalAnsi(mDetector).ToPointer();
        cv::CascadeClassifier objDetector(pmDetector); // create detector
        Marshal::FreeHGlobal(IntPtr(pmDetector));

        int CameraNum = Convert::ToInt32(nUDCamNum->Value);

        cv::VideoCapture capture(CameraNum);      // open the camera
        if (!capture.isOpened())                  // check if we succeeded
        {
            toolStripStatusLabel1->Text = "no camera: " + CameraNum;
            return;
        }

        while (frame.empty())
            capture >> frame;                     // get a frame from camera
        windowSize(frame);

        bOpenXml->Enabled = false;
        nUDCamNum->Enabled = false;
        bPlay->Enabled = false;
        toolStripStatusLabel1->Text = "start";

        mPlayFlag = true;
        while (mPlayFlag)
        {
            Application::DoEvents();

            capture >> frame;                     // get a new frame from camera
            if (frame.empty())
                continue;

            cv::cvtColor(frame, gray, cv::COLOR_RGB2GRAY);
            cv::equalizeHist(gray, equalize);
```

```
            std::vector<cv::Rect> objs;        // search objects
            objDetector.detectMultiScale(equalize, objs,
                1.2, 2, cv::CASCADE_SCALE_IMAGE, cv::Size(50, 50));

            std::vector<cv::Rect>::const_iterator it = objs.begin();
            for (; it != objs.end(); ++it)     // draw objects
            {
                if (it->width < 0 || it->height < 0)
                {
                    toolStripStatusLabel1->Text = "error rect: "
                        + it->x + ", " + it->y + ", " + it->width + ", "
                                                              ↳ it->height;
                    continue;
                }
                cv::rectangle(frame, *it, cv::Scalar(255));
            }
            Bitmap^ bmp = gcnew Bitmap(frame.cols, frame.rows,
                static_cast<int>(frame.step), PixelFormat::Format24bppRgb,
                IntPtr(frame.data));

            pictureBox1->Image = bmp;
        }
        capture.release();
        pictureBox1->Image = nullptr;
        bOpenXml->Enabled = true;
        nUDCamNum->Enabled = true;
        bPlay->Enabled = true;
        toolStripStatusLabel1->Text = "stop";
}

//-------------------------------------------------------------------
// stop
private: System::Void BStop_Click(System::Object^ sender, System::EventArgs^ e)
                                                                    ↳ {
    mPlayFlag = false;
}

//-------------------------------------------------------------------
// 終了
private: System::Void BClose_Click(System::Object^ sender, System::EventArgs^
                                                                   ↳ e) {
    mPlayFlag = false;
```

```
        this->Close();
    }
};
}
```

　コンストラクターを含む先頭部分は、これまでと同様ですが、検出器のファイル名を保持するmDetectorを追加します。

　本プログラムは、学習ファイルをドラッグ＆ドロップできますので、MyForm_DragEnterメソッドやMyForm_DragDropメソッドを追加します。ドラッグ＆ドロップについては、6.4節「オブジェクト検出」や、これまでもたくさんのプログラムを紹介しましたので説明は省略します。

　BOpenXml_Clickメソッドは、検出器の読み込みを行います。これも6.4節などで紹介したものと同様です。

　BEffect_Clickメソッドは、▶を押したときに制御が渡ります。このメソッドは、画像に含まれる特定のオブジェクトを検出します。まず、検出器が指定されているか確認し、指定されていない場合、すぐにメソッドを抜けます。本メソッドは、オブジェクト検出用の学習ファイルを使用して、そのオブジェクトを検出します。オブジェクト検出用の学習ファイルは、OpenCVをインストールしたディレクトリの「sources/data/haarcascades」フォルダーなどに含まれます。その検出器を引数に、物体検出のためのカスケード分類器であるCascadeClassifierオブジェクトobjDetectorを生成します。引数には、オブジェクト検出に必要な学習ファイル名を渡します。この時、String^をchar*へ変換する必要がありますが、その際の処理については説明済みです。

　入力にカメラを使用しますが、NumericUpDownコントロールであるnUDCamNumのValueが示す値をカメラ番号とします。これ以降の、whileループに入るまでの処理は、8.1節「カメラ表示」とほぼ同様です。

　読み込んだ映像を、cvtColor関数でグレイスケールへ変換します。そしてequalizeHist関数を使用し、輝度平滑化後の画像をMatオブジェクトequalizeへ求めます。そして、whileループに入る前に生成した、CascadeClassifierオブジェクトのdetectMultiScaleメソッドを使用し、画像に含まれるオブジェクトを検出します。検出したオブジェクトはstd::vector<cv::Rect>であるobjsへ格納されます。このobjsを使用して、検出したオブジェクトの周りを囲むようにrectangle関数で枠を描きます。この枠を描いた画像をフォームへ表示します。

　BStop_ClickメソッドやBClose_Clickメソッドは、これまでと同様です。

実行例

以降に、実行例を示します。まず、検出器（学習ファイル）を開きます。

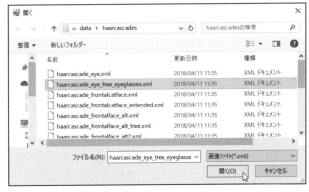

図8.21●検出器を開く

ここでは目を検出する学習ファイルを指定します。▶を押したときの様子を示します。

図8.22●オブジェクト検出の様子

検出するオブジェクトを顔に変更して、▶を押したときの様子を示します。

図8.23●顔を検出

8.6 動画のオブジェクトサイズ変更

動画の特定のオブジェクトサイズを変更するプログラムを紹介します。本プログラムは6.8節「オブジェクトのサイズ変更（自動認識）」の動画対応バージョンです。どのオブジェクトを検出するかは、与えるファイルで決定します。

フォーム

フォームのデザインは、前節のプログラムを拡張します。上部のにPanelコントロールの上にButton、TextBox、CheckBoxそしてNumericUpDownコントロールを配置します。下部のPanelコントロールにPictureBoxコントロールを配置するのは、これまでと同様です。以降に、フォームの様子を示します。

8.6 動画のオブジェクトサイズ変更

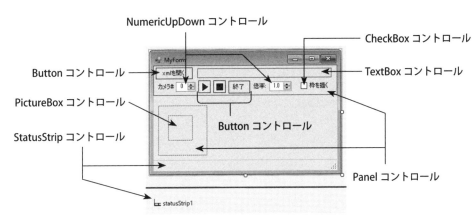

図8.24●フォームの様子

以降に、ソースリストを示します。先のプログラムと同様な部分が多いので、異なる部分のみを示します。

リスト8.6●MyForm.h（06sizeChgObjs）より抜粋

```
    ⋮
#pragma endregion
    ⋮
    private: System::Void windowSize(cv::Mat mat)
    ⋮
    private: System::Void MyForm_DragEnter(System::Object^ sender,
                            System::Windows::Forms::DragEventArgs^ e) {
    ⋮
    private: System::Void MyForm_DragDrop(System::Object^ sender,
                            System::Windows::Forms::DragEventArgs^ e) {
    ⋮
    private: System::Void BOpenXml_Click(System::Object^ sender, System::EventArgs^
                                                                            ↳ e) {
    ⋮
    private: cv::Mat createCosMat(const int rows, const int cols)
    ⋮
    private: cv::Mat mulMat(const cv::Mat mat, const cv::Mat table)
    ⋮
    private: cv::Rect myRectangle(cv::Rect rect, Control^ control)
    ⋮

    //-----------------------------------------------------------------
```

```cpp
    // play
    private: System::Void BEffect_Click(System::Object^ sender, System::EventArgs^
                                                                                 e) {
        if (mDetector == nullptr)
        {
            toolStripStatusLabel1->Text = "no xml file.";
            return;
        }

        cv::Mat frame, dst, gray, equalize;

        char* pmDetector =
                    (char*)Marshal::StringToHGlobalAnsi(mDetector).ToPointer();
        cv::CascadeClassifier objDetector(pmDetector); // create detector
        Marshal::FreeHGlobal(IntPtr(pmDetector));

        int CameraNum = Convert::ToInt32(nUDCamNum->Value);

        cv::VideoCapture capture(CameraNum);     // open the camera
        if (!capture.isOpened())                 // check if we succeeded
        {
            toolStripStatusLabel1->Text = "no camera: " + CameraNum;
            return;
        }

        while (frame.empty())
            capture >> frame;                    // get a frame from camera
        windowSize(frame);

        bOpenXml->Enabled = false;
        nUDCamNum->Enabled = false;
        bPlay->Enabled = false;
        toolStripStatusLabel1->Text = "start";

        mPlayFlag = true;
        while (mPlayFlag)
        {
            Application::DoEvents();

            capture >> frame;                    // get a new frame from camera
            if (frame.empty())
                continue;
```

```cpp
cv::cvtColor(frame, gray, cv::COLOR_RGB2GRAY);
cv::equalizeHist(gray, equalize);

std::vector<cv::Rect> objs;           // search objects
objDetector.detectMultiScale(equalize, objs,
    1.2, 2, cv::CASCADE_SCALE_IMAGE, cv::Size(50, 50));

frame.copyTo(dst);
float scale = Convert::ToSingle(nUDScale->Text);

std::vector<cv::Mat> srcobjs, dstobjs;
std::vector<cv::Rect>::const_iterator it = objs.begin();
for (; it != objs.end(); ++it)
{
    if (scale > 1.0f)
    {                       // to Big
        //入力切り出し
        cv::Rect srcrect(it->x, it->y, it->width, it->height);
        // 正規化
        srcrect = myRectangle(srcrect, (Control^)pictureBox1);
        cv::Mat srcroi(frame, srcrect);
        srcobjs.push_back(srcroi);

        //出力切り出し、少し大きくする、範囲外のチェック省略
        int deltaW = (int)(it->width * (scale - 1.0f)) / 2;
        int deltaH = (int)(it->height * (scale - 1.0f)) / 2;

        cv::Rect dstrect(it->x - deltaW, it->y - deltaH,
            it->width + deltaW * 2, it->height + deltaH * 2);
        // 正規化
        dstrect = myRectangle(dstrect, (Control^)pictureBox1);
        cv::Mat dstroi(dst, dstrect);
        dstobjs.push_back(dstroi);

        if (cBDrawRectangle->Checked)
            cv::rectangle(dst, dstrect, cv::Scalar(255));
    }
    else
    {                       // to Small
        //入力切り出し、少し大きくする、範囲外のチェック省略
        int deltaW = (int)(it->width * (1.0f - scale)) / 2;
```

```
            int deltaH = (int)(it->height * (1.0f - scale)) / 2;

            cv::Rect srcrect(it->x - deltaW, it->y - deltaH,
                it->width + deltaW * 2, it->height + deltaH * 2);
            // 正規化
            srcrect = myRectangle(srcrect, (Control^)pictureBox1);
            cv::Mat srcroi(frame, srcrect);
            srcobjs.push_back(srcroi);
            //cv::rectangle(frame, srcrect, cv::Scalar(255)); // DEBUG

            //出力切り出し
            cv::Rect dstrect(it->x, it->y, it->width, it->height);
            // 正規化
            dstrect = myRectangle(dstrect, (Control^)pictureBox1);
            cv::Mat dstroi(dst, dstrect);
            dstobjs.push_back(dstroi);

            if (cBDrawRectangle->Checked)
                cv::rectangle(dst, dstrect, cv::Scalar(255));
        }

        // 大きさを合わせる
        for (int i = 0; i < srcobjs.size(); i++)
        {
            resize(srcobjs[i], srcobjs[i], cv::Size(dstobjs[i].cols,
                                                    ↳ dstobjs[i].rows));
        }

        // マージ、重みづけ加算
        for (int i = 0; i < srcobjs.size(); i++)
        {
            cv::Mat weightMat = createCosMat(srcobjs[i].rows,
                                                    ↳ srcobjs[i].cols);
            cv::Mat iWeightMat = cv::Scalar::all(255) - weightMat;

            cv::Mat srcWeight = mulMat(srcobjs[i], weightMat);
            cv::Mat dstWeight = mulMat(dstobjs[i], iWeightMat);
            cv::add(dstWeight, srcWeight, dstobjs[i]);
        }
    }
    Bitmap^ bmp = gcnew Bitmap(dst.cols, dst.rows,
        static_cast<int>(dst.step), PixelFormat::Format24bppRgb,
```

```cpp
                IntPtr(dst.data));

            pictureBox1->Image = bmp;
        }
        capture.release();
        pictureBox1->Image = nullptr;
        bOpenXml->Enabled = true;
        nUDCamNum->Enabled = true;
        bPlay->Enabled = true;
        toolStripStatusLabel1->Text = "stop";
    }

    //---------------------------------------------------------------
    // stop
    private: System::Void BStop_Click(System::Object^ sender, System::EventArgs^ e) ↵
{
        mPlayFlag = false;
    }

    //---------------------------------------------------------------
    // 終了
    private: System::Void BClose_Click(System::Object^ sender, System::EventArgs^ ↵
e) {
        mPlayFlag = false;
        this->Close();
    }

    };
}
```

コンストラクターを含む先頭部分は、これまでと同様ですが、検出器のファイル名を保持する mDetector を追加します。

windowSize メソッド、MyForm_DragEnter メソッド、MyForm_DragDrop メソッド、そして BOpenXml_Click メソッドは前節と同様です。createCosMat メソッドと mulMat メソッドは、6.8 節「オブジェクトのサイズ変更（自動認識）」と同様です。myRectangle メソッドは 6.2 節「オブジェクト除去」と同様です。

BEffect_Click メソッドは、本プログラムの主要なメソッドです。本メソッドは、6.8 節で画像に行っていた処理を映像に対して行います。while ループ前後は先のプログラムと同様です。

続く、動画のオブジェクトのサイズ変更は 6.8 節と同様の処理を行います。

実行例

以降に、実行例を示します。まず、検出器（学習ファイル）を開きます。

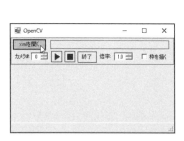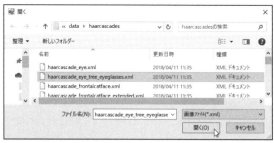

図8.25●検出器を開く

ここでは目を検出し、その大きさを変更します。最初は倍率が 1.0 ですので、オブジェクトのサイズは変わりません。

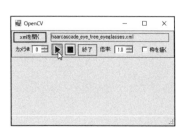

図8.26●実行の様子

倍率を 1.5 と 0.8 へ変更した例を示します。

図8.27● 倍率を1.5と0.8へ変更

「枠を描く」へチェック入れた様子も示します。このチェックボックスをチェックしておくと検出したオブジェクトの数や場所を知ることができます。

図8.28● 枠を描く

付録A　Visual Studio のインストール
付録B　OpenCV のインストール
付録C　環境の設定
付録D　CMake のインストール
付録E　OpenCV をビルド

Visual Studio の インストール

　本書で紹介するプログラム開発は、最新の Visual Studio でなくても構いません。古い Visual Studio を使用中の人は、それでも問題ありません。ここでは、新しく Visual Studio を導入する人のために、Visual Studio Community 2019 のインストールについて簡単に解説します。

　Visual Studio Community 2017 や Visual Studio Community 2015 などを使用中の人は本節を読み飛ばしてください。Visual Studio のインストールは簡単であり、普遍的なものでないため書籍に掲載するような内容ではないでしょう。ダウンロードサイトの URL や、その内容も日々変化しますので、書籍に記載するのは不適当と思われるときもあります。ただ、初心者は右も左も分かりませんので、一例として参考にする目的で簡単に説明します。

A.1　Visual Studio Community 2019 のインストール

　本書は Visual Studio Community 2019 を使用します。現実の開発現場では、現在の資産との関係で一世代あるいは二世代古いバージョンを使用するのはよくあることです。なお、古いバージョンの Visual Studio は、新しいバージョンで開発したプロジェクトを読み込めない場合があります。そのような場合は、自身でプロジェクトを作ってください。新しいバージョンの Visual Studio は、古いバージョンで開発したプロジェクトを読み込める場合が多いです。

　ここでは、執筆時点の最新バージョンである、Visual Studio Community 2019 のインストールについて簡単に解説します。まず、マイクロソフト社のウェブサイト（https://www.visualstudio.com/ja/vs/）を開きます。「Visual Studio のダウンロード」にマウスカーソルを合わせるとドロップダウンが現れますので「Community 2019」を選択します。

付録A　Visual Studio のインストール

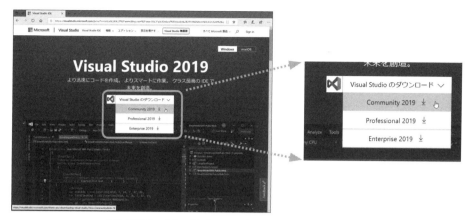

図A.1●Visual Studio Community 2019のインストール①

ブラウザによって表示は異なりますが、ブラウザ下部にインストールの表示が行われます。ここでは、「実行」をクリックし、インストーラーを起動します。

図A.2●Visual Studio Community 2019のインストール②

しばらくしてインストールの準備が整うと、ライセンス条項へ同意するか問い合わせるダイアログボックスが現れます。ライセンス条項へ同意すると、インストールが始まります。

図A.3●Visual Studio Community 2019のインストール③

しばらくすると、以降に示す画面が現れます。C++/CLIを使用しますので、「.NETデスクトップ開発」と「C++によるデスクトップ開発」へチェックを付けます。すると、右側にインストールする項目が現れます。デフォルトの設定で構いませんので「インストール」ボタンを押します。明確に不要であると判断できるようでしたら、チェックボックスを外してください。

もし、不足分があっても Visual Studio は簡単に不足しているものを追加インストールする方法を提供しますので、インストールに関しては厳密に考える必要はありません。デフォルトには不要なファイルも含まれていますが、そのままインストールします。もし、何が必要か明確に分からない場合、ディスクを余分に消費しますが、すべてにチェックを付けるのも良いでしょう。

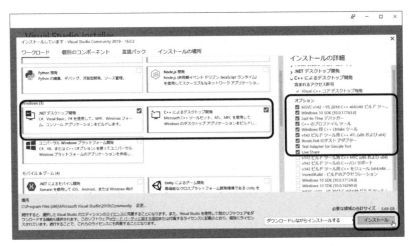

図A.4●Visual Studio Community 2019のインストール④

このようにインストールするものを選べますので、不必要なディスク消費回避や、インストール時間の削減を行えます。しばらくインストール作業が続きますので、ほかの作業などをしながら終わるのを待ちましょう。

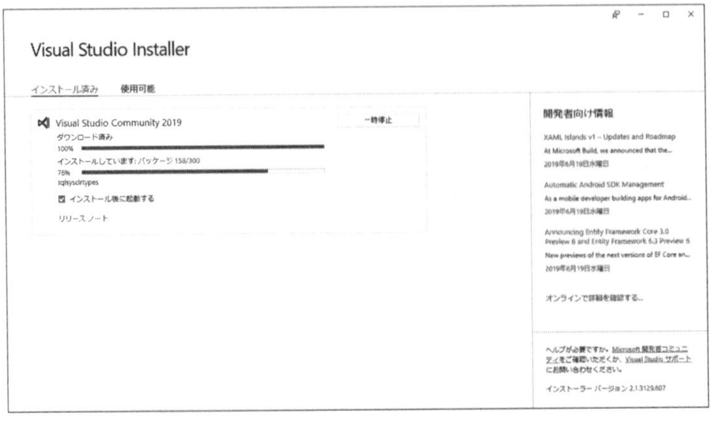

図A.5●Visual Studio Community 2019のインストール⑤

インストールが終わると、パソコンの再起動が求められる場合もありますので、そのようなときは再起動します。再起動が求められない場合は、すぐに Visual Studio が起動します。Visual Studio が起動すると、サインインを求められますが「後で行う」をクリックしましょう。サインインは後で行っても構いません。もちろん、アカウントを持っているならサインインしても構いません。すぐに、「開発設定」や「配色テーマの選択」ダイアログが現れます。自分の好みの設定を行ってください。ここでは何も変更せず「Visual Studio の開始」をクリックします。

図A.6 ● Visual Studio Community 2019の起動

しばらくすると「作業の開始」画面が現れます。

図A.7 ●「作業の開始」画面

既存のプロジェクトを選んだり、あるいは新しいプロジェクトを作成することができます。ここでは「コード無しで続行」ボタンを押して、Visual Studio Community 2019のメイン画面を表示させます。

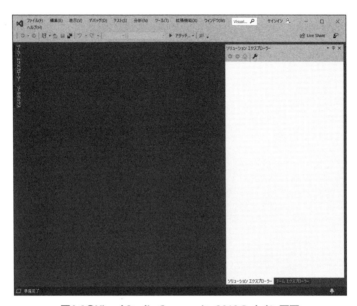

図A.8●Visual Studio Community 2019のメイン画面

以上で、Visual Studio Community 2019のインストールは完了です。

しばらくVisual Studio Communityは無償で利用できますが、アカウントを作成しサインインしないと、一定期間後に利用が制限されます。メールアドレスとパスワードを用意してマイクロソフト社用のアカウントを作成するとよいでしょう。Visual Studio Communityを無償で利用できる期間の終わりが迫ると案内が表示されますので、それに従ってアカウントを作成しましょう。もちろん、すでにアカウントを作成済みであれば、そのアカウントを利用できます。あるいは使用期限が迫る前に、早めにアカウントを作成するのも良いでしょう。

付録 B　OpenCV のインストール

　OpenCV のインストールについては、ウェブサイト（http://opencv.org/）やインターネット上に情報があふれていますので、それらを参照してください。これらのサイトを参照すれば、特に問題なくインストールできるでしょう。ただ、それでは不親切なので、ひと通りOpenCV のインストールについて解説します。

　まず、OpenCV のウェブサイト（http://opencv.org/）を開き、最新版のダウンロードのリンクをクリックします。ほかのバージョンを使用したい場合は、上部の「Releases」をクリックすると、たくさんのバージョンから選択してダウンロードできます。

図B.1●OpenCVのサイトを開く

　ページをスクロールすると、最新版の表示が現れますので、そこをクリックします。

図B.2● 最新版をクリック

ページが切り替わり「Download」が現れますので、「Win pack」を選択します。

図B.3●「Win pack」を選択

すると、SourceForgeへ切り替わり操作の選択が下部に現れます。「保存」を選ぶとインストールファイルがダウンロードされます。ここでは「保存」は選ばず「実行」を選び、直接インストールします。

図B.4●「実行」を選択

インストールが始まると、セキュリティの警告画面、またはユーザーアカウント制御画面が表示される場合があります。その時は、［実行］もしくは［許可］を選択するとOpenCVのインストールが始まります。このインストーラーですが、一般的なインストーラーと違い、指定されたフォルダーにOpenCVに関するファイルを展開するだけです。このため、OpenCV環境の移動や、ほかのコンピュータに設定するのは非常に簡単です。単に展開したファイルをコピー・移動するだけです。インストールが始まると、ファイルの展開先を訊ねるダイアログが表示されます。

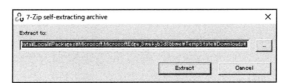

図B.5●展開先を訊ねるダイアログ

　標準のままでも構いませんし、別の場所を指定しても構いません。前述の通りOpenCVは移動可能なので、インストール後にフォルダーをリネームすることや、フォルダー全体を移動するのも簡単です。インストール先を参照するには［…］を押します。ここでは、Cドライブのルートに置くこととします。

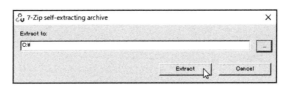

図B.6●展開先を指定

［Extract］ボタンを押すと、自動的に解凍が始まります。

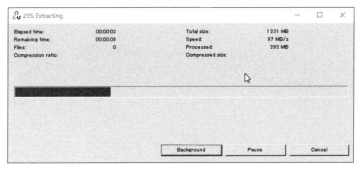

図B.7●解凍進行状況ダイアログ

環境設定

　インストールプログラムは、単なる自己解凍形式のプログラムであるのは説明した通りです。この方法は、非常に単純で、システムに変更を加えないためポータビリティに優れた方法です。ただし、ライブラリファイル、インクルードファイル、および実行時に必要なファイルの存在を、Visual Studio や Windows へ教える作業を自身で行う必要が生じます。

　この例では「C:¥」に「opencv」というフォルダーが作成され、その中に OpenCV のファイル一式が格納されます。これで、OpenCV のインストールは完了です。

付録 C 環境の設定

大げさに環境設定と書きましたが、Visual Studio へ OpenCV のインクルードファイルやライブラリファイルの在所を教えること、そして実行時に必要なファイルの在所を教えるだけです。これらについては第 1 章「はじめてのプログラム」で解説済みですが、簡単に解説します。

C.1 Visual Studio の設定

プログラムをビルドするときに必要となるインクルードファイルとライブラリの在所を設定する方法を解説します。設定を行うには、プロジェクトを開きます。自分で作ったプロジェクトでも、本書で解説しているプロジェクトでも構いません。本作業はプロジェクトを開いた状態で行います。いずれにしても、何かプロジェクトを開いた状態で行ってください。

①プロジェクトプロパティの表示

まず、プロパティページを表示させます。プロジェクトを選択した状態でメニューから［プロジェクト］→［プロパティ］を選択するか、ソリューションエクスプローラーでプロジェクトを選択し、右クリックメニューから［プロパティ］を選択します。

②インクルードディレクトリ位置の設定

最初に、構成を「すべての構成」へ変更します。そして、「C/C++」→「全般」→「追加のインクルードディレクトリ」へ「**C:¥opencv¥build¥include;**」を設定します。これは、OpenCV のインストールで説明したように OpenCV を「**C:¥opencv**」へインストールしたことを前提とします。一般的に記述すると「OpenCV をインストールしたディレクトリ **¥build¥include;**」です。

③ライブラリディレクトリの設定

次に、「リンカー」→「追加のライブラリディレクトリ」へ「**C:¥opencv¥build¥x64¥vc15¥lib;**」を入力します。これで、OpenCV のプログラムをビルドする設定が完了です。

これは 64 ビットのプログラム（x64）を開発するときであり、32 ビット対応のプログラム（x86）を開発する場合、「**C:¥opencv¥build¥x86¥vc15¥lib;**」を入力します。

OpenCV のビルド

OpenCV のバージョンによっては、32 ビットバージョンのバイナリは含まれない場合があります。そのような場合は、CMake を利用し、OpenCV 自体をリビルドする必要があります。CMake や OpenCV のリビルドについては後述します。一般的には、64 ビットバージョンを使用すれば、CMake やリビルドについて知る必要はありません。

Visual Studio 2019 や 2017 ではなく、Visual Studio 2015 を使用したい場合、vc15 の部分を vc14 へ変更してください。

この設定は、プロジェクトごとに毎回行う必要があります。これを回避するには、プロジェクトテンプレートを作成し、それを使うのが良いでしょう。あるいは、テンプレート的なプロジェクトを作り、それをコピーして使うのも一つのアイデアです。ただし、後者の方法は、プロジェクトの GUID が元のプロジェクトと同一になります。

C.2　実行時のパス

環境変数 PATH に、プログラム実行に必要な DLL の所在を知らせます。執筆時に使用した OpenCV の最新バージョンには 32 ビットのバイナリが含まれていなかったので、今回は 64 ビットのプログラムで説明を進めます。プログラムを実行するには、環境変数 PATH に「C:¥opencv¥build¥x64¥vc15¥bin」を追加します。これを忘れると、プログラムを実行したときに DLL が見つからない旨のメッセージが表示される場合があります。

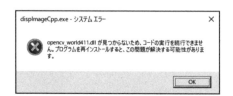

図C.1●DLLが見つからない

パスの設定は、コンソールで設定する場合、以下のようなコマンドを入力します。

```
set path=C:¥opencv¥build¥x64¥vc15¥bin;%PATH%
```

毎回入力するのは面倒ですので、環境変数を編集すると便利です。以降に、Windows 10、8、7 の場合をそれぞれ示します。

Windows 10 の場合

Windows キー + ［Pause/Break］、あるいは、Windows キー→「Windows システムツール」→「コントロールパネル」→「システムとセキュリティ」→「システム」などの方法でシステムを表示させ、システムの詳細設定を選択します。

図C.2●「システムの詳細設定」を選択

「システムのプロパティ」が現れるので、［環境変数］ボタンを押します。

図C.3●［環境変数］ボタンを押す

「環境変数」ダイアログの下部に表示される「システム環境変数」の「Path」を選択した状態で、[編集(I)...]ボタンを押します。

図C.4●［編集(I)...］ボタンを押す

「環境変数名の編集」ダイアログが現れますので、「新規」ボタンを押します。入力できる状態になりますので、直接編集するか「参照」ボタンを押します。ここでは、「参照」ボタンを押します。

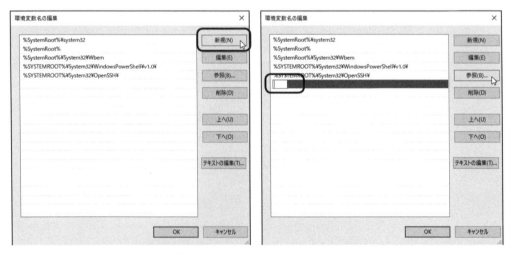

図C.5●「新規」ボタンを押し、「参照」ボタンを押す

「フォルダーの参照」ダイアログが現れますので、目的のフォルダーを選択します。「OK」

ボタンを押すと、「環境変数名の編集」ダイアログに選択したフォルダーが追加されていますので、「OK」ボタンを押せば設定は完了します。

図C.6●設定完了

実行時パスの設定方法は、ほかにもいろいろありますので、自身の慣れた方法を使用してください。

設定が有効になるのはいつ

システム環境変数を変更した場合、使用中のプログラムは一旦終了させ、再起動してください。例えば、コマンドプロンプトを使用中に環境変数を変更した場合、いったんコマンドプロンプトを閉じ、再度開いてください。set コマンドを使用した場合は、この限りではありません。

Windows 8 の場合

Windows 10 の手順と大きな違いはないため、簡単に文章で解説します。

① Windows キー + ［I］などで「設定」を表示させ、「PC 情報」を選択します。
② すると「システム」が現れますので、「システムの詳細設定」を選択します。
③「システムのプロパティ」が現れますので、［環境変数］ボタンを押します。

④「環境変数」ダイアログの下部に表示される「システム環境変数」の「Path」を選択した状態で、［編集 (I)...］ボタンを押します。

⑤「システム変数の編集」ダイアログが現れますので、「変数」の最後に DLL が存在するディレクトリを指定します。入力は、以前指定されたパスの区切りに使う「;」が必要なため、ディレクトリの入力に先立ち「;」を入力します。

Windows 7 の場合

Windows 10 の手順と大きな違いはないため、簡単に文章で解説します。

①コントロールパネルの「システムとセキュリティ」→「システム」→「システムの詳細設定」をクリックして「システムのプロパティ」ウィンドウを表示します。

②「詳細設定」タブのページを開き、「環境変数」をクリックして「環境変数」ウィンドウを表示します。

③「システム環境変数」の「Path」に、すでに説明した DLL が存在するディレクトリを追加します。

システム環境変数を肥大化させたくない

　システム環境変数を肥大化させたくない場合は、コンソールを開くたびに次のコマンドを入力し、OpenCV のパスを設定してください。なお、「%PATH%」はその時点での Path 環境変数の内容を示します。これを忘れるとそれまでの指定が無効になりますので、必ず入力してください。また、プログラムの起動は、この設定を行ったコンソールから行わなければなりません。

```
C:\>set path=C:\opencv\build\x64\vc15\bin;%PATH%
```

繰り返しになりますが、パスは使用者の環境に依存します。

CMake のインストール

OpenCV が用意しているバイナリを使用する場合、本作業は必要ありません。

OpenCV 自体をリビルドするには、CMake をインストールしなければなりません。CMake は、適切な構成の OpenCV のソリューションファイルを生成するのに使用します。OpenCV 用のソリューションファイルを生成するのみであって、OpenCV をビルドするわけではありません。OpenCV をビルドするには、CMake で生成したソリューションファイルを Visual Studio で読み込んでビルドしなければなりません。

ここでは、CMake のインストールについて解説します。CMake は http://cmake.org/ からダウンロードしてインストールします。ウェブサイトを開いたら Download をクリックします。

図D.1●Downloadをクリック

すると、各プラットフォームに対応した一覧が現れます。CMake は、ソースコードとバイナリ両方を配布しています。本書ではバイナリしか使用しませんので「Binary distributions」から選びます。今回は Windows win64-x64 Installer を使用し、直接 CMake をインストールします。インストーラーが変更されているようで、CMake 3.4 以前をインストールしている場合は、先にアンインストールが必要らしいです。

図D.2●ウェブインストールを選択

ブラウザの下部にインストールの表示が現れますので、「実行」を選択し、インストーラーを起動します。

図D.3●インストーラーを起動

インストーラーが起動するとセキュリティの警告画面、またはユーザーアカウント制御画面が表示される場合があります。そのときは、［実行］もしくは［許可］を選択するとCMakeのインストールが始まります。CMakeインストーラーが起動するとセットアップウィザードが現れますので、［Next］ボタンをクリックします。

図D.4●CMakeのセットアップウィザード開始

ライセンス契約書が表示されます。内容を良く読んで、ライセンスに同意するチェックボックスにチェックをつけて、［Next］ボタンをクリックします。

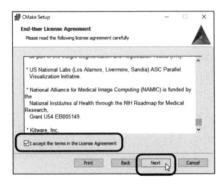

図D.5●ライセンス契約書に同意

インストールオプション画面が現れます。「パスを設定しない」にチェックが付いているのを確認して、[Next] ボタンをクリックします。

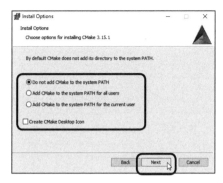

図D.6●インストールオプション画面

インストール先の指定はデフォルトを使用します。何も変更せず、[Next] ボタンをクリックしてください。

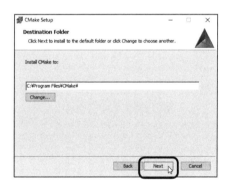

図D.7●インストール先の指定

これで準備完了です。インストール画面に切り替わりますので、[Install] ボタンをクリックしてください。

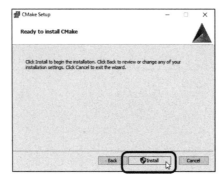

図D.8● [Install] ボタンをクリック

これでインストールが始まります。完了するまでしばらく待ちましょう。

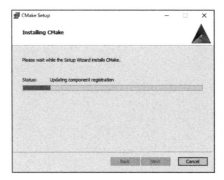

図D.9●インストール中

しばらくすると、CMakeセットアップウィザードの完了案内が現れます。Finishボタンを押して終了させます。

図D.10●CMakeセットアップウィザード完了

これで、CMakeのインストールは完了です。

付録 E OpenCV をビルド

　OpenCV が用意しているバイナリを使用する場合、本作業は必要ありません。しかし、OpenCV 自体をカスタマイズしたい場合、あるいは自身の使用しているコンパイラ用のバイナリが供給されていない場合などに、OpenCV 自体を自身でリビルドすることで解決できます。

　OpenCV のビルドは、CMake で OpenCV 用のソリューションファイルを生成し、それを Visual Studio で開いてビルドするという手順で行います。

E.1　CMake でソリューションファイルを生成

　まず、CMake で Visual Studio 用のソリューションファイルを生成します。CMake を起動し、ソースコード側の［Browse.Source....］ボタンを押します。

図E.1●ソースコード側の［Browse Source ...］ボタンを押す

「フォルダーの参照」ダイアログが現れます。OpenCVをインストールしたフォルダーに含まれる「sources」を指定します。

図E.2●OpenCVをインストールしたフォルダーを指定する

次に、ビルド先の［Browse.Build....］ボタンを押します。

図E.3●［Browse Build ...］ボタンを押す

「フォルダーの参照」ダイアログが現れます。OpenCVをインストールしたフォルダー内に「newbuild」という新しいフォルダーを作成して、それを指定します。ビルド先のフォルダーは任意ですので、適当な場所、名前を使用できます。

図E.4●「newbuild」フォルダーを指定

次に、［Configure］をクリックします。

図E.5● ［Configure］をクリック

初回の［Configure］クリック時に、対象コンパイル環境の問い合わせ画面が現れます。適切な環境を選択してください。ここでは、Visual Studio 2019（64ビット）を使用するため「Visual Studio 16 2019」と「x64」を選択し、［Finish］ボタンを押します。

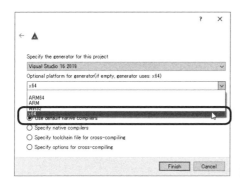

図E.6●対象コンパイラ

開発環境とコンパイラの組み合わせ

以降に、使用する開発環境、そして生成するソリューションファイルのビット数による組み合わせを表で示します。

開発環境	ビット数	選択するもの
Visual Studio 2013	32ビット	Visual Studio 12 2013 | Win32
	64ビット	Visual Studio 12 2013 | x64
Visual Studio 2015	32ビット	Visual Studio 14 2015 | Win32
	64ビット	Visual Studio 14 2015 | x64
Visual Studio 2017	32ビット	Visual Studio 15 2017 | Win32
	64ビット	Visual Studio 15 2017 | x64
Visual Studio 2019	32ビット	Visual Studio 16 2019 | Win32
	64ビット	Visual Studio 16 2019 | x64

途中の経過が下のウィンドウに表示されますが、しばらく待たされます。正常に完了すると下部のウィンドウに「Configuring done」が表示されます。真ん中の窓にはビルドオプションが赤く表示されます。必要と思われるオプションはチェックを付け、不要と思われるオプションは外します。オプションの意味が分からない場合、そのままで良いでしょう。今回はopencv_worldを使用したかったため、この項目にチェックを付けます。

図E.7●ビルドオプション

この状態で再度［Configure］をクリックします。オプションの選択に不都合がなければ、真ん中の赤い表示は消えます。もし、赤く表示される部分が残る場合、チェックボタンを外す、あるいは指定されたフォルダーが間違っていないかチェックしてください。

図E.8●赤い表示が消える

オプションに間違いないことを確認したら、[Generate] をクリックしソリューションファイルを生成します。

図E.9●[Generate] をクリック

ソリューションファイルが Generate できた様子を示します。

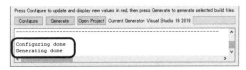

図E.10●Generateできた様子

　何か失敗しても、OpenCV 用のソリューションファイルは何回でも生成できます。OpenCV のビルド後に目的のファイルなどが生成されない場合、CMake で設定が間違っている可能性が高いです。何回でもやり直すことが可能ですが、OpenCV のリビルドは比較的時間を要しますので、最初は大きな変更を行わず生成するのが無難でしょう。これで、Visual Studio 用の OpenCV ソリューションファイルが生成されます。

Generate をやり直すとき

　オプションなどを変更しながら、いろいろな構成で Generate を繰り返す場合があります。そのような場合、[File] → [Delete Cache] を選択して、キャッシュをクリアすると良いでしょう。コンパイラの指定などをやり直したい場合も、これを行うと、[Configure] クリック時に、対象コンパイル環境の問い合わせ画面が現れますので、コンパイル環境を変更することもできます。ただし、キャッシュを消すとすべての作業をやり直しますので、費やす時間は長くなります。

E.2 OpenCVをビルド

CMakeの作業で、「C:¥opencv¥newbuild」に「OpenCV.sln」が生成されています。

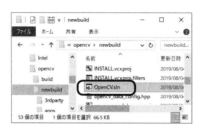

図E.11●OpenCV.slnが生成されている

このファイルをVisual Studio 2019へドラッグするか、Visual Studio 2019から、ソリューションファイルを開きます。OpenCV用のソリューションファイルが生成される場所は、CMakeの［Browse Build....］ボタンを押して指定した場所です。ですので、どこに生成されるかは使用者の設定によって異なります。ソリューションファイルを開いたら、ソリューションエクスプローラーの「CMakeTargets」→「INSTALL」を選択します。この状態で、マウスの右ボタンをクリックし、［リビルド］を押します。

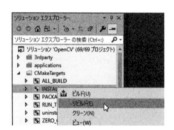

図E.12●OpenCVをリビルド

しばらく待たされますが、選択したフォルダー内に、「install」フォルダーが生成されます。そのフォルダー配下に「include」や「x64」フォルダーが生成され、dllやlibファイルが格納されます。

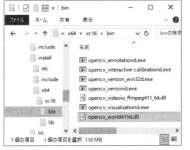

図E.13●dllやlibファイルが生成される

ここでは、「Debug-x64」の構成でリビルドしたため、Release用のファイルは生成されていません。Release版が必要なら、構成をReleaseに変更してビルドしてください。以降に、「Debug-x64」に続き「Release-x64」でビルドした結果を示します。

図E.14●Release用のdllやlibファイルが生成される

以上でOpenCV自体のビルドは完了です。

E.3　32ビットバージョンのOpenCVをビルド

先のビルドは、CMakeで「Visual Studio 16 2019 | x64」を選択したためx64（64ビット）用のバイナリしか生成されません。先ほどと同様の方法でWin32（32ビット）用のバイナリを作ります。CMakeを起動したら、キャッシュをクリアします。

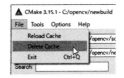

図E.15●キャッシュをクリア

［Configure］ボタンをクリックすると、対象コンパイル環境の問い合わせ画面が現れますので、32ビット用の「Win32」を選びます。

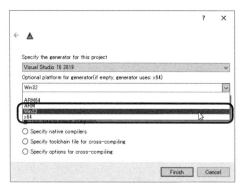

図E.16● 「Win32」を選ぶ

この状態で［Finish］ボタンを押すと、32ビットバージョンのOpenCVバイナリを生成するVisual Studio 2019用のソリューションファイルが生成されます。

生成されたファイルを使ってビルドする方法は、説明した通りです。ただし、生成されるフォルダー名などは一部異なります（x86など）。以降に、32ビット用のファイルが生成された様子を示します。「install」フォルダー内に「x86」フォルダーが生成され、dllやlibファイルが格納されます。

図E.17● 32ビット用のdllやlibファイルが生成される

索引

■数字・記号

4 バイトバウンダリ 30
/ viii
\>\> 296
¥ viii

■A

add() 222
AKAZE 236
approxPolyDP() 185

■B

Bitmap オブジェクトへの変換 30, 33
bitwise_not() 122
blur() 123

■C

C++/CLR Windows Forms for Visual Studio 2019
.... 36
Canny() 127
CascadeClassifier クラス 166
circle() 77
CLI 16
CLR 16
CMake 351
createCosMat() 208
cvtColor() 98

■D

detectMultiScale() 167
DFT 252, 265

■E

dft() 261
dilate() 128
drawContours() 183

ellipse() 84
equalizeHist() 100
erode() 129

■F

FFT 251
FileMenuCloseItem_Click() 35
FileMenuOpenItem_Click() 35
FileMenuSaveAsItem_Click() 54
findContours() 181
flip() 55

■G

Gaussian フィルタ 124
GaussianBlur() 124
getPerspectiveTransform() 66
getRectsOnBmp() 192
getRotationMatrix2D() 62
goodFeaturesToTrack() 139
GUI vii

■I

IDFT 252, 265
idft() 269
IFFT 251
imread() 11

imshow() ... 12
imwrite() ... 56
inpaint() ... 140
InputArray ... vii, 57
isOpened() ... 296

■ L

L1 ノルム ... 127
L2 ノルム ... 127
Laplacian() ... 125
line() ... 79
log() ... 263

■ M

magnitude 関数 ... 255
magnitude() ... 262
Mat ... 57
Mat オブジェクトの変換 ... 30, 33
Mat クラス ... 11
mat2bmp() ... 30, 32
MenuStrip コントロール ... 22
multiply() ... 221
MyForm_DragDrop() ... 134
MyForm_DragEnter() ... 134
MyMouseDown() ... 192

■ N

normalize() ... 264

■ O

OpenCV ... iii
　インストール ... 341
　ビルド ... 355
OutputArray ... vii, 57

■ P

Panel コントロール ... 23
PATH の設定 ... 9
PictureBox コントロール ... 24
putText() ... 86

■ R

readFile() ... 34
rectangle() ... 81
resize() ... 59

■ S

ShowBmp() ... 119
Sobel() ... 126
SplitContainer コントロール ... 92
stitch() ... 251
Stitcher クラス ... 250
swapDft() ... 256

■ T

threshold() ... 102
ToolMenuEffectItem_Click() ... 54
ToolStrip コントロール ... 106
TSBDo_Click() ... 115
TSBOpen_Click() ... 115
TSBSize_Click() ... 116

■ U

UI ... vii
UMat ... 57

■ V

VideoCapture クラス ... 295
VideoWriter クラス ... 309
Visual Studio のインストール ... 336

Visual Studio のバージョン 10

■ W

waitKey() 13
wapPerspective() 66
warpAffine() 63
windowSize() 53
write() 310
writeFile() 53

■ X

x86 のバイナリ .... v, 9

■ あ

新しいプロジェクトの作成 4
アフィン変換 62, 63
閾値処理 101
色空間の変換 98
インスタンス .... vii, viii
ウィンドウ vii
映像 viii
エッジ検出 127
円弧の描画 82
エントリポイント 20
円の描画 77
オブジェクト .... vii, viii
オブジェクト検出 159
　　動画 319
オブジェクト交換 223
オブジェクトサイズ変更 204, 214
　　動画 326
オブジェクト除去 141, 151

■ か

回転 60

ガウシアン 124
拡張 Sobel 演算子 126
拡張機能の管理 37
加算 222
カスケード分類器クラス 166
画像 viii
　　修復 140
　　表示 12
　　保存 53
　　読み込み 11, 34
　　輪郭の検索 181
画像管理クラス 11
画像ファイルの表示 2
カメラ表示 290
環境変数 PATH 346
関数 viii
キー入力 13
輝度平滑化 99
逆フーリエ変換 251
逆離散フーリエ変換 269
キャプチャー 295, 304
行列 .... vii, 57
クラス vii
グレイスケール変換 90
「効果」を選択 54
コーナー検出 132, 139
異なるサイズのオブジェクト検出 167
コンストラクター 29
コンソールの非表示 20
コンソールプロジェクト 3
コントロール vii
　　配置 22, 25
　　プロパティ設定 26

365

■さ

項目	ページ
参照カウンタ	11
四角形の描画	81
自然対数	263
実行時パス	346
収縮処理	129
周波数	275
象限の入れ替え	257
乗算	221
ズーム対応	194
スクロールバー	30
ステッチャー処理	250
スレッショルド処理	101
正規化	264
線の描画	79

■た

項目	ページ
楕円の描画	82
追加のインクルードディレクトリ	7, 24, 345
追加のライブラリディレクトリ	7, 24, 346
ツールバー	106
次のフレームの取り込み	296
デバイスの確認	296
テンプレート	36
動画	viii
オブジェクト検出	159
オブジェクトサイズ変更	204, 214
フィルタ処理	106
動画ファイル表示	297
透視投影	64, 168, 186, 194
透視変換	66
特徴点検出	236
「閉じる」を選択	35
ドラッグ＆ドロップ	134

■な

項目	ページ
「名前を付けて保存」を選択	54
ノイズ除去	132

■は

項目	ページ
ハイパスフィルタ	279
パノラマ	245
パワースペクトル	252, 275
反転	55
ヒストグラムの均一化	100
ビット反転	122
ビデオライタクラス	309
微分画像	126
「開く」を選択	35
ファイルに保存	56
フィルタ処理	106
動画	311
フーリエ変換	251
フォーム	vii
フォームアプリケーション	14
ビルド	17
フォームサイズの調整	53
ブラー処理	123
フリップ	48, 56
フレーム	viii
書き込み	310
ベクトルの大きさ	262
膨張処理	128
補間手法	63
ホモグラフィー変換	245
ポリゴン近似	185

■ま

項目	ページ
メソッド	viii
メニュー選択時のコード	24

文字列の描画 86

■や

ユーザーインターフェース .... vii, 3

■ら

ライセンス v
ラプラシアン 125
リサイズ 58, 59
離散フーリエ変換 261
輪郭の描画 183
例外処理 v
ローパスフィルタ 279

著者紹介

北山 洋幸（きたやま ひろゆき）

鹿児島県南九州市知覧町出身（旧 川辺郡知覧町）、富士通株式会社、日本ヒューレット・パッカード株式会社（旧 横河ヒューレット・パッカード株式会社）、米国 Hewlett-Packard 社（出向）、株式会社 YHP システム技術研究所を経て有限会社スペースソフトを設立、現在に至る。

長らく Media Convergence 分野に傾注していたが、最近は Parallel Computing や HPC 分野へ浮気中。メインフレームのシステムソフトウェアやコンパイラの開発、メインフレーム用プロセッサシミュレータをいくつかの研究機関と共同で開発する。その後、初期のパーソナルコンピュータ、イメージングシステム、メディア統合の研究・開発に従事する。海外の R&D への出向や、長期出張も経験する。その後、コンサルティング分野に移り、通信、リアルタイムシステム、信号処理・宇宙航空機、電力などのインフラ、LSI の論理設計などなど、さまざまな研究・開発に参加する。並行して多数の印刷物に寄稿する。現在は、本業を減らし、日々地域猫との交流を楽しんでいる。20 代の頃、まさかこの年齢でプログラミングや半田付けをしているとは想像もしなかった。

著訳書

月刊誌、辞典、季刊誌、定期刊行物へのコラム・連載など多数。

C++/CLI & OpenCV
画像処理 GUI プログラミング　[第 2 版]
リッチなユーザーインターフェースを持つ画像処理プログラムの実現

2013 年　4 月 10 日　　初版　第 1 刷発行
2019 年 12 月 10 日　　第 2 版第 1 刷発行

著　者	北山 洋幸
発行人	石塚 勝敏
発　行	株式会社 カットシステム
	〒 169-0073　東京都新宿区百人町 4-9-7　新宿ユーエストビル 8F
	TEL　(03)5348-3850　　　FAX　(03)5348-3851
	URL　http://www.cutt.co.jp/
	振替　00130-6-17174
印　刷	シナノ書籍印刷 株式会社

本書に関するご意見、ご質問は小社出版部宛まで文書か、sales@cutt.co.jp 宛に e-mail でお送りください。電話によるお問い合わせはご遠慮ください。また、本書の内容を超えるご質問にはお答えできませんので、あらかじめご了承ください。

■ 本書の内容の一部あるいは全部を無断で複写複製 (コピー・電子入力) することは、法律で認められた場合を除き、著作者および出版者の権利の侵害になりますので、その場合はあらかじめ小社あてに許諾をお求めください。

Cover design　Y.Yamaguchi　　　© 2019 北山洋幸
Printed in Japan　ISBN978-4-87783-483-8